黔南民族师范学院出版基金资助出版

·黔南民族师范学院学术文库·

近代云南个旧锡矿开发研究

JINDAI YUNNAN GEJIU XIKUANG KAIFA YANJIU

——基于国际经济一体化视域

杨娟/著

图书在版编目（CIP）数据

近代云南个旧锡矿开发研究：基于国际经济一体化视域/杨娟著．—武汉：华中科技大学出版社，2017.10

（黔南民族师范学院学术文库）

ISBN 978-7-5680-3400-5

Ⅰ.①近…　Ⅱ.①杨…　Ⅲ.①锡矿床-矿产资源开发-研究-云南-近代　Ⅳ.①F426.1

中国版本图书馆 CIP 数据核字（2017）第 236497 号

近代云南个旧锡矿开发研究——基于国际经济一体化视域　　杨　娟　著

Jindai Yunnan Gejiu Xikuang Kaifa Yanjiu——Jiyu Guoji Jingji Yitihua Shiyu

策划编辑：牧　心

责任编辑：张汇娟

装帧设计：孙雅丽

责任校对：李　琴

责任监印：周治超

出版发行：华中科技大学出版社（中国·武汉）　　电话：（027）81321913

武汉市东湖新技术开发区华工科技园　　邮编：430223

录　　排：华中科技大学惠友文印中心

印　　刷：湖北新华印务有限公司

开　　本：710mm×1000mm　1/16

印　　张：15.25　插页：1

字　　数：272 千字

版　　次：2017 年 10 月第 1 版第 1 次印刷

定　　价：68.00 元

目　录

绪　论

锡矿是人类最早发现并利用的金属之一，在我国古代被列为“五金”之一。我国是世界上最早生产和使用锡的文明古国，出土文物显示，早在新石器时代，我国先民就开始使用铜锡合金制作的青铜器。在现代，由于锡矿所表现出的质软、延展性、化学性质稳定、抗腐蚀、易熔、摩擦系数小、锡盐无毒等特性，锡和锡合金在国防、工业、尖端科学技术和人类生活中得到了广泛的应用。锡矿的工业用途及经济价值已经充分地表明这一矿业资源的重要性，近年来的世界矿业统计表明，目前中国是世界上拥有锡矿资源已探明储量及年产量最大的国家。

中国的锡矿开采与冶炼古已有之，但锡矿工业的真正勃兴时期始于鸦片战争，是在国际经济一体化的推动下开始的，其中又以云南个旧锡矿工业的发展最具代表性。鸦片战争前，中国传统制度的基础是耕织结合、自给自足的小农自然经济，在几乎完全封闭的生存方式牵引下，中国的矿业开发几乎全部由国家掌控，历朝历代都从对“国家资源”的管控角度出发开采矿业。

1840 年以后，由资本、商品贸易及市场扩张所形成的国际经济一体化进程向我国推进，通商口岸的开放和外国工业产品的输入，不断蚕食着中国传统社会的经济基础，迫使中国社会的生产方式发生改变。云南个旧的锡矿业也不例外地从传统手工业生产转变为近代工业化生产，成为云南近代矿业，乃至中国近代工业的代表。这种改变具体的表现就是引进西方先进工业生产技术与生产方式，将其与中国传统的锡矿生产方式相结合，推动了传统工业向近代工业的转变；在国际市场的外向吸引力下，锡矿开发规模迅速扩大，在由这种外向吸引力牵引而发展起来的国际交通运输线路的作用下，加入世界市场，成为其商品链上的一环；云南的锡矿市场逐渐成为世界锡矿市场的重要组成部分，在国际经济一体化的过程中经过不断的努力从边缘化区域进入核心区域；但由于国内工业水平落后，国内市场吸引力不够，锡矿生产方式和产品质量虽得到了很大的改善，却始终以生产和出口初级原材料为主。

可以说，个旧锡业的发展史就是一部中国近代参与国际经济一体化的历史，研究近代个旧锡业的发展有助于我们理解近代我国参与国际经济一体化的进程。同时由于近代个旧锡矿工业在云南省工业结构中占有重要的地位，个旧锡矿的外销为云南省带来了良好的经济效益，锡矿工业是云南省经济的支柱，研究它的开发有助于把握住云南近代经济发展的脉络。

一、缘起与研究意义

（一）选题缘起

与锡矿的开发在近代云南经济发展中的地位一样，清代盐业的开发是云南经济发展的一大税源，然而两者对云南历史发展的推动作用全然不同，找出不同、研究原因成为本书研究的动力。

云南省矿业资源丰富，历史上常出现以矿业开发利润为全省财政主要经济来源的现象，《新纂云南通志》言："云南物产，锡、铜而外，当以盐为大宗。"① 与锡矿出口所带来的经济利益一样，清初由于政府对滇盐课以重税（全省各盐井每年课税高达 50.89 万两），它成为除田赋外的第二大税收来源。这对于素来贫穷，常常需要他省接济的云南而言，"平常费用向以盐款为大宗"②，滇盐税收是一笔不菲的收入，是政府支付府衙公费，官员薪俸、养廉，兵士饷银、学堂经费的一大来源。

同时，政府还将滇盐的生产置于严格的控制之下：第一，对云南每一井区的可开采盐井数量、生产人员数量、每年生产盐的数量及盐的销售地区进行了严格规定，康熙年间黑井区只准许开采盐井四眼，煮盐灶户四百五十九名。③ 如有新增盐井，必须上报国家确定税课才能得以开采，如有瞒报将受到严厉的处罚（如乾隆年间，白盐井新开沙井一口，但被当地官员瞒报并私下分利，被李卫查出后，所有牵连官员全部遭到处罚）。第二，对滇盐采取了与滇铜一样的先"薪本"后盐的生产方式，在生产之前由政府借给灶户一定生产资金（称为"薪本"），在生产结束后，由政府设立的黑井大使收购所有产品，不允许灶户私煮私卖，灶户按统一价格交盐后，偿还所欠薪本。第三，清政府在云南实行官府统一收购、运输、销售的"官运官销"政策。通过对食盐生产、运输、销售的控制，国家实现对盐

① 《新纂云南通志》第 7 册，云南人民出版社 2007 年版，第 143 页。

② 民国盐务署辑：《清盐法志》卷 284，1920 年版，第 1 页。

③ 沈懋价纂修，李希林点校：《康熙黑盐井志》，云南大学出版社 2003 年版，第 80 页。

业资源的控制，产品没有丝毫外流，营销所得之利也全归国家所有。

在封建社会，国家对矿业的开发大多采取以上方式，除盐业生产外最典型的例子莫过于清政府对滇铜的开发。出于对国家铸币所需材料的管理，清朝政府严格控制滇铜的生产及运销，以提供生产所需生产资金为前提，产品的 90%左右被国家定价收买，这种政策被称为“放本收铜”。也正因为如此，滇铜虽每“年产一千二百数万斤”，课银九百余万两，真正投入市场自由流通的却并不多，而对云南当时经济的发展也并未起到迅速的推动作用。由于是国家定价收购，封建政府为了获得更多的统治效益而肆意压低收购价格，使售价不能随生产成本的增加而增加，也不能随市场供求的变化而变化，甚至出现国家收购价格低于生产成本的情形。如乾隆时期琅盐井生产成本为每灶每月九十一两八钱，而灶户所领薪本只有八十三两。滇铜生产中也屡次出现“工本不敷”而导致生产积极性下降和产量降低的现象。

马克思主义政治经济学认为生产是为了实现货币的增值，只有“G—G′”的过程实现，生产者才能有新的货币投入再生产。以清代滇盐为例，按照“官四灶六”进行产品分配，但由于生产成本不敷与官收的低价，灶户利润微薄，清代滇铜的生产者也只有 10%的产品自由处置权，流入市场的产品数量有限，生产者所投入资本无法实现增值。李斯特认为“财富的生产力比之财富本身，不晓得要重要多少倍”①，生产者们只有获得财富才能创造出更多财富，从而推动社会生产力的进步。所以清代滇盐与滇铜中官收的制度严重影响了矿业生产的再投资与生产规模的扩大，还进一步影响到了生产技术的创新、管理模式的变革与产品质量的提升，不利于矿业生产的持续发展。此外，由于国家的“管控”，真正生产产品的地方无法征收应有的矿税，导致空有宝山而无法致富，对云南本省的经济发展无法做出较大贡献。

时至近代，在国际经济一体化的推动下，云南矿业市场发生了巨大变化，个旧锡矿生产迅速崛起，成为云南矿业生产中最重要的一个产业。而这一次的个旧锡矿在近代的大发展，主要动力不再是内部因素，而是外部条件，它是近代中国被迫卷入世界市场，参与“国际经济一体化”进程的产物。1840 年的鸦片战争以前，中国传统社会的经济基础仍是耕织结合、自给自足的小农经济，在近乎完全

① 李斯特著，陈万煦译，蔡受百校：《政治经济学的国民体系》，商务印书馆 1983 年版，第 118 页。

封闭的生存环境下，中国的普通农民生产了以粮食和衣物为主的几乎所有的生活必需品，维持着狭窄的交换半径。正如英特使额尔金勋爵所言，在依靠小农业与家庭工业相结合而存在的中国社会经济结构下，“（中国农民）大都拥有极有限的从皇帝那里得来的完全私有的土地，每年须交纳一定的不算过高的税金；这些有利情况，再加上他们特别刻苦耐劳，就能充分满足他们衣食方面的简单需要”①。虽然有的学者认为随着封建经济的不断发展，到了封建社会的晚期，全国统一的市场已经日趋形成，但是就市场的结构与发展情况而言，这种统一的市场其实是很脆弱的。以当时的云南市场为例，虽然全省各府、州及交通要塞均出现了规模不等的专门的商品交换场所，甚至昆明等地还出现了专营某一种商品的专门市场（如盐市）；农村中的集市贸易的聚集日不断缩短，交易额不断增加，但是就其中流通的商品而言，居买卖数量较大宗的食盐、茶叶、铜矿均为官府控制，实行专卖专销，这些商品对活跃云南地区的经济收效甚微。在长途贩运方面，虽然在前代的基础上已经形了进出周边省份的长途商道，许多商品经济较为发达的地区已有专门从事商品运输贩卖的马帮，但与国内发达地区相比，云南这样的地区即使被纳入了当时的全国市场，也仍然具有“偏”、“远”、“穷”、“少”的特点。吴承明曾以中国封建社会生活必需品布匹和粮食的运输路线为研究对象，分析清代全国十条主要的运输商路，然而这些商路竟然没有一条是靠近云南地区的。正如刘云明的研究所言：“这种（国内市场）一体化趋向只表明国内商业联系的加强，却远未带来各地市场在发展程度上的均衡，经济相对发达地区与落后区在商品生产及交换方面业已存在的差距实际上在进一步拉大。”② 换言之，在鸦片战争以前，处于封建小农经济体制下的国内市场的发展对云南经济发展的内部推动力是不够的，滇铜在清代的开采确实是中国矿业开发史上辉煌的一笔，但是对推动云南矿业的生产发展和市场的发展并未起到很大作用。

18 世纪英国工业革命开始后，金属锡开始广泛地运用于工业生产，当时英国康沃尔郡的锡矿开采量几乎可以供应整个英国的工业生产，但随着工业革命向全世界的推广，尤其是 19 世纪随着锡的工业技术的突飞猛进，锡的消费量也增加到

① 中共中央马克思恩格斯列宁斯大林著作编译局：《马克思恩格斯选集》第 1 卷，人民出版社 2012 年版，第 843、847 页。

② 刘云明：《清代云南市场研究》，云南大学出版社 1996 年版，第 1 页。

约20倍。① 世界市场对锡矿的需求量大大增加，这也导致了世界矿业市场上锡矿价格的不断上涨，为适应市场需求，世界各地锡矿产量亦开始节节攀升，因此，国际需求成为近代云南个旧锡矿发展的主要动因。随着云南地区卷入国际经济一体化的进程，蒙自关的开埠，滇越铁路、个碧石铁路的相继修筑，加强了云南经济与国际经济的联系，为个旧锡矿的大量出口提供了便利。从生产与管理上看，近代个旧锡矿的开发目的与中国传统封建社会矿业的开发目的（是为了满足封建国家对资源的需求）有着明显的区别；与明代中前期政府对滇银矿“管理者为镇守太监，其贴差小阉皆分行知厂”②，和清代政府实行的以垄断滇铜产品为目的的“放本收铜”政策不同，近代云南锡矿的生产是真正意义上的私人资本市场化运作，私人资本占60%以上，即便是为数不多的官办企业也采用西方近代股份制企业模式实现市场化运作。从生产技术上来看，随着云南经济与国际经济交流的加强，个旧锡矿生产中某些官办企业开始引入西方先进技术，将之与旧法相结合进行生产，新式矿业的出现成为云南近代化的重要标志，这是云南近代工业有别于内地近代工业的显著特征。③ 从产品的销售上来看，个旧锡矿绝大多数出口国外，价格与销量都受到国际市场的深刻影响。从矿业发展与政府行为来看，近代个旧锡矿成为云南省矿业的领军行业，云南省政府采取了许多促进生产发展、提高产品质量的政策。在生产过程中，政府鼓励私人资本的开发与投入，政府企业也力图成为私人资本企业的模范，这样的政府行为与清朝政府对矿业管理的职能完全不同。这些与众不同的特点是笔者的兴趣所在，也是书中需要深入探讨的问题。

（二）本书对国际经济一体化基本概念的理解

国际经济一体化（international economic integration）已成为当今世界经济发展的一大显著特征。针对这一概念出现的时间，学术界普遍接受的是英国经济学家阿格拉的说法，他认为这一专有名词在西方经济学文献中最早出现于1942年。④然而这一概念的萌发时间远早于此，学者麦彻洛在经过仔细的搜寻之后认为，“经

① 柯索夫、奥斯特罗明茨基合著，鄢儒义、吕文彦译：《锡》，地质出版社1954年版，第5页。

② 王文成等辑校：《〈滇系〉云南经济史料辑校》，中国书籍出版社2004年版，第29页。

③ 杨寿川：《云南矿业开发史》，社会科学文献出版社2014年版，第339页。

④ 龚维新、刘颉：《西方国际经济一体化理论的形成和演变》，载《经济学动态》，1994年第12期，第57-58页。

济一体化”这一概念最早是由瑞典经济学家赫克歇尔在1931年提出的，他当时提出了“政策一体化”的概念，并解释道：“重商主义就像一个联合的体系试图去推翻经济的分散化”①，这意味着这一概念在诞生之初就强调各经济体之间的联系、交往与融合。1942年，国际经济一体化这一专有名词出现在西方经济学文献中后，人们对它的解释也开始丰富起来。1954年，第一届诺贝尔经济学奖获得者荷兰经济学家丁伯根（Jan Tinbergen）提出，经济一体化是将有关阻碍经济最有效运动的人为因素加以消除，通过互相协作与统一，创造最适宜的经济结构。② 在这里他不仅强调了各经济体的联系性，还指出这种有效的运动必须建立在互助发展的基础上。1961年，美国当代著名的经济学家、世界银行顾问贝拉·巴拉萨在此基础上提出了迄今获得学术界多数人认可并广泛引用的定义：“我们建议将经济一体化定义为既是一个过程又是一种状态。就过程而言，它包括旨在消除各国经济单位之间的差别的种种措施，就状态而言，则表现为各国间各种形式的差别的消失。”③在《新帕尔格雷夫经济学大辞典》里，他将这种“过程”与“状态”进一步解释为：“一方面，两个独立的国民经济之间，如果存在贸易关系就可认为是经济一体化，另一方面，‘经济一体化’又是各国经济之间的完全联合。”④ 所以这种“一体化”的经济联合既可以存在于一个国家内的地区与地区之间，也可以存在于两个或多个国家之间，也可以是全球性的。按他所言，国际经济一体化实际上应有广义和狭义之分：“广义的国际经济一体化是指经济国际化和全球化的发展，狭义的经济一体化是与经济全球化相对应的，是指世界各国为了适应经济全球化的要求而进行的制度安排和制度创新。”⑤ 从这个意义上说，广义的经济一体化是指经济活动的国际性，是世界各国以市场为纽带，在经济上不断交织、融合的过程，是当今世界的经济发展趋势，也就是经济的全球化过程。而狭义上的国际经济一体化是指一个经济区域，这个经济区域通过商品、资本、人员的自由流动，打破国

① 戴念龄：《关于国际经济一体化理论的几个问题》，载《世界经济研究》，1999年第4期，第4-7页。

② 莫兴伟：《国际经济一体化的理论回顾与文本考察》，载《求索》，2008年第9期，第67-69页。

③ 周八骏：《国际经济一体化理论简评》，载《上海社会科学院学术季刊》1989年第4期，第28-34页。

④ 约翰·伊特韦尔（John Eatwell）等编、陈岱孙主编译：《新帕尔格雷夫经济学大辞典》第2卷，经济科学出版社，1996年，第45页。

⑤ 田青著：《国际经济一体化理论与实证研究》，中国经济出版社，2005年，第7页。

家或地区之间的经济界限，建立自由化的共同市场，达到区域的经济一体化，如欧盟与亚太经合组织，经济区域一体化的最终目的与归宿也将是达到国际经济的一体化。以上的定义实际都是从“国际经济一体化”的理论的角度来分析的。

另外，还有一些经济学家则专门从“国际经济一体化”的内容入手阐述这一概念。著名经济学家马克鲁普认为，一切在市场上供应的商品、服务、资本、劳动力等的流动性以及无差别待遇是一体化的必要条件而非本质特征，经济一体化的本质特征是劳动分工，他引用出波兰经济学家斯坦尼斯·查尔斯托斯基的一句话，“按国际劳动分工的要求来调整各国的经济结构”道出了“一般的经济一体化的本质”。① 按照他的理论，劳动分工在国际经济一体化中起着优化资源配置的作用，有利于社会进步和资金的分配，各国之间的经济联系实际是建立在世界市场发展过程中所形成的国际劳动分工的基础上的。

前文已经说明，国际经济一体化可以分为广义的和狭义的，目前经济学界对于该概念的研究多集中于狭义方面。许多学者还认为，只有先达到狭义的国际经济一体化或在相邻的地区内部实现高度的经济一体化（各地区间资本、技术、劳务的自由流动），实现成员之间经济政策的统一，然后将一体化的区域不断扩大，最终才能实现真正意义上的国际经济一体化。因此，现有的对国际经济一体化的研究多是针对如欧盟、亚太经合组织等的发展形成、内部组织、经济合作、人员流动、一体化程度的研究。学者们还认为，目前的经济发展条件还达不到区域的完全经济一体化，广义的经济一体化更无从着手。雅克·佩克曼斯甚至完全否认广义的经济一体化，他认为，完全的经济一体化是没有依据的，是“一个已不再使用的概念”②。

本书认为，国际经济一体化并不单纯地只在地区之间实现后才能实现，世界各国经济之间的相互作用和影响实际在世界市场形成的时期就已经产生了，从这时开始的人类的经济活动跨越了地域、民族、国家的界限，开始在世界范围内不断增强联系，在国际分工的促进下，越来越多国家的经济走出原先独立的状态，被包含到这一趋势中，形成互相依赖互相制约的关系。地区经济的一体化实际是在国际经济一体化的大背景下形成的，是某些地区由于地域及历史上的紧密交往，

---

① 周八骏：《迈向新世纪的国际经济一体化：理论·实践·前景》，上海人民出版社 1999 年，第 7 页。

② 雅克·佩克曼斯著，吴弦、陈新译：《欧洲一体化：方法与经济分析》，中国社会科学出版社，2006 年。

并通过国家经济政策的影响，人为地在区域内消除影响经济交往的障碍因素，使该区域的经济一体化程度比其他区域高，区域一体化的最终目标与归宿是国际经济一体化，这种一体化在将来的经济发展中是完全有可能实现的。按照世界历史的发展趋势，无论是全球的经济一体化还是区域性的经济一体化都在不断加强，尤其自新世纪以来，随着科技的进步和信息化时代的到来，全球经济之间的联系和互相影响都达到了前所未有的程度。

本书的研究对象——近代云南个旧锡矿业正是在下面的历史背景中发展起来的。1840 年鸦片战争以后，中国被卷入世界市场，与世界各主要资本主义国家之间的经济交往日益增多，在国际分工的影响下，中国经济受世界市场变化的影响日益加深，日渐参与到国际经济一体化或全球经济一体化过程中，这里所指的国际经济一体化就是广义上的国际经济一体化。据此，笔者赞同王天义所言，迄今世界上共有三次经济全球化浪潮，每一次世界经济都在市场的纽带作用下更加紧密地结合在一起。①

“历史上第一次经济一体化进程开始于 16—18 世纪的工业革命与世界市场的形成时期，这次经济一体化是建立在第一次产业革命和以暴力手段建立起来的世界市场的基础上的。”② 15 世纪末 16 世纪初，随着新航路的开辟，世界贸易的中心由地中海沿岸转移到了大西洋沿岸。英国在占据了地理优势的条件下，通过政治斗争和武力争夺等手段逐渐扩大了自己的对外贸易，为国家的经济发展获得了更多的资本积累。17 世纪，获得了更多经济基础的资产阶级与新贵族通过 1688 年的“光荣革命”确立了资产阶级在英国的统治地位，为后来的工业革命奠定了政治基础。此后，新兴的资产阶级不断扩大“圈地运动”的成果，并在全世界疯狂地争夺殖民地，到 18 世纪，英国已在全球范围内建立起了庞大的殖民帝国。

殖民为英国带来了更广大的外部市场和原料来源地，在殖民地市场和资本原始积累的基础上，18 世纪 60 年代，英国开始了由手工生产向机器化大生产转变的第一次工业革命。这一革命首先出现在纺织业中，但是同时还带动了其他行业中机械的不断涌现。1765 年，瓦特对蒸汽机的改良解决了工业机械化的动力问题，冶金、交通运输等行业很快实现了机械化。工业革命带来了社会生产力的极大提

① 王天义：《经济全球化与中国经济学》，见《政治经济学研究报告 2：经济全球化的政治经济学分析》，社会科学出版社，2001 年，第 86 页。

② 成艳萍：《国际经济一体化视角下的明清晋商》，载《中国经济史研究》，2008 年第 2 期，第 34-38，55 页。

高，使资本主义制度显示出了其促进生产力发展的优越性。正如马克思所说："不列颠侵略者打碎了印度的手织机，毁掉了它的手纺车"①，彻底地摧毁了印度原有的农村公社与手工业相结合的经济结构，使印度变成英国生产鸦片、棉花等工业原料的国家。在资本主义生产方式的扩张下，国际分工开始形成，殖民地与英国本土之间的经济联系较工业革命前更紧密，"英国是农业世界的大工业中心，是工业太阳，日益增多的生产谷物和棉花的卫星都围着它转"②，国际分工所带来的资源重新配置使世界上更多落后地区的经济成为英国经济的附庸。18 世纪末，各主要资本主义国家也纷纷开始进行工业革命，资本主义生产方式进一步向全球扩张，到 19 世纪六七十年代，一个建立在机器大工业基础上的，与初期世界市场有明显区别的新世界市场形成。③ 这时的世界市场是以欧洲为中心的，马克思和恩格斯在 19 世纪中叶研究全球化趋势时指出，资本主义全球化在资本主义历史阶段中是一种客观趋势，并用"使未开化和半开化的国家从属于文明的国家、使农民的民族从属于资产阶级的民族、使东方从属于西方"④ 这三个从属关系揭示了当时的全球化的实质。

世界第二次经济一体化开始于在 19 世纪末和 20 世纪初，它使世界进入了一个新的时代，即帝国主义时代。19 世纪六七十年代，各主要资本主义国家开始了第二次工业革命，这次工业革命以电力的发明及使用为显著特征，电力的广泛运用、内燃机的发明和使用、化学工业的建立，在短短的二十年时间内使资本主义各国经济进入了一个新的发展时期。生产技术的进步在推动社会生产力的不断发展的同时，也加剧了社会竞争，从而促使资本更加集中，形成了垄断。19 世纪末，各主要资本主义国家开始向帝国主义阶段过渡。列宁在《帝国主义是资本主义的最高阶段》中指出，帝国主义是资本主义的垄断阶段。⑤ 垄断是生产力发展到一定

---

① 中共中央马克思恩格斯列宁斯大林著作编译局：《马克思恩格斯选集》第 2 卷，人民出版社，1972 年，第 65 页。

② 中共中央马克思恩格斯列宁斯大林著作编译局：《马克思恩格斯选集》第 4 卷，人民出版社，1995 年，第 164 页。

③ 栾文莲著：《全球的脉动——马克思主义世界市场理论与经济全球化问题》，人民出版社，2005 年，第 93 页。

④ 中共中央马克思恩格斯列宁斯大林著作编译局：《马克思恩格斯选集》第 1 卷，人民出版社，1972 年，第 255 页。

⑤ 中共中央马克思恩格斯列宁斯大林著作编译局：《列宁选集》第 2 卷，人民出版社，1972 年，第 810 页。

阶段的产物，是资本主义生产方式为适应生产力的发展进行的自我调节，在对经济一体化的解释中，有人认为“一体化”最初是指厂商通过协定、卡特尔、康采恩、托拉斯及兼并等方式联合而成的工业组织。① 在向帝国主义过渡的过程中，各帝国主义国家掀起了划分势力范围、瓜分世界的狂潮。在亚洲，除日本以外的各国基本都沦为了殖民地、半殖民地；在非洲，欧洲殖民者几乎全部侵占了这里；在拉丁美洲，英国资本大量涌入，英国排挤着老牌的殖民者西班牙和葡萄牙，控制了许多国家的经济，而美国也把拉丁美洲视为自己的势力范围，与英国展开经济竞争。帝国主义国家利用自己的资本与技术优势控制了世界上绝大部分的国家和地区的经济，对广大殖民地和半殖民地国家进行商品和资本输出，掠夺这些国家的自然资源，把它们进一步纳入国际分工体系，使它们成为自己市场的附庸，造成了国际分工的严重不平衡。全球各国之间的生产、分配、交换和消费都有机地结合在帝国主义市场之中，逐渐形成了一个错综复杂、紧密依存的经济整体。将中国卷入世界市场的正是这两次经济一体化浪潮，近代云南个旧锡矿也正是受到国际经济一体化的牵引，才在这两次浪潮中发展起来的，因此，这一时期的个旧锡矿（下文简称个锡）成为云南经济参与国际经济一体化的媒介，其自身的发展也带有明显的这两次经济一体化的特征，在后文中笔者将逐一进行分析。

国际经济一体化的第三次浪潮出现在20世纪末。在此之前，世界发生了一系列的重大历史事件，如苏联的建立、二战的爆发；二战结束后广大殖民地、半殖民地人民取得独立与解放，帝国主义世界市场迅速崩溃；由迅速发展的社会主义阵营与帝国主义阵营的对立形成的资本主义世界市场与社会主义世界市场的平行发展；至20世纪80、90年代东欧剧变、苏联解体后“两大平行的世界市场统一为以市场经济为主导的世界市场”②。这一次浪潮是以美国为主导，以互联网的使用、全球公司成为经济主导以及金融的全球化为特征的，“资本主义把自己推进到它所能容纳的社会化生产力发展的一个新高度”③。目前的国际经济一体化早已不是单纯的贸易联系的加强、贸易壁垒的打破和区域共同市场的建立，已经朝着“更深刻的国际分工、更广泛的国际交换、更具体的经济形式、更密切的相互依存、更

---

① 姜文学：《国际经济一体化：理论与战略》，东北财经大学出版社，2013年，第1页。

② 栾文莲著：《全球的脉动——马克思主义世界市场理论与经济全球化问题》，人民出版社，2005年，第10页。

③ 王天义：《经济全球化与中国经济学》，见《政治经济学研究报告2：经济全球化的政治经济学分析》，社会科学出版社，2001年，第89页。

成熟的运行机制"① 方向发展，可以说，它是世界经济整体运行和发展的总方向。

本书之所以在"国际经济一体化"角度下研究近代个旧锡矿生产的发展，首先，是因为中国的近代史正处于世界第一次与第二次国际经济一体化的浪潮中。鸦片战争后，中国从一个完全独立自主的自然经济占主体的封建国家，沦为半殖民地半封建国家，这段历史既是中国沦为半殖民地的过程，也是中国经济与国际经济开始"经济一体化"的过程。18 世纪末到 19 世纪中叶，英、法等国为了适应工业革命所带来的生产力的迅速发展，掠夺更多的原材料和扩大商品销售市场，加紧了对全世界各地的殖民扩张活动。为了改变对华的贸易逆差，从 19 世纪初开始，英国殖民者向中国大量出口鸦片，使毒品流向中国，并由此引发了中国人民的强烈反抗。1840 年，英国挑起鸦片战争，之后迫使清政府签订了中国近代史上第一个不平等条约中英《南京条约》，此后，西方殖民者的势力开始侵入东南沿海地区，中国的经济开始与世界各资本主义国家对接。通过通商口岸的对外连接作用，世界市场对中国经济形成了一股外向的牵引力，中国的传统对外贸易开始向近代国际贸易发展，外国工业产品不断涌入国内市场，国内许多传统商品开始由主要销往国内市场转变为主要销往国际市场，中国经济与英、法等资本主义国家经济产生了千丝万缕的联系。随着中国一步步的开放，这种牵引作用愈发明显，国际市场对近代中国经济的发展的影响也日益加深。正如马克思所言："资产阶级，由于开拓了世界市场，使一切国家的生产和消费都成为世界性的了。……过去那种地方的和民族的自给自足和闭关自守状态，被各民族的各方面的互相往来和各方面的互相依赖所替代了。"② 个锡也是在这样的历史背景下走出国门的，早在 1842 年，个旧商人就开始将其运销香港，提炼后再销往国际市场，这使个锡成为最早的沟通国际市场的云南商品。中法战争后，蒙自关开埠，在口岸的经济联通及交通条件改善的作用下，越来越多的个锡开始销往国际市场，成为云南对外贸易的最大宗商品，每年为云南省财政创造了大笔的收入，而在这一过程中，国际市场的需求对个锡的出口量、价格的影响也不断加深。

其次，在近代，个旧锡矿业的发展过程，无不体现着"国与国之间产品和要素流动障碍的消除"③ 这一国际经济一体化的内涵。在近代个锡走出国门的过程

---

① 张幼文等著：《世界经济一体化的历程》，学林出版社，1999 年，第 3 页。

② 中共中央马克思恩格斯列宁斯大林著作编译局：《马克思恩格斯选集》第 1 卷，人民出版社 2012 年版，第 404 页。

③ 张幼文等著：《世界经济一体化的历程》，学林出版社 1999 年版，第 2 页。

中，蒙自关的开放与滇越铁路的通车，从出口路线和交通运输方面消除了个锡出口的障碍；云南炼锡公司成功地改良了冶炼技术，使原本销售只能止步于香港的个锡可以直销国际市场，使个锡与国际市场的联系更加直接、紧密。

最后，近代个旧锡业的发展也是云南地区主动参与国际经济一体化的具体体现，诚然，中国的国际经济一体化在开始时是出于对国际经济“冲击”的一种被迫“回应”，但个锡产业中在最初的适应阶段过后，对“冲击”的“回应”更多地表现为主动积极的参与和适应。个碧石铁路是中国近代唯一一条主权完整的民营铁路，其修筑的最初目的之一就是方便个锡的运输，修路的资金大部分来自对个锡的税捐，它通车后和滇越铁路互为联络，便于个旧地区生产生活资料和锡矿产品的运输，为锡矿企业引进西方工业文明创造了条件；个旧锡业公司等近代企业不但积极引进西方先进的生产技术，还引入了现代化企业的管理方式；云南炼锡公司为了使锡块达到国际标准，不惜花费重金聘请新加坡炼锡专家进行技术改良，最后使精炼锡成功打入国际市场，这些都是个旧锡业生产者们积极努力向西方工业经济学习，努力参与国际经济的实例。

但在研究的同时，也应该注意到，近代中国的这种国际经济一体化进程是伴随着中国沦为半殖民地半封建社会这一过程的。中国经济在国际贸易方面有了很大的发展，中国经济与国际经济之间形成了互相依存的关系，但在贸易关系、资本流动、技术转移等方面实际上并不是一种对等的关系，中国对资本主义经济的依赖远大于对方对自己的依赖。这种依赖具体体现在近代个锡发展过程中：个旧虽为当时世界第五大产锡地区，但国际锡业市场的价格完全决定着个锡的价格；由于法国资本控制着个锡的重要运输线路滇越铁路，个锡的出口受到法国殖民当局的严重剥削，在二战时还受到了敌方的封锁而被迫中断；由于中国近代工业的落后，近代个锡企业的新式采矿机械技术完全依赖西方，技术引进几经挫折。

（三）研究意义

第一，锡矿业生产是云南近代经济的重要组成部分，锡矿出口带来的效益成为云南地方财政经济的有力支撑。

云南被称为有色金属王国，是因为矿业蕴藏量大、种类多、可供开发利用的矿业资源丰富，在已探明储量的83种矿产中，现已开采利用的有62种。云南自古以来就有矿业开发利用的记录，至1840年，有开发记录的矿产有盐、金、银、铜、铁、锡、铅、锌、煤、钴、硫黄、朱砂等12种[①]，新中国成立前又有钨、锰、硝、磷、石棉、石膏、云母、天然碱、重晶石、瓷土、大理石、火黏土等12种矿产资源被开发利用[②]，是全国开发矿产种类最多的省份。由于古代生产力低下，矿业开发全部采用土法，产量受到限制，因此，云南虽有"采矿事，惟滇为善"[③] 的天然资源优势，然而除从西汉以来开采不断的盐矿之外，真正谈得上大规模开发云南矿业资源的王朝只有明、清两朝。其中明朝云南银矿开采所上缴的银课在弘治十七年（1504年）达到最高峰，约31，900两，占全国比例的99.93%。[④] 清朝滇铜开采最旺的乾隆三十八年（1773年），云南共有52个铜厂，是全国开采铜矿最多的省份，全省产量约14，674，481斤，供应全国的铸币需求。[⑤] 但这些矿业开发无论是产业规模或是对云南本地经济的贡献作用，都无法与近代滇锡的开采以及所产生之效益相比较。

个旧锡矿开发很早，但在1840年以前一直是小规模开发，对云南经济的推动作用不大，近代以来，个锡大规模开发，成为全国矿产工业代表产业。直至清代前期，个锡除铸币用途外，只用以制作锡器，如花瓶、烛台、壶、罐、盅、盃、碟、盒，以及玩具等，而锡器销路有限，所以其在清代的最高产量只有140万斤左右，课税每年也只有三千一百八十六两。[⑥] 1840年以后，个锡产量在国际市场的吸引下迅速增长，锡矿业带来的经济效益也成为云南地方财政的重要支撑。以全国锡矿生产量而论，民国十八年（1929年），全国共生产炼锡7，528.2吨，个旧产量达到6，927.5吨，占全国产量的92%，个旧成为全国最重要的锡矿产区。[⑦] 以全国出口货物而论，大锡是全国十二种主要出口商品中的一种，1936年，

---

① 阮元等：道光《云南通志》，卷71～76，载方国瑜主编：《云南史料丛刊》第12卷，云南大学出版社2001年版，锌在清代的文献中被称为白铅。

② 云南省档案馆等编：《云南近代矿业档案史料选编（1890—1949）》上，内部发行，1990年，第641-642页。

③ 顾炎武：《肇域志·云南志》，载谭其骧等点校：《顾炎武全集》（11），上海古籍出版社2011年版，第4101页。

④ 全汉昇：《中国经济史研究》下，台北稻香出版社1991年版，第630页。

⑤ 彭泽益：《中国近代手工业史资料》第1卷，中华书局1962年版，第362、501页。

⑥ 《户科题本》，见中国人民大学清史研究所、中国人民大学档案系中国政治制度史教研室合编：《清代的矿业》，下册，中华书局1983年版，第612页。

⑦ 苏汝江：《云南个旧锡业调查》，国立清华大学国情普查研究所，1942年，第8页。

中国共出口大锡112，604公担，虽然只占全国主要出口货物总额的2.3%①，但在金属类矿产出口中，其出口量仅次于锑②，排在第二位，其中由个旧所产的大锡占90%以上。以世界锡产量排名而论，当时“中国纯锡产量占世界总额之百分之六，云南个旧产量又占中国总数百分之八十四，故云南个旧产量约占全世界总额百分之五”③。

个旧大锡所创造的效益为云南经济的发展做出了重要贡献。《云南经济》一书将云南矿业称为“经济命脉之矿业”。以民国十五年（1926年）为例，当年全省经常收入为2，766，522.53元，其中经常收入锡税为708，678.84元，占25.62%，当年还收入锡务公司特别收入200，000.00元，两项共使个旧锡矿省财政收入达908，678.84元，占总收入的32.85%。④ 锡税在无特别收入的年份虽略少，但仍为云南省财政收入的大宗，因此，称个旧锡矿为云南省经济命脉也不为过。

第二，锡矿是云南矿业市场的主流商品，剖析近代个旧锡矿生产的状况，就能大致了解近代云南矿业生产的状况。

近代个锡是矿业市场的主流商品，是平衡进出口货值的主要商品。“本省对外贸易，视锡业为生命线也”⑤，个旧大锡是云南最大宗的出口商品，成为平衡云南省进出口额的重要商品。民国元年（1912年），个旧大锡在云南全省出口货物总价值中占90.95%，查看《云南之贸易》中云南省历年进出口贸易总额表可知，大锡出口价值较高的年份，则相对进口商品数额增高，反之亦然，因此，“云南历年对外贸易之差额，即以此项出口值弥补之”⑥。

由于个锡是近代云南矿业市场的主流商品，个锡成为云南省工业化的主导产业。光绪十五年（1889年），蒙自的开埠和交通的便利导致个旧大锡产量猛增，由于大多用于出口，个旧大锡出口量也可以反映其产量。光绪十五年蒙自开埠时，大锡出口量为22，121担，其后逐年增加，至民国三年（1914年），出口量为199，997担，以此出口量与清中前期比较，产量增长了十余倍。由于个锡产业的

① 根据严中平：《中国近代经济史统计资料选辑》，第75页表17《1871—1947各年十二项主要出口货物统计》计算。

② 严中平等编：《中国近代经济史统计资料选辑》，表20《1933—1936钨、锑、锡的生产输出》，科学出版社1955年版，第79页。

③ 钟崇敏：《云南之贸易》，云南经济研究报告之二十，1939年，第169页。

④ 根据张肖梅：《云南经济》，中国国民经济研究所，1942年，第U28、19页数据计算。

⑤ 钟崇敏：《云南之贸易》，云南经济研究报告之二十，1939年，第70页。

⑥ 张肖梅：《云南经济》，中国国民经济研究所，1942年，第J18页。

繁荣发展，个旧锡务公司、云南炼锡公司等新式企业成立，这些企业在生产技术方面努力推广新法开采、冶炼，在管理方式上采取先进的西方管理模式。在云南矿业工业中，西方技术推广及使用、技术创新最成功，成为云南省工业企业中的代表企业。

个旧锡矿生产的快速发展是在外国列强利用船坚炮利强行打开中国国门，清政府被迫放弃“闭关锁国”政策，中国被迫卷入资本主义世界市场，逐渐与国际经济接轨的背景下发生的，可以说，个旧锡矿所创造的辉煌是“国际经济一体化”的产物，是云南主动积极参与到国际市场，与之交流、融合的表现。历史研究的目的在于探求历史现象背后的因果关系，因此，研究个旧锡矿在当时的发展状况对理解我国近代的“国际经济一体化”进程有着重要的意义，这仍是云南近代历史研究领域中一个值得深入考察和研究的重要课题。

第三，研究近代国际经济一体化下个锡的开发对当下的借鉴作用。

由于绝大部分用于出口，个锡成为中国参与国际经济一体化的代表性商品。从大锡出口的主要国家来看，英国占出口总量的64.3%，美国占23.0%，它们是我国大锡出口的两个主要国家。① 大锡成为欧美国家掠夺的主要矿产品，也成为云南经济参与国际经济一体化进程的媒介。锡矿在工业上有广泛的用途，目前金属锡的主要用途是用作马口铁镀锡，生产锡箔，制作镜子、门窗和汽车的挡风玻璃，用作药品、食品等的包装，用作核反应堆的反应介质，核废料的回收的材料，制造半导体和超导合金；锡的主要用途还在于与其他金属组成合金，锡的合金则可用以制作焊料、锡青铜、轴承合金等②。近年来，虽然锡的食品包装功能已大多为塑料制品替代，但在工业上锡的新用途一再被发现。随着原来产锡量较大地区矿业资源枯竭和生产成本提高，锡在世界矿产品市场上的需求量不断增加，锡价也不断上涨，保持着旺盛生产能力的中国锡业在世界上的作用与地位也越加凸显出来。美国矿业局2013年发表的《矿产品概览》资料显示，世界上有40多个国家拥有锡矿资源，国外的锡矿主要分布在马来西亚、泰国、印度尼西亚、巴西、玻利维亚、俄罗斯、澳大利亚、扎伊尔、英国等国。全世界锡的储量约为4，800，000吨，中国储量约为1，500，000吨，占世界储量的31.3%，2011年，中国产锡

① 根据袁丕济、曹立瀛、王乃樑：《云南之锡业》，载《资源委员会月刊》第三卷，第二、三期合刊，1941年，第55页表十二计算。

② 黄位森主编：《锡》，冶金工业出版社2000年版，第54-60页。

110，000 吨，占世界产量的 43.5%。无论产量还是储量，中国都位居世界第一。①历史是具有延续性的，从近代个旧锡矿的发展到目前我国成为世界第一大产锡国，个旧锡矿在延续近代辉煌的同时，也将近代的发展特点反映在其中，研究我国锡业发展的历史过程，对于理解我国今天锡业取得的成绩以及总结发展经验也有着巨大的帮助。

二、相关研究综述

前文已述近代个旧锡矿在云南近代史上具有的重要地位，关于这一问题的研究从民国时期起一直兴盛至今，除大量研究云南矿业的专著，如《云南个旧附近地质矿务报告》、《云南个旧之锡矿业》、《云南之锡》、《云南矿产志略》、《云南冶金史》、《云南工业史》、《云南矿业发展史》，对个旧锡矿的地质、生产、运输、销售等情况做详细研究以外；研究近代云南经济发展、对外贸易、工业化进程、市场发育情况、城市化发展的书籍都将个旧锡矿作为举证的例子，如《云南经济》、《云南近代经济史》、《云南省经济问题》、《续云南通志长编》、《新纂云南通志》、《云南近代经济史》、《云南近代史》、《云南各民族经济发展史》、《云南对外贸易概观》、《云南地区对外贸易史》、《云南早起工业化进程研究（1840—1949)》、《13—20 世纪前期红河地区城市研究》、《锡都古今》、《锡映千秋》、《锡都今古纵横》等，研究的内容涉及矿业的地质、生产、销售、运输情况，以及其对个旧及周边地区经济发展的影响等。

（一）个锡生产方法

个旧锡矿大锡生产方法分为土法和新法两种，除云南锡务公司和云南炼锡公司外，其余企业均用土法，在近代，土法生产是个旧大锡主要的生产方式，民国时期的关于锡矿的专著中皆有详细描述，以《云南个旧锡业调查》②、《云南之锡业》③ 的记载最翔实，其将土法生产的流程分为矿砂开采、洗选、净砂熔炼三大步骤，将采矿称为办厂或办尖子，将尖子分为草皮尖、冲塃尖与硐尖三种，其采矿

---

① Mineral Commodity Summaries 2012 U.S. Department of the Interior U.S，Geological Survey，page170.

② 苏汝江：《云南个旧锡业调查》，国立清华大学国情普查研究所，1942 年。

③ 袁丕济、曹立瀛、王乃樑：《云南之锡业》，载《经济委员会月刊》第三卷，第二、三期合刊，1941 年，第 29-34 页。

的深度由表及里，所得矿砂含锡成分则由低到高；洗选步骤之原理在于利用矿物比重的不同，经过“揉塃”、“整矿”等几次淘洗后，得到“上炉礁”，洗选之水槽分为砖槽、平槽、陡槽、瀑槽、小水槽等，运输锡砂全用骡马；由设于个旧城中的炉房土炉炼锡，采用松木作为燃料。《云南个旧锡矿业》、《个旧锡务概观》、《个旧县志稿》等书之研究和记载与其基本相同。周楚之的《个旧锡矿业演讲稿》以图片的形式将土法生产通用的器具与设备详细画出并附图解，共有 70 图。① 丁文江的《云南个旧附近地质矿务报告》中有土法洗塃槽图、土法炼锡炉剖面图、土法炼锡炉图，是文字描述的有力补充。②

个旧采用新法生产的公司较少，整个个旧锡矿业中只有个旧锡务公司、宝兴公司、云南炼锡公司、云南矿业公司等少数几家资本雄厚的企业采用新法。关于宝兴公司的研究仅见于《云南个旧附近地质矿务报告》一书，其中有关于宝兴公司购买抽水机的记录。关于个旧锡务公司与云南炼锡公司的新法使用情况，除上文提及的民国矿业专著外，新中国成立后，《云锡志》《云南冶金史》等书都有相关研究，这些书籍一般从沿革、经营项目、公司组织化形式、效益进行研究，内容大致相同。据考证，个旧锡务公司在采矿方面主要采用开凿竖坑，坑内平均高七尺，宽九尺，上下坑之间由升降机连接，塃则利用轻便轨道及升降机运出坑外，再由索道运至洗砂厂，该法的优点在于坑洞较宽，“来往殊为方便，不似旧法……空气亦不似旧式洞尖之窒塞”③。竖坑内计有舂物架一座、双筒卷扬机一部、压榨空气机一部、压榨空气修钻机一部、凿眼机扇风机等。④ 新法之洗砂完全采用机械，工序多达八次，但其结果确是，“洗得毛矿，仅含锡百分之三十左右，尚不及土法洗整之精良，故最后仍须用土法洗整毛矿”⑤，故在此环节中，新法不如土法管用。

近代最早对个旧锡矿土法与新法生产进行比较研究的当属丁文江先生，他于民国二十一年（1932 年）10 月在《独立评论》上发表了《新旧矿业之比较》一文，先从个旧锡矿矿区的分布入手，再介绍个旧锡矿生产的详细过程，他认为个

---

① 周楚之：《个旧西矿业演讲稿》，第 18、19、20 页，转引自《云南矿业开发史》，第 445-448 页。

② 丁文江：《云南个旧附近地质矿务报告》，实业部地质调查所，1937 年，第 15、16、17 页。

③ 苏汝江：《云南个旧锡业调查》，国立清华大学国情普查研究所，1942 年，第 32 页。

④ 张肖梅：《云南经济》，中国国民经济研究所，1942 年，第 J30 页。

⑤ 苏汝江：《云南个旧锡业调查》，国立清华大学国情普查研究所，1942 年，第 38 页。

旧锡矿开发有着天然的地质条件优势，其地处高原石灰石中，这使在其他矿业中常见的渗水问题很少出现，且矿石含锡程度较高，这些因素促成了“个旧锡矿业，的确可以算是土法的大成功”①。然而，土法采矿存在着燃料消耗过高，洗矿耗工过长，采矿工艺极不科学，矿工工作条件低下的问题，“个旧土法采矿必须改良”。

赵丰的《个旧锡业之概观》也通过对个旧锡矿土法、新法生产的实地调查，得出以下结论：采矿方面，土法采矿应在安全方面进行改良，至于完全采用新法则为时尚早；冶炼方面，土法冶炼浪费锡矿资源与燃料，建议改用新法，以提高效率；选矿方面，宜将锡务公司新法选矿增加产额。②

新中国成立后，霍有光的《中国近代锡矿开发概况》对比了近代以来云南、广西、湖南、广东及海南地区锡矿开采及使用机械的情况，他认为，个旧的锡务公司及炼锡公司在生产上已经使用新法，个旧是中国当时唯一使用新法采锡的地区，是中国锡矿发展的代表地区。③

薛步高的《史料考证与找矿（之四）——个旧锡矿》，从地质学的角度论述了个旧锡矿山的开采发展情况，特别是对古代云南锡矿产区进行了考证。据该作者考证，文献记载东汉的“律高”（陆良县）、明代大理、楚雄产锡，但该地都没有出锡的地质条件④，该地无锡出产；民国史料《新修中国省别全志》中“大姚自家湾”的锡矿被认为是大姚产的也有误，应当为大姚人在个旧所办之厂产的。他的考证从地质学角度出发，并将其与文献资料进行对比，这种方法值得借鉴。

综上所述，在个旧锡矿生产研究方面，学者们都得出了土法生产必须逐渐为新法所替代的结论，这种替代不仅是生产技术的提高、能源的节约、锡矿的可持续发展，也是云南近代工业化发展一种表现。

（二）有关个旧锡矿生产中私人资本及生产关系的研究

陈吕范等编的《个旧锡业私矿调查》将个旧的私矿的生产者按投入资金的多少分为小生产者、小业主与厂主老板，小生产者、小业主大多由个旧周边的农民转化而来，而大生产者则由资本家、地主、商人组成，其中大生产者在整个个旧

① 丁文江：《漫游散记》，云南人民出版社 2008 年版，第 77 页。

② 赵丰：《个旧锡业之概况》，载《西南边疆》，1940 年第 10 期。

③ 霍有光：《中国近代锡矿开发概况》，载《云南地质》，1993 年，第 12 卷第 3 期。

④ 薛步高：《史料考证与找矿（之四）：个旧锡矿》，载《云南地质》，2002 年第 4 期。

私矿中的总人数和总产量约占60%，因此在个旧锡业中占据主导地位，起着决定性作用。①

林晓星在《关于解放前个旧锡业中私人资本的几个问题》中提出，个旧除地方官僚资本开办的个旧锡务公司、云南炼锡公司，资源委员会开办的锡矿工程处外，其余民办企业中，绝大多数是“以资本主义生产方式经营的一般资本主义经济”，因此，私人资本左右着锡业的基本面貌，私人资本所出锡矿占总产量的90%以上。② 他认为个旧私人资本长期停留在早期资本主义阶段的主要原因是，其对帝国主义控制下的国际市场有着严重的依赖，内部又受到官僚资本、封建主义的排斥和侵吞，自身内部也存在发育不成熟、奴隶制剥削关系大量存在、保守地沿用土法、不图改良的问题。

范淑萍的《论锡矿生产在个旧锡业生产中的双重作用——以民国时期为背景》，从正反两方面论述个旧锡矿的私人生产，一方面肯定了私矿生产吸引劳动力及带动周边经济发展的作用，另一方面逐一分析了私矿生产对个旧锡业生产发展的阻碍。③ 他认为，由于内部劳动生产率的低下，私矿生产只能用提高劳动投入的方式保持产量，虽然受到官办新式企业的影响，但私矿生产中新技术并没有得到推广，私人采矿的无计划性对环境造成严重破坏。

赵小平、石俊杰在《明末至民国时期个旧锡业生产关系变迁研究》中提出，在明代个旧锡矿的私人资本生产方式就已经出现，至清代中前期，随着个旧锡矿生产规模的增大和矿洞的加深，生产中的分工开始细化。按照出资的多少，尖子可分为供主、锅头、欀头、弟兄，除了供主之外，欀头和锅头也能够根据劳动获得矿产品的分成或分红，因此，他们是清代以来，随着矿业发展分化出来的一个新的阶层——中间管理阶层，它的出现标志着生产关系的改进和提高。④ 至民国时期，随着个旧锡矿生产的进一步扩大，其生产关系中的资本主义生产关系分工也进一步细化，该文对个旧锡矿生产关系的分析和笔者的研究大有帮助。

---

① 历史研究所编：《个旧锡业私矿调查》，云南历史研究所，1979年，第4页。

② 林晓星：《关于解放前个旧锡业中私人资本的几个问题》，载《经济问题探索》，1983年第2期，第55-61页。

③ 范淑萍：《论私矿生产在个旧锡矿发展中的双重性——以民国时期为背景》，载《现代商贸工业》，2009年第19期。

④ 赵小平、石俊杰：《明末至民国时期个旧锡业生产关系变迁研究》，载《学术探索》，2008年第5期，第99-103页。

（三）对政府在个旧锡矿生产中的作用的研究

在近代个旧锡矿的发展史上，政府的作用也是值得研究的内容之一。陈征平在《云南早期工业化进程研究（1840年—1949年）》一书中，以翔实的史料与深刻的理论进行分析，认为政府主导是云南矿业早期工业化的重要特征，“云南历届领导人在考虑如何恢复和发展滇省经济时，均以矿业作为第一要务而力倡矿政，而中央政府对云南经济的控制也是从云南的矿产业入手，并始终都将矿产业生产的主导权控制在官办企业的领域内”，“近代对云南矿业进行工业化改造及不断扩充其要素成分既以官办企业为起点，也以官办企业为主体”，“在官商合办的矿冶业企业中，其官股份额占有绝大比重，因而对企业不仅享有绝对股权，而且拥有绝对的人事权”。①

朱波在《试析政府在近代云南个旧锡矿经济发展中的作用》中也认为，近代云南省政府在个旧锡矿发展中引用机器设备、资金、人才等举措，为个旧锡矿的发展起到了推动的作用，个旧锡矿的发展也同样推动了地方乃至全省经济的发展，二者之间是相互促进的关系。②

（四）有关大锡运输销售的研究

近代个旧锡矿在云南炼锡公司成功精炼大锡，直销欧美之前个旧锡矿出口都是经过香港精炼的，因此，对近代个旧锡矿运输及销售情况的研究，除对锡业研究的专著外，均包含在对外贸易的内容之中。

《云南个旧锡业调查》将其分为矿砂的运输及大锡的运输，矿砂运输主要依赖驮马，在滇越铁路、个碧石铁路等开通前，大锡由驮马运输，开通后主要由铁路运输。《云南经济》中调查了从个旧至伦敦各段的运输费用。

杨寿川的《近代滇锡出口述略》，分析了近代滇锡主要供外销的内部及外部原因，又从云南路线、锡商、锡价三个方面分析了锡销往国外的过程，是对大锡销

---

① 陈征平：《云南早期工业化进程研究（1840年—1949年）》，北京民族出版社2002年版，第159-170页。

② 朱波：《试析政府在近代云南个旧锡矿经济发展中的作用》，载《西南林业大学学报》，2006年S1期。

售最详细的研究。① 他认为滇锡外销的首要原因是外部市场对滇锡的需求，这种需求也导致锡的价格及销售主要市场受到世界市场的操控。然而，可能因篇幅所限，他只抽取其中较具有代表性的数据作为依据，未能将整个近代锡业销售的起伏变化情况反映出来。

《近代云南的交通运输与商品经济》简单地描述了在滇越铁路开通之前，个旧锡矿经由“蒙自—蛮耗—入越南老街—河内—海防”的马帮路线②，以及铁路开通后的铁路运输方式，但他对于个旧锡矿的运输未做深入研究。

《近代云南个旧锡矿的对外运销（1884—1943 年）》一文，以《中国旧海关史料（1859—1948）》为主要参考资料，采用详细考证的方法，认为个旧锡矿的运输分为：1889 年以前，分三条路线出云南，分运东部市场；1889 年，由于蒙自口岸开关，分五条路线，改由蒙自出口；1910 年滇越铁路通车后，个旧锡矿运输方采取铁路运输方式，运输时间减少。③ 该文是对近代个旧锡矿运输路线的最详细论述，也弥补了蒙自开关前对个旧锡矿出口路线及数量研究的不足。

《滇越铁路与云南近代进出口贸易》主要论述了滇越铁路开通对个旧锡矿运输的影响。该铁路通车后一方面大大缩减了个旧锡矿由个旧运至香港的时间，减少了运费开支，个旧锡矿在 1910 年滇越铁路通车后，出口量猛增到 6195 吨，较上年增加三分之五；另一方面又造成了原有马帮的大量淘汰，以此为生者纷纷失业。④

《滇越铁路与云南矿业开发（1910—1940）》一文认为，滇越铁路运输的最大宗出口货物即为大锡，它大大缩短了个旧锡矿的货运时间，为个旧锡务公司、炼锡公司等输入新式机器及相关设备提供了便利，客观上促进了个旧锡业的发展，也改变了云南的矿业格局，促使滇越铁路沿线矿业经济带的形成，使矿业中心由东川向交通便利的个旧转移。⑤ 张笑春的《试论滇越铁路在近代云南经济中的地

---

① 杨寿川：《近代滇锡出口述略》，载《云南经济史研究》，云南民族出版社 1999 年版，第 115-168 页。

② 董孟雄、郭亚非：《近代云南的交通运输与商品经济》，载《云南社会科学》，1990 年第 1 期，第 81-89 页。

③ 杨斌、杨伟兵：《近代云南个旧锡矿的对外运销（1884—1943 年）》，载《历史地理》第 23 辑，上海人民出版社 2008 年版，第 199-219 页。

④ 顾继国、杨金江：《滇越铁路与云南近代进出口贸易》，载《云南民族大学学报（哲学社会科学版）》，2001 年第 5 期。

⑤ 谭刚：《滇越铁路与云南矿业开发（1910—1940）》，载《中国边疆史地研究》，2001 年第 1 期。

位》也认为个旧锡业的发展与滇越铁路密不可分。①

从以上研究可以看出，有关个旧锡矿的运输路线的研究重点在从云南至香港的线路上，有关滇锡至香港后的出口路线及锡的最终目的地的研究较少，许多文章仅提到出口欧美，对具体路线及出口数量未加分析。

（五）有关个旧锡矿对云南经济发展的促进作用的研究

近代个旧锡矿是云南对外贸易的最大宗商品，其对近代云南经济发展的促进作用非常之大，张肖梅在《云南经济》中将矿业称为“经济命脉”，个旧是因锡而兴起的城市，关于个旧锡矿对云南经济发展的促进作用的研究被包含在个旧城市史发展中。

《近代滇锡出口述略》《云南之贸易》《云南地区对外贸易史》用数据说明，经蒙自关出口的锡占全国货物总值的80%以上，是出口货物的最大宗。《近代滇锡出口述略》引用《云南个旧锡业调查》所列资料，从锡税在历年来全省财政收入所占的比例出发，认为近代云南大锡的出口，对本省抑或全国国民经济的发展和财政收入的增加，都起到了十分重要的作用。②

范淑萍的《13—20世纪前期红河地区城市研究》认为，红河地区丰富的矿产资源，是该地区发展的重要条件。“锡业的兴盛，奠定了个旧矿业城市的基础。滇越铁路和个碧石铁路的修建通车，改变了大锡的运输路线，使大锡的销量得到进一步提高，加强了云南地方性市场与世界市场的联系，使个旧作为矿业城市迅速发展。”③

综上所述，近代个旧锡矿的研究涉及大锡的生产过程、生产关系，也有一些学者将这种发展放置于世界工业发展的背景下进行研究，然而关于国际经济一体化下个旧锡矿的开发的研究较少。近代个旧锡矿是在国际分工加强，各国间经济联系不断加深的背景下发展起来的，因此，个锡的发展与前代有了很大的区别，被打上了那个时代特有的烙印。第一，在国际市场需求的影响下，个锡不再局限

---

① 张笑春：《试论滇越铁路在近代云南经济中的地位》，载《经济问题探索》，1987年第7期。

② 杨寿川：《近代滇锡出口述略》，载《云南经济史研究》，云南民族出版社1999年版，第115-168页。

③ 范淑萍：《13—20世纪前期红河地区城市研究》，云南人民出版社2012年版，第167页。

于满足国内市场的需求，而是大量销往国际市场。第二，近代个锡生产方式不再是以国家管控资源的方式进行，而是出现大量的生产以市场为导向的私营锡矿，第三，近代个旧锡矿业是在中国沦为半殖民地半封建社会的过程中发展起来的，一方面国际市场的需求刺激了它的发展，另一方面它又受到殖民者的剥削和压迫。

三、研究的基本内容与结构

（一）研究方法与研究思路

马克思主义史学研究的一个基本原则和要求，就是在研究问题时，把问题放置在一定的历史范围内，“充分地占有材料，分析它的各种发展形式，探寻这些形式的内在联系”①。按照这一要求，笔者在大量收集和分析资料的基础上，在马克思历史唯物主义的方法论指导下，把云南矿业在近代的发展置于当时的时代背景之中，联系云南社会发展的基本走向，运用比较法、考证法等史学研究基本方法，对云南矿业市场与国际一体化进程进行研究。

（1）历史比较法。为了说明近代个旧锡矿生产在全国锡矿生产中的重要地位，笔者将土法生产与近代技术做比较，以表明近代个旧锡务公司、炼锡公司是当时全国使用新法开采、管理的代表公司。为了说明个旧锡矿中占绝大多数的土法生产有改良的必要，笔者将其与当时世界上比较先进的新加坡、荷兰、印尼锡厂生产进行对比，说明其生产技术、管理手段的落后。

（2）考证法。个旧矿工人数在各个时期的统计中有较大的出入，笔者拟采取考证的方法，力图从各种纷繁的记载中得出各时期矿工人数比较准确的数据，其中还会运用到统计法。

（3）统计法。它主要运用于对个旧锡矿矿工人数的统计与个旧锡矿历年产量的统计。

（4）普遍联系的方法。国际经济一体化理论认为世界是一个整体，其中有整体的关系，也有个别的关系，笔者将个旧锡矿在近代的发展置于世界市场的发展中进行考察，同时又考察近代个旧锡矿发展的自身特征。

① 中共中央马克思恩格斯列宁斯大林著作编译局：《马克思恩格斯选集》第三卷，人民出版社1972年版，第217页。

（二）研究的基本结构

根据以上研究方法，结合近代云南历史发展的线索，本书分为六章来论述近代个旧锡矿的开发。

(1) 第一章，历史上个旧锡矿的开发源流。本章主要讨论个旧锡矿在近代以前的开发情况及开发目的。第一节是关于历史上云南锡品生产的记载研究。锡在云南有很长的开发历史，早在西汉就有开发的记载，之后历朝历代都有开发的记载，至清朝由于国家对币材的需求增加和个旧银厂的衰落，个旧锡矿的开采优势逐步显露出来。在青铜器时代，锡是制作青铜器的材料之一，锡还用于制作锡器，主要是一些生活用品。第二节论述1840年鸦片战争以前云南锡矿在国内市场的规模，即有记载的个旧锡矿生产及开发规模，相较于近代个旧锡矿的广泛用途与开发规模，历史上的云南锡业开发主要是以生产简单的锡合金与锡制品为主，销售于国内，而由于生产技术落后与锡需求量不大，锡的产量与开发规模很小，个锡在步入近代以后由于国际市场的需求才在产量及销路上有了很大的变化，是近代云南加入国际经济一体化过程的结果和产物。

(2) 第二章，近代个旧锡矿开发的历史转折。该章分为三节，第一节认为，个旧锡矿开发的历史转折以蒙自口岸的开放为前奏，蒙自口岸是在国际经济一体化推动下，随着列强打开云南的市场而开放的。在蒙自口岸于光绪十五年（1889年）开放以前，个旧锡矿已在世界市场上被列强国家所重视，但碍于云南地处高原，无通商口岸，往其他口岸运输交通不便，运输困难，运费高昂，出口数量受到极大限制。直至蒙自口岸开放，个锡可沿红河而下，至蒙自出关运往法属越南，大锡出口数量猛增，蒙自关的开放对个旧锡矿的发展至关重要。第二节论述滇越铁路对个锡运力的历史改观，蒙自开关后个旧锡矿的运输路程得以缩短，但由于云南地势复杂，个旧锡矿运输只靠骡马，运量受到极大限制。在法国殖民者的资本输出下，滇越铁路得以修建，1901年通车后，运输时间比原先的路程所耗的时间缩短了七八天，且铁路运输运量巨大，对个旧锡矿的发展起到了推动作用。第三节论述个旧锡矿对国际市场需求的适应，本节主要从理论上分析在19世纪后半期国际经济一体化加强、国际分工更细化的情况下，列强为了本国工业经济的发展，加紧对殖民地的资本输出及掠夺原料，个旧锡矿就是在这种国际环境中成长起来的。虽然在蒙自关开放以前个锡就已经形成了外销型的销售模式，但是在销售过程中也经历了许多波折。

（3）第三章，近代个旧锡矿开发的制度模式变化。本章共分为两节，第一节，近代云南矿业由满足国内市场需求向满足国际市场需求的转变，笔者通过研究认为，云南历史上大规模开发的矿业，如明朝的滇金、滇银，以及清朝的滇铜，都是为了满足国家对矿业的需求，最大获利者为封建国家。而近代锡矿开发是以满足国际市场的需要为主，在蒙自关开放、滇越铁路通车后，绝大多数的个锡产品是销往国际市场的，国内由于近代工业的落后反而只有少量的销售。第二节主要探讨近代个旧锡矿开发的制度模式的转化。本书以“放本收铜”制度为例，从滇铜生产的目的、生产过程的管理、产品的分配、运输的管理来说明清朝滇铜的开发是在封建国家的严格管控之下发展的，是国家获得并占有重要经济战略资源的方式，在资源的开发中也是以政府的力量为主导的。在近代个锡的开发中，政府不再对锡矿生产进行严格管控，私人资本在生产中占据了主要地位，为了获得更多的利润，政府组织官商合办企业与私人锡矿展开市场竞争，这些企业在使用新法、技术改进、采用先进的管理模式上起到了模范作用。

（4）第四章，近代个旧锡矿开发的技术改良与销路变化。第一节，传统技术条件下个旧锡矿的生产技术、产品与出口路线，分析在个旧锡矿生产中占主要地位的土法生产的开采、运矿、冶炼过程以及土法冶炼而出的产品的质量高低，通过与当时新加坡、马来西亚等主要产锡地生产技术及产品质量的比较，认为个旧锡业“的确算得上是土法生产的大成功”①，但与世界市场上直接行销的马来锡、印尼锡、荷兰锡比较，个旧锡矿存在生产技术落后、生产条件低下、产品质量过低的问题，这造成了个旧锡矿不能直接销往国际市场的被动局面。第二节，西方技术对个旧锡矿开发的影响。本节主要以个旧锡务公司及云南炼锡公司等使用新法开采的企业为例，认为个旧锡业的发展必须使用新法。从生产的角度出发论述新法生产在开采、运矿及冶炼方面的先进之处，并指出个旧锡矿生产必须改良的原因，一是私矿的小生产造成了环境的破坏和资源的大量浪费，二是产品不能直销国际市场，必须在香港改炼，这对个旧锡矿造成了严重影响。然后详细考证使用新法生产的锡矿企业的生产设备及其技术改进方法，指出西方技术对个旧锡矿生产的影响和这一过程中个旧锡矿技术人员所做的技术创新。第三节，锡品成色提高带来的销路变化和利润增加，从经济角度出发，论述云南炼锡公司之锡矿直销外洋给个旧锡矿带来的影响，一是打响了个旧锡矿的品牌，二是直销减少了转运

① 丁文江：《漫游散记》，云南人民出版社2008年版，第77页。

香港的中间手续与提炼费用，节约了成本，为个旧锡矿创造了很大利润。

(5) 第五章，近代个旧锡矿开发的规模及经济效益。本章主要从以下三个方面论述个旧锡矿在近代的发展及其对云南省经济发展的贡献。第一节，首先列举近代至新中国成立前个旧锡矿的产量，再论证个旧锡矿产量增加与矿区开发规模、地区开放程度之间的关系。第二节，近代个旧锡矿开发对就业的吸纳及其影响，个旧锡矿开发据史载最多时有矿工十万，土法生产的所有生活用品必须由个旧运输，个旧许多人从事与矿业相关的生产、生活用品供应，本节内容主要包括考证个旧各时期矿工人数，说明个旧矿业对就业的吸引作用。第三节，利用《云南行政纪实》、《云南之财政》、《续云南通志长编》等材料相关数据，说明个旧锡矿带来的经济效益是云南地方财政的有力支撑。

(6) 第六章，近代锡矿开发以国际市场为导向的弊端。个旧锡矿在近代的大发展是在国际经济一体化的环境下进行的，大部分产品销往欧美市场，因此形成了以国际市场为导向的模式，但这种模式有严重的弊端。第一节，个旧锡矿货运长期受到法国滇越铁路公司的加价苛扰，1901 年滇越铁路开通后，它成为个旧锡矿的主要运输渠道，但滇越铁路公司是法国殖民者所开，是为了便利法国对云南资源的开发与掠夺。在铁路开通的同时，殖民者曾多次试图直接控制个旧锡矿的开发，均被拒绝，在此情况下，殖民者通过控制运输工具间接控制个旧锡矿销售，掠夺个旧锡矿利润。第二节，国际市场的变化对锡矿生产造成的影响。虽然个旧锡矿在民国时的生产位居世界第五，但其售价受到国际市场的严格控制，个旧锡矿生产也随着国际市场的变化而变化。国际市场锡价高昂，则个旧锡矿生产兴旺；国际局势紧张，锡价下跌，则个旧锡矿厂产量减少、工人失业。如第一次世界大战期间，个旧锡矿厂就出现了“外国人打起仗来了。大锡卖不掉，许多厂都歇了工”① 的情况。第三节，战时敌方封锁造成个旧生产的急剧萎缩。1937 年抗日战争爆发后，云南成为大后方，随着内地和沿海大量口岸的丧失，云南逐渐成为全国与外界沟通的重要渠道，滇越铁路成为运输的主要干道。在 1940 年滇越铁路中断运输后，由于大锡出口通道与销路的断绝，个旧锡业生产一落千丈。

四、史料主要来源

云南是全国矿藏种类最丰富的省份，早在西汉时期的原始居民就有金属矿藏

---

① 丁文江：《漫游散记》，云南人民出版社 2008 年版，第 83 页。

开采、冶炼和制造等活动。清代至近代，云南矿业发展历史中滇铜与滇锡占有特别重要的地位，很早就引起了地质矿业学界、经济学界的高度关注，由此产生了一大批具有影响力的学术著作。本书主要运用滇铜与滇锡的相关资料，这些资料大体可分为档案资料、调查报告、地方志、研究著作四类。

1. 档案资料

档案资料类主要有顾金龙、李培林主编的《近代云南矿业档案资料选编》两部，庄兴成主编的《滇越铁路档案史料汇编》，黄凤平主编的《抗战时期的云南——档案史料汇编》；此外还有云南省档案馆所藏的民国《云南实业厅档案卷宗》及昆明市档案馆所藏的《民国云南省、市商务总会档案卷宗》等。

2. 调查报告

民国时期，随着中国近代地质学的发展及地质勘探工作的深入，云南各地地质矿物调查也日趋完善，留下了一大批宝贵的调查报告资料。民国时期的地质学家丁文江先生于 1914 年奉命到云南调查矿业，对云南铜、锡业发展进行了详细的调查和记录，在此基础上写成了大量的相关论文和书籍，其中调查报告有《云南个旧附近地质矿务报告》，并将所得资料编入《中国第一次矿业纪要》一书；在他的研究基础上，之后的第二次、第三次乃至第七次矿业纪要中分别承袭前一次研究并将该时间段内矿业新发展做详细记载，这些《矿业纪要》中尤以第二次、第七次记载最为翔实①。

1936 年，杨公兆、孟宪民、袁丕济等人在个旧进行调查后所编的《云南个旧锡业调查报告》，从个锡的生产、运销、捐税、价格、成本等方面进行了详细的调查，苏汝江的《云南个旧锡业调查》，袁丕济、曹立瀛、王乃樑等后来编写的《云南之锡业》、《云南个旧之锡矿》与张肖梅的《云南经济》中许多材料都沿用该书。

1939 年，资源委员会实行特矿统制之后，为了更好地了解云南矿产的贮藏及生产情况，先后派出了大批专家学者对云南全省矿业进行了全面调查，编印了

① 丁文江、翁文灏的《中国第一次矿业纪要》记述时间只从民国元年至民国五年，且是创始之作，所以记述较为简单，《中国第二次矿业纪要》，主要记述从民国五年至民国十四年之矿业概况，这一时期内，矿业发展变化繁多，又于其中加入盐、玻璃、陶土、宝石等矿业的生产等概况，锡、钨等主要出口矿产加入了产量及进出口数量，使之更为详尽，后来的三次至六次矿业纪要均以二次为体例，分别接述上一次《纪要》后的矿业情况。由于中国的抗日战争，1941 年的《中国第六次矿业纪要》未能统计沦陷区的矿业，《中国第七次矿业纪要》出版于 1945 年，恰是抗战胜利时，该书统计了全国矿业情况，又着重于西南后方的矿业发展，对研究云南矿业而言，该书统计既全面又突出重点。

《云南工矿调查报告》和《云南经济研究报告》两套调查报告，《云南工矿调查报告》中矿业调查有16种①，《云南经济研究报告》中调查报告有6种②，这两套报告中，前者偏重于对矿业的地质情况、开采状况的调查，后者偏重于对矿业的开发、管理、矿业企业的生产等情况的调查，是了解近代云南矿业生产、运输、销售方面的必读书籍。该会在其刊物《资源委员会月刊》与《资源委员会季刊》两套杂志中也保留了当时云南地质调查及矿业生产的大量一手资料。

3. 地方志

清末至民初是我国社会处于大转型的时期，云南在这一时期编写了大量方志，全省志《续修云南通志长编》、《新纂云南通志》，地方志《个旧县志稿》等都有对个旧锡矿的记载。另外，新中国成立后编写的《云锡志》、《个旧市志》、《云南通志》、《个旧锡矿志》对笔者的帮助良多。

4. 研究著作

当时许多史学家也对个旧锡矿进行了研究。丁文江对云南的铜矿、锡矿都有研究，《漫游散记》中收录了《个旧的地形与锡矿的分布》、《个旧锡务公司》、《东川铜矿历史》、《有名无实的山西铁矿——新旧矿冶业的比较》四篇与矿业相关的文章；《丁文江选集》中收录了《云南东川府铜矿》、《云南个旧地质矿物报告》两篇与矿业相关的文章。张肖梅的《云南经济》，郭垣的《云南省经济问题》、《云南之自然富源》都对个旧锡矿进行了研究，曾鲁光发表在《云南日报》上的《个旧观光日记》及他的著作《个旧锡业概观》是对个旧锡矿研究很有价值的资料。

前人对云南矿业及市场问题的研究中大多使用的是方志及已整理出版的档案史料，对于调查报告及其他未出版的档案的使用尚不多见，其原因主要是这些调查报告及档案收藏分散，不易收集，且档案史料往往浩如烟海、难以整理，可供使用者不多。得益于当今网络及资讯的发达，许多当时不多见的史料现在都能够搜集到，使用当时编印的大量调查报告及档案资料是本书的一大特点。这些调查报告是当时学者对云南矿业进行实地考察后编写的，是反映当时矿业生产、销售等情况的一手资料。

---

① 《云南工矿调查报告》为资源委员会经济研究室1940年编写出版，其中与滇铜、滇锡有关的调查有《云南工矿业调查概述》、《云南会泽巧家之铜矿业（上）》、《云南会泽巧家之铜矿业（下）》、《永胜之铜矿》、《云南个旧之锡矿》。

② 《云南经济研究报告》为资源委员会经济研究室1940年编写出版，其中与滇铜、滇锡有关的调查有《云南之铜》、《云南之锡》。

第一章　历史上个旧锡矿的开发源流

锡是中国古代最早开发利用的金属之一，早在新石器时代，中国的古人就已经开始探索锡的冶炼及利用。中国的锡矿资源非常丰富，湖南的郴州、宜章，广东的惠州，广西的南丹、河池、贺县（今贺州市），云南的个旧、云龙、保山等地都有贮藏，其中云南的个旧是全国最大的以锡矿为主的有色金属矿区，素以“锡都”闻名海内外。个旧锡矿的开发有着悠远的历史，锡产品的开发与运用也成为当地一大特色产业。然而，在1840年以前，锡矿的用途虽广，但用量不大，锡的市场价格也不高，这极大地限制了锡矿开发的规模和生产技术的提高。

第一节　历史上个旧锡矿的生产

一、锡的主要特性及其在古代的用途

中国古代将金、银、铜、铁、锡合称为五金，五金是人类最早发现并利用的金属，这五种金属都具有很强的可塑性，既可单纯加工，又可与其他金属熔合作为合金，因此，在古代五金经常用来制作工具和武器。随着冶炼加工技术的不断提高，金属制作的礼器及装饰用品也开始出现，并很快流行了起来。

在古代，五金各有用途，由于其特殊的物理、化学性质，锡的主要用途与其他四金略有不同。黄金外表漂亮，延展性强，因此多用作身份高贵的人士的装饰用品的首选金属，但其在中国储量较少，价格昂贵，用作工具和武器的情况较少。银在我国的储存量大于黄金，因为其价格方面的优势，民间用银饰的数量远远超过金器，银成为流通中的主要货币形式之一，但银及其合金质地较软，一般不会用于制作工具与武器。铜器的使用历史比较久远，中国古人用铜与锡、铅等合冶成青铜，由于青铜硬度较高，自商周时期起，大量的青铜用于制作礼乐器、工具、武器等。铁在五金中硬度最高，铁制品质地坚硬，冶炼较易，在我国铁的贮藏量也非常丰富，因此其大多用于制作工具与武器，但铁制品容易锈蚀，很少用来制

作装饰品。锡在古代的使用情况大体上可分为两种：一种是纯锡的使用；另一种是与铜、铅等按一定比例合铸，成为青铜。

（一）纯锡的物理特性及其在古代的用途

锡虽是排在五金最末位的金属，但与其他四种金属相比，它的物理属性比较特殊，这使它的用途十分广泛。锡是银白色金属，锡锭表面因生成氧化物薄膜而呈珍珠色。锡相对较软，具有良好的展性，但延性很差。① 依据锡的不同物理属性，古代劳动人民将锡运用在生产生活的不同领域，为中国古代辉煌的文明增添了光彩，也使锡在中国古代文明中占据了重要地位。

(1) 锡的熔点很低，属于较软、较易熔炼的金属，中国古代先民很早便掌握了锡的冶炼技术。锡的熔点仅为 231.96℃，是五金中熔点最低的金属，沸点为 2270℃，莫氏硬度为 3.75，是五金总硬度最低的金属。考古学家曾在河南安阳的小屯曾出土过成块的金属锡，在大司空村出土过锡戈六件。② 这说明早在商朝时期，中国古代劳动人民就掌握了锡的熔炼及加工技术。

(2) 锡的展性良好，可以碾压成直径仅 0.04 毫米的锡箔，在常温下对许多气体、弱酸、弱碱性的环境有较强的耐腐蚀能力，在古代，人们用锡来包裹其他金属，用以防止其氧化。殷墟发掘出土的一具完整的铜盔甲，出土时光耀如新，内部红铜完好，原因就在于其外面镀了一层厚锡，由此可见，我国在商朝时期就已经发明了镀锡防氧化的技术③。碾压的锡箔还被用来制成“冥纸”，烧化以做祭祀祖先之用，直到近代，江浙、福建、广东一带此种生产、消耗锡的数量都非常大。

(3) 锡具有很好的杀菌、净化功能，可用于净化水质。在中国古代一些水质不好的地方，人们常在井底放上锡板，净化水质。古代宫廷中精心酿制的御酒，都是用锡器作为盛酒的器皿。中国民间认为锡器具有“盛酒酒香醇”、“贮茶色味不变”、“插花花长久”的作用。

(4) 纯锡在低温下不利于保存。纯锡在低于 13℃的环境中会发生晶形转变，开始变成一种灰白色粉末，俗称“锡疫”，温度越低则转变速度越快，在零下 30℃时，这种变化速度达到最大值，白锡发生膨胀，出现麻点，进而分裂散碎变成粉末状；锡条被弯曲时，由于塑性变形会发出断裂的声音，称为“锡鸣”，此外锡也

① 黄位森主编：《锡》，冶金工业出版社 2000 年版，第 7 页。

② 夏湘蓉：《中国古代矿业开发史》，地质出版社 1980 年版，第 20 页。

③ 夏湘蓉：《中国古代矿业开发史》，地质出版社 1980 年版，第 19、20 页。

不易被拉成锡丝①。因此，考古发现，出土的纯锡块、锡器数量很少，大多损毁严重，且多数为明清时期的物品，色泽也呈黑灰色。

（二）铜锡合金——青铜在古代的记载与用途

青铜是铜与锡的合金，因为它颜色青灰，所以被称为青铜。铜与锡都属于软金属，在铜中掺入锡的比例是控制青铜硬度的一个决定因素。一般而言，红铜（纯铜）的博林氏硬度为35度，在红铜中加入锡5%～7%时，其会增高到50～60度，如果加入锡9%～11%，其会增高到70～80度。② 此外，青铜还有熔点低、便于铸造、无毒、耐腐蚀的特点。

我国炼制青铜有着悠久的历史，在唐山考古中出土的一件铜耳环就是含有一定量锡的铜合金，制作于距今4000多年的新石器时代晚期的龙山文化时期；同属于龙山文化时期的甘肃永登蒋家坪马厂类型遗址中出土的残铜刀，经化验也是锡青铜，该类型文化在公元前2055—1900年③。

在青铜文明鼎盛的商周时期，锡的最主要用途仍是与铜等金属合冶为青铜。商代青铜器中的代表作品司母戊大方鼎，主要是由铜、锡、铅三种金属合铸而成的，其中铜占84.77%、锡占11.64%、铅占2.79%。④ 依据上述硬度理论，司母戊大方鼎的铜、锡配比可以说是恰到好处，它体现了中国古代劳动人民的智慧与具备的丰富的生产经验。因其无毒耐腐蚀的特性，青铜被大量用于制作食器、酒器、乐器等生活用品；因其硬度高的特性，青铜被大量用于制作兵器、农具；因其熔点低、易铸造的特性，青铜被大量用于制造度量衡与货币、车马饰品和印符等物品。

二、历史上个旧锡矿的开发

个旧以产锡而闻名于世，个旧锡矿的开发有着悠久的历史，早在汉代，个锡就已经出现在历史记载中，直至清代，这里一直是云南锡矿的主要产区，是古代云南人民创造辉煌的封建文明不可缺少的部分。

---

① 何璞编著：《云南个旧锡工艺》，云南大学出版社2012年版，第8页。

② 徐洪修著：《商周青铜文化》，山东教育出版社1988年版，第2页。

③ 李伯谦：《中国青铜文化的发展阶段与分区系统》，载《华夏考古》，1990年第2期。

④ 夏湘蓉：《中国古代矿业开发史》，地质出版社1980年版，第19页。

（一）汉代至明代个旧锡矿开发的记录

据现有史料记载，云南锡矿开发的历史晚于中原地区，最早可追溯到西汉时期。《汉书·地理志》载："律高，西石空山出锡，……贲古，北采山出锡，……南乌山出锡。"①《后汉书·郡国志》载："律高，石空山出锡"，"贲古采山出铜锡，羊山出银铅"。②《后汉书·西南夷列传》载："（哀牢夷）出铜、铁、铅、锡、金、银。"③《续汉书·郡国志》载："益州郡，律高石室山出锡，……贲古采山出铜、锡。"④ 至东晋时期，《华阳国志·南中志》载："（兴古郡）律高县，西有石空山，出锡，东南有盬町山出锡、银"，"（永昌郡）宜五谷，出铜锡"，"贲古县，山出银、铅、铜、锡"。⑤《读史方舆纪要》载："（贲古）在（临安）府东南，汉县，属益州郡，后汉因之。"⑥ 据此可认为，汉代所言的贲古县就是今蒙自、个旧一带，这说明个旧在汉代至两晋时期一直是锡的产区。

个旧在两汉时期就开始开采锡矿，这一记载在1993年已被地下考古发现所证实。鉴于锡矿产业是云南矿业的一大支柱，云南考古界非常重视对地下冶炼遗址的发掘，1993年4月，考古学家在对个旧市卡房镇陡牛坡冲子坡的考古上，取得了重大突破，该遗址被认定为古代冶炼遗址。调查时已被挖矿砂揭露出的冶炼遗存面积约为700平方米，此外，考古学家还发现了用于筑炉的土坯与冶炼残存的炼渣。⑦ 经过对炼渣的化学分析，研究者得出结论："个旧冲子皮坡确系一处冶炼遗址，很可能是使用铜铅共生氧化矿石进行还原熔炼并添加锡石而获得铜铅锡合金的遗址。"⑧

但是从两晋到元代云南重新归属中原王朝统治期间，即云南南诏、大理国政

① 班固：《汉书·地理志》六，中华书局1956年版，第1601页。

② 范晔：《后汉书》，志二十三，中华书局1997年版，第904页。

③ 范晔：《后汉书·西南夷列传》，载方国瑜主编：《云南史料丛刊》第1卷，云南大学出版社2001年版，第60页。

④ 钱书林著：《续汉书郡国志汇释》，安徽教育出版社2007年版，第320页。

⑤ 刘琳：《华阳国志校注》，巴蜀书社1984年版，第457、431、453页。

⑥ 顾祖禹著：《读史方舆纪要》，卷115，商务印书馆1937年版，第4713页。

⑦ 红河州文物局编：《红河州文物志》，云南人民出版社2007年版，第11页。

⑧ 王大道：《云南个旧冲子皮坡冶炼遗址调查及炉渣分析》，载《中原文物》，1997年第2期，第107页。该考古遗址名称除王大道的文章写作"冲子皮坡"外，《红河州文物志》、《考古》等都写作"冲子坡"，因此该处应该为个旧冲子坡考古遗址。

权统治时期，个旧锡矿的开发与利用却完全没有记录。南诏、大理国时期，云南锡矿的开发记录非常稀少。《蛮书》卷七载："银，会同川银山出；锡、瑟瑟，山有出，禁戢甚严。达案：《续博物志》卷七云：'若（诺）有锡山，出锡'。"①《册府元龟》卷960载："（哀牢）出铜、铁、铅、锡、金、银。"② 据杨寿川言诺赕川在今四川黎溪一带，当时在南诏、大理国境内。③ 与上文对照可发现，在两汉、魏晋南北朝时期，云南锡矿生产的地区只剩下哀牢了，并且关于锡矿开采及冶炼的情况也完全没有记载，但从出土的南诏、大理国时期的大量青铜佛像、青铜生活用具可以看出，当时锡的采冶并未停止，否则不会出现大量的含锡青铜器。针对出现这种情况的原因，有学者推测："大概是因'禁戢甚严'，当时的锡矿很可能是官营的，专用于铜的合金原料，老百姓不能随便开采。"④

至元十二年（1275年），元代正式设立云南行省，将云南纳入中央王朝的统一管理。由于云南矿产资源丰富，从元朝中央到云南行省，都十分重视开发云南矿业，但元代正史《元史》中没有任何关于云南锡矿生产的记载。其原因应该有四：

第一，"元初战乱仍然频繁，财政匮乏，政府急需开发矿业，特别是开发铁、金、银、铜等矿产，此外，朝廷对文武百官、王公贵族的诸多赏赐，皇室、贵族、官僚等对金、银的百般贪欲等。"⑤ 就其价值与装饰属性而言，锡不如金、银贵重，自铁器取代青铜器成为农业工具与军事武器的主要原料后，金属锡与军事和农业生产也再无直接关系，自然不会引起朝廷及贵族、官僚的兴趣。

第二，"铅和锡是铸造铜币或其他青铜器的必需的合金金属。元代铸币很少，产铜不多，铅、锡的产量可能不大，产地也较两宋时期少。"⑥ 元代全国仅有湖广行省产锡的记录，按照岁课1，748斤，每百斤抽课二十计算，全国年产8，740斤，应已足够全国的用度。

第三，前文已述，在南诏、大理国时期，云南锡的开采已经非常稀少。无论是开发新矿还是重新开发老硐，都要耗费巨大的人力、物力。而元代云南刚被纳入中央王朝的统治，朝廷对云南的统治以求稳定为主，政府实在没有必要花费更

---

① 樊绰撰，向达校注：《蛮书校注》卷八，中华书局1962年版，第200页。
② 王钦若、杨亿：《册府元龟》卷960，中华书局1960年版，第11293页。
③ 杨寿川：《云南矿业开发史》，社会科学文献出版社2014年版，第46页。
④ 张增祺：《云南冶金史》，云南美术出版社2000年版，第198页。
⑤ 杨寿川：《云南矿业开发史》，社会科学文献出版社2014年版，第48页。
⑥ 夏湘蓉：《中国古代矿业开发史》，地质出版社1980年版，第128页。

多人力与财力去寻找、开采一种不是迫切需要的金属。

第四，元代云南实行了与全国其他各地不同的货币政策，元朝政府鼓励云南流通、使用贝币，兼之以物易物，不铸造铜币自然不需要开发锡矿。

到明代，个旧锡矿的史料记载才真正多起来，正德《云南志》卷四载，临安府土产“锡，蒙自县个旧村出”①，这是个旧作为地名首次出现在史籍记载当中；万历《云南通志》载，“临安府，锡课银一千六百八十两”②，这是个旧锡矿出现的首次课税记录，这样的记载说明个旧锡矿在明代正式成为国家管理和开发的一种矿产。这一时期个锡还被广泛用于制作锡器，明代成书的《滇略》载：“锡则临安者最佳，上者如芭蕉叶，扣之声如铜铁，其白如银，作器殊良，出市者杂以铅，遂顿减价。”③ 曹昭《格古要论》言：“蕃锡出云南，宜[illegible]碗盏；花锡亦出云南，大花者高，小花者次之。”④ 明代人就已经认识到临安府的锡质量非常好，其他地方所产的锡因含铅、颜色不正而导致价值不高，但是当时个旧最主要的矿产还不是锡，而是银。

（二）清代个旧锡矿开发的记载

清代前期是云南矿业大开发的时期，盐、金、银、铜、铁、锡、铅、锌、煤、钴、硫黄、朱砂等12种矿在当时都被开发了，其中锡矿的开发以个旧之记载最丰富。⑤

个旧地区矿产资源丰富，除锡矿外还产银矿、铜矿。“蒙自有宝山个旧称最，其地形式环抱如带，发源极长，聚天地之英华，结而为铜，为银，为锡，四方之人多开采于斯，统名之为个旧厂。”⑥ 前文已述，个旧之名最早出现在明代史料记

---

① 周季凤：正德《云南志》卷四，载方国瑜主编：《云南史料丛刊》第6卷，云南大学出版社2001年版，第147页。

② 邹应龙修，李元阳纂：万历《云南通志》卷6，赋役志第三，载方国瑜主编：《云南史料丛刊》第6卷，云南大学出版社2001年版，第565页。

③ 谢肇淛撰：《滇略》卷三，产略，载方国瑜主编：《云南史料丛刊》第6卷，云南大学出版社2001年版，第690页。

④ 曹昭：《格古要论》卷六，中华书局2012年版，第219页。

⑤ 阮元等：道光《云南通志》，卷71～76等，载方国瑜主编：《云南史料丛刊》第12卷，云南大学出版社2001年版。锌在清代的文献中被称为白铅。

⑥ 李焜纂修：《乾隆蒙自县志》，载《中国地方志集成·云南府县志辑》第48册，凤凰出版社2009年版，第230页。

载中，但是当时这里并不以锡为主要开发矿产，个旧龙树脚厂是以产银而见于记载的，随着银矿资源的逐渐枯竭，锡矿才开始成为主要开发的矿产品，直到清初这里仍然是银胜于锡。

据《乾隆蒙自县志》照录康熙旧志言："个旧厂原有银炉七座，锡炉十三座，……龙树脚……银炉三十二座，……芭蕉箐区置银炉十一座。"① 全厂共有银炉 50 座，锡炉 13 座；有银硐的矿厂共 10 个，有锡硐的矿厂有 7 个（耗子厂、观音山、麦地冲、扶车厂、炉房厂、矿王山、黄芽山），可以看出，在清初，个旧银、锡并产，且银的产量应多于锡。

康熙四十六年（1707 年），个旧锡矿开始大规模开发，锡胜于银的情况出现。道光《云南通志》卷 74 载："个旧锡厂，坐落蒙自地方，康熙四十六年，总督贝和诺奏开。"②《滇南矿厂图略》下"锡厂一"亦言："个旧厂，……康熙四十六年开。"③ 经过近一百年的开发，到了乾隆五十七年（1792 年），个旧锡矿开发的规模已远大于银矿，原来著名的拥有四十五个银硐的龙树脚厂变成了"并无银锡硐之分，砂丁攻采获矿，遇银则银、遇锡则锡"④，而耗子厂则从银、锡硐俱有变成了只剩锡硐，全厂当时还剩下炼银炉两座——马炉、何炉，而炼锡炉则发展到了九座——万宝炉、天宝炉、水头炉、陕西炉、饶炉、桥边炉、涌金炉、盛炉、分金炉。

综上所述，云南锡矿生产有着悠久的历史，从汉代开始，今天的个旧地区就已经有了锡矿开采的记载，到了明代，个旧锡矿正式成为国家开发和管理的一种矿业，清代个旧锡矿开发规模增大，随着当地银矿矿脉的衰绝，锡矿逐渐成为主要开发的矿产，其生产工艺成为近代个锡土法开采的先驱。

（三）1840 年以前全国锡矿的产量及个锡的地位

1. 清代个旧成为全国最大的锡矿产区

清代云南个旧成为全国锡矿的主要产地，其产量约占全国的 60%。除个旧外，

---

① 李焜纂修：《乾隆蒙自县志》，载《中国地方志集成·云南府县志辑》第 48 册，凤凰出版社 2009 年版，第 239、240 页。

② 阮元等：道光《云南通志》，卷 74，《食货志·矿厂二》，载方国瑜主编：《云南史料丛刊》第 12 卷，云南大学出版社 2001 年版，第 630 页。

③ 吴其濬：《滇南矿厂图略》下，《锡厂一》，第 22 页。

④ 李焜纂修：《乾隆蒙自县志》，载《中国地方志集成·云南府县志辑》第 48 册，凤凰出版社 2009 年版，第 244 页。

当时全国产锡矿的地区还有湖南郴州、宜章，广东惠州，广西的南丹、河池、贺县等地，然而这些地区由于长期的开发，资源衰减且产量降低，个旧因蕴藏量丰富、开发量大而成为全国最大的矿区。

清代云南个旧产锡的记录非常丰富，锡产量可从各种文献记载中推算而出：

康熙四十六年（1707 年），云贵总督贝和诺奏开个旧锡厂，定个旧厂“每锡百斤，抽课十斤，该课银四千两”①。按照《滇南矿厂图略》所言，“每锡百斤抽课十斤，每百斤例价银四两三分六厘一毫”②，该年产量为 99.1 万斤。

雍正二年（1724 年），总督高其倬奏明：个旧锡厂锡税、锡课外，各商贩锡出滇，九十斤为一块，二十四块为一合，每合例缴课银四两五钱，年收税银二千七八百两、三千两不等，原无定额。③ 该年产量为 129.6～144 万斤。

雍正十三年（1735 年）：“连闰给过各商锡票七百零八合，照例每合银四两五分，共收获课银三千一百八十六两，分晰造册，详请核题前来。”④ 该年产量为 152.9 万斤。

乾隆三十八年（1773 年），抚宪李“年额报课锡一千四百零九块，遇润加增九十块，每块重九十斤，每百斤详价四两三分六厘一毫，年底易银批解藩库。”⑤ 该年产量为 145.7 万斤。

嘉庆十七年（1812 年）：“云南蒙自个旧县锡厂，每年额课银三千一百八十六两。”⑥ 该年产量为 152.9 万斤。

由此可见，清代云南个旧锡矿的大开发始于康熙四十六年，由云贵总督贝和诺上奏开发，开发之初年产量已经达到了 90 多万斤，经过十多年的开发，到雍正年间，产量增加到 100 多万斤，雍正末年、乾隆、嘉庆年间，年产量都保持在 150 万斤上下，产量基本稳定。与清代全国其他地区锡的产量相比较，个旧已经成为

① 阮元等：道光《云南通志》，卷 74，《矿厂二·锡厂》，载方国瑜主编：《云南史料丛刊》第 12 卷，云南大学出版社 2001 年版，第 630 页。

② 吴其濬：《滇南矿厂图略》下，《锡厂一》，第 22 页。

③ 阮元等：道光《云南通志》，卷 74，《矿厂二·锡厂》，载方国瑜主编：《云南史料丛刊》第 12 卷，云南大学出版社 2001 年版，第 630 页。

④ 《户科题本》，载《清代的矿业》，下册，中华书局 1983 年版，第 602 页。

⑤ 李焜纂修：《乾隆蒙自县志》，载《中国地方志集成·云南府县志辑》第 48 册，凤凰出版社 2009 年版，第 242 页。

⑥ 刘锦藻：《清朝续文献通考》，卷 43，载《征榷十五·坑冶》，商务印书馆 1936 年版，第 7976 页。

最大的锡矿产区。

广东惠州是除个旧之外锡的最大产区，但其产量如以下记载：乾隆七年准广东巡抚奏“粤东岁额解锡十五万斤，计十分抽二，须采锡七十五万斤”①，这说明惠州年产锡 75 万斤，只有当时个旧产量的一半。

另据《湖南通志》言：“乾隆十一年（1746 年）题准郴州柿竹园、葛藤坪等处出产锡砂。每百斤抽税二十斤外，再撒散四斤，变价以充官役薪水工食之费，不抽砂税。五十年（1785 年）册报郴州东冲、柿竹园、中兴、野鸡窝等处锡砂，每年出锡十万七八千斤。宜章县旱窝岭、猫儿坪、羊牯泡等处锡矿，每年出锡四万八九千斤。”② 将以上数据相合，乾隆五十年湖南全省锡矿产量约为 15 万斤，约占云南个旧产量的十分之一。

而明代的著名产锡地区如广西的南丹、贺县等地由于长期开采，资源衰减，矿区已经衰落下去，“南丹厂自雍正七年（1729 年）奏明开采，所出银、锡按数抽课，每年额课并撒散银共一千八九百两不等”③，如果从课税的多寡来分析产量，则南丹银、锡二课才共二千两不到，与云南“乾隆四十二年奏准，……每年额课银六万二千五百八十九两”④ 相比，确实无法相提并论。较低的产量使其供给本省鼓铸尚有不足，以至于《清高宗实录》载乾隆七年广西铸币时，广西巡抚杨锡绂奏，“又贺县、南丹二处，虽有锡矿，但锡质低潮，课亦无多，应请采买点锡”⑤，由此可见，明代产量颇旺盛的该两处锡矿经过多年的开采已经锡砂稀少，产量无多。

综上所述，个锡在清代基本能保持 150 万斤左右的年产量，个旧是全国最大的锡矿产区，为各地锡器、锡箔制作，以及部分地区的钱币鼓铸，提供了丰富的原材料，也成为封建政府税收的主要对象之一。

2. 清代个锡开发在云南的地位

第一，虽然个旧厂的锡产量在清代约占全国产量的 60%，年产量在 150 万斤左右，但与同一时期滇铜的产量、开采规模等相比，其只能算得上小规模开发，

---

① 《户科题本》，载《清代的矿业》下册，中华书局 1983 年版，第 612 页。

② 章鸿钊：《古矿录》，地质出版社 1954 年版，第 105-106 页。

③ 《军机处录副奏折》，载《清代的矿业》，下册，中华书局 1983 年版，第 621 页。

④ 佚名纂：宣统《续修蒙自县志》卷二，载《中国地方志集成·云南府县志辑》第 49 册，凤凰出版社 2009 年版，第 228 页。这里课银数额之高，包括了个旧厂所抽的银课与锡课。

⑤ 广西壮族自治区通志馆：《〈清实录〉广西资料辑录》一，广西人民出版社 1988 年版，第 397 页。

其开发规模与产量只有同时期滇铜的七分之一左右。

清代是滇铜大规模开发的时期，据彭泽益统计，乾隆嘉庆年间是滇铜开发的鼎盛时期，乾隆三十八年（1773年）全滇在采铜厂共52家①，是全国在采铜厂数量最多的省份。与之相比，个旧虽是清代全国锡矿开采最大的地区，但其开发的厂数不多。据乾隆《蒙自县志》载，个旧厂为个旧全区银、铜、锡各厂之总称，个旧厂之下开发的矿厂有13个，其中产锡的有耗子厂、观音山、麦地冲、扶车厂、炉房厂、矿王山、黄芽山等7个②，锡厂数量只有铜厂的七分之一左右，锡矿的开采规模根本无法与铜矿的开采规模相比。就二者的产量而言，清代云南省锡矿和铜矿的产量虽同为全国最高的省份，但二者之间的差距非常大，乾嘉时期是滇铜产量最高的时期，产量基本保持在每年1000万斤左右，最高时达到1400万斤，但个锡产量只能基本保持在每年150万斤左右，只有滇铜的七分之一左右。

第二，虽同为铸币材料，但清政府对个锡的生产管理远不及对银、铜的管理严格。清代云南最著名的矿产莫过于铜矿，国家出于对资源控制的考虑，使滇铜的生产、管理、运输、销售形成了一套完整的政策，称之为“铜政”。滇铜的最大用途就是铸造制钱，个锡虽也是铸币的材料之一，但乾隆五年之前政府一直采取“听民开采”、只收课税的政策，乾隆五年之后由于铸造制钱的需要，管理才逐渐严格。

乾隆五年（1740年）以前，清政府对个锡采取的生产管理方式是“听民开采”、只收课税、任其买卖。宣统《续修蒙自县志》言：“雍正二年（1724年），总督高其倬奏明，个旧锡厂锡税外，各商贩锡由出滇每课锡九十斤为一块，二十四块为一合，每合纳课银四两五钱，税银三两五钱七分八厘。”③《滇南矿厂图略》也言道，各商贩锡出滇只需由布政司发给商票，并缴纳课银即可运走。雍正三年（1725年），云南巡抚杨名时上奏称需将个旧历年积压的无商贩购买的锡斤雇员押送至浙江变卖时，户部回应：“查历年厂课铜锡，随收随行变价，将银交库，……嗣后务需遵照旧例，随收随变价，按年造报。”④ 由此可见，政府对锡矿的态度只

① 彭泽益：《中国近代手工业史资料》第一卷，中华书局，1962年，第362页。

② 李焜纂修：《乾隆蒙自县志》，载《中国地方志集成·云南府县志辑》第48册，凤凰出版社2009年版，第239、240页。

③ 佚名纂：宣统《续修蒙自县志》，载《中国地方志集成·云南府县志辑》第49册，江西凤凰出版社2009年版，第228页。

④ 《户科史书》，载《清代的矿业》下册，中华书局1983年版，第601页。

是“作速变价”，要求在锡块生产出来后，抽税并迅速卖掉，折合成银两交藩库贮存，在其抽课后可以由商贩到布政司处取得商票，然后自由贩运，官府并不管束运输方式和运销目的地。

乾隆五年（1740年）为了防止私自销毁铜钱铸造铜器，清政府下令在铸造货币时加入少量的锡，据说加锡后所铸造的铜钱已不能再打造铜器。[①] 加锡后铸造的钱币称为青钱，未加锡的称为黄钱。云南也于同年开始铸造青钱，出于对个旧板锡的需求，清政府才开始对个旧锡厂改变管理方式。乾隆九年（1744年）题准大理局“应配点锡，在于个旧厂收买，每一百斤，给价银二两九分七厘有奇，运脚银二两八分五厘有奇”[②]。对于供鼓铸的锡，首先要定价收购，然后雇员押运，付给脚价，并规定运送路线及运送目的地，这种给价官运的方式已与当时滇铜、黔铅等币材的收购运输方式基本相同。但在嘉庆三年（1798年）以后，由于鼓铸成色的变化，个锡不再作为币材，个锡开采运销又重新采取“听民开采”、商人自由运销的方式。

就生产管理而言，个锡管理也比滇铜松散得多。滇铜管理中普遍实行“七长制”，个旧厂也实行该制度。以乾隆五十七年（1792年）个旧厂管理各矿的“七长”人数为例：“个旧银厂设课书一名，巡役二名，……龙树银厂设课长一名，课书二名，……个旧锡厂设书记二名，巡役六名，……金钗（铜）厂设书记一名、课长四名、题役六名、练役二名，……宝山（银）厂……银长一名，……巡役四名。”[③]

当时个旧地区的各矿厂：锡厂有管理人员共八人，银厂管理人员共九人，铜厂管理人员十三人；就其职务而言，银厂有“掌管税课之事”的课长二人、课书三人，铜厂虽只有金钗一厂，却有书记一人、课长四人，而锡厂产量虽多，但只有课长一人。由此可以看出，虽然当时个锡已经成为铸币材料之一，但是国家对个旧各厂的管理重点仍然在银、铜两项。

造成这种同为一个矿区却重银铜、轻锡的原因并不难理解。锡虽是铸币的材料之一，却只占青钱铸造材料比例的0.2%，用量较少，而银是流通的主要货币之

① 叶世昌，潘连贵著：《中国古近代金融史》，复旦大学出版社2001年版，第128页。

② 光绪《钦定大清会典事例》卷218《户部·钱法》，载方国瑜主编：《云南史料丛刊》第8卷，云南大学出版社2001年版，第203页。

③ 李焜纂修：《乾隆蒙自县志》，载《中国地方志集成·云南府县志辑》第48册，凤凰出版社2009年版，第243、244页。

一，也是各种物资的收税标准，铜则是铸制钱的主要材料，在铸造中约占50%的比例，因此，国家将收税重点放在银、铜税上，生产管理也以银、铜为主。

第三，虽然个旧大锡的税收低于全国其他省份，但大锡的官收价格远低于点锡。

"锡出惠州者谓之上点铜"①，清代将广东惠州等地出产的锡称为点铜或点锡，因为其中杂以铜质，而个旧地区所产之锡熔炼后要压成大块，通常被称为"大锡"、"板锡"。查阅相关史料可知，除云南、四川、贵州三省铸钱使用个旧板锡外，其他省份所铸青钱所用锡全部为点锡或进口南洋洋锡。

康熙四十六年（1707年）云贵总督贝和诺奏开个旧锡厂，定个旧厂"每锡百斤，抽课十斤，该课银四千两"②，即税率10%，这一税率一直保持到清末。查同时期全国其他地区锡矿税率额，广东惠州"凡得锡一百斤，照二八抽收，以二十斤交官起解，以八十斤归商作本"③；湖南郴州"每百锡百斤抽税二十斤，撒散四斤"，两地的锡税税率都为20%。

自乾隆五年始，云南改铸青钱，搭配板锡，个旧大锡开始有一部分由官方收购配交各铸局，官收板锡价格在乾隆九年（1744年）题准大理局，"在于个旧厂收买，每一百斤，给价银二两九分七厘有奇，运脚银二两八分五厘有奇"④，即每100斤价值2.097两，然而乾隆八年（1743年）户部收购广东惠州点锡价格为"每斤九分"，即每百斤9两，而当时的锡市价为"每斤二钱二分"⑤，每百斤22两，个旧板锡的收购价约广东点锡的四分之一，市价的十分之一。

由此可见，虽然个旧在清朝时已是全国最大的锡矿产区，但就其开发规模而言，其与同时期的滇铜开发是无法相提并论的，因此，清政府既未对个锡采取与滇铜相同的严格管理措施，也不将其列为重点缴税对象，甚至采用了比他省更低的税率；在官买个锡开始时又因其量大易得而采取了压低收购价格的方法。这说明在清代个锡并不是政府对云南省矿业开发的重点对象，政府对其开发采取了听任其发展的态度。

---

① 王锡祺撰：《小方壶斋舆地丛抄》，西泠印社2004年版，第199页。

② 阮元等：道光《云南通志》，卷74，《矿厂二·锡厂》，载方国瑜主编：《云南史料丛刊》第12卷，云南大学出版社2001年，第630页。

③ 《户科史书》，载《清代的矿业》下册，中华书局1983年版，第611页。

④ 光绪《钦定大清会典事例》卷218，《户部·钱法》，载方国瑜主编：《云南史料丛刊》第8卷，云南大学出版社2001年版，第203页。

⑤ 《户部题本》，载《清代的矿业》下册，中华书局1983年版，第610页。

第二节　1840年以前个旧锡矿满足国内市场的需求状况

一、商品用途不广，需求量有限

据《个旧市志·大事记》言："道光二十二年（1842年）个旧厂商开始通过蒙自、开化、剥益、百色等地转运锡至香港销售，再由香港购回百货。"① 在此之前，个锡鲜有走出国门的记载，年产150万斤的个锡基本上全部用于满足国内市场的需求。"国内之用锡，大部都是单纯的，甚少采用锡之合金。"② 在个锡开始大量走出国门之前，作为自由流通的商品，个锡的用途并不广，除在乾隆嘉庆年间由于四色鼓铸青钱的需要曾有过一段短暂的稳定销售渠道外，一般只用以制作锡器及锡箔。

第一，国内锡器生产业对个锡的需求量。

个锡在锡器制造原料中属于上品，《滇略》载："锡则临安者最佳，上者如芭蕉叶，扣之声如铜铁，其白如银，作器殊良，出市者杂以铅，遂顿减价。"③ 《滇系》中也载："个旧锡，响锡也，锡不杂铅自响也。"④ 与全国其他地区的锡相比，以个锡制作的锡器有不需加铅锻造的特性。"永州锡，惟衡州工匠制为器具，色白如银，经久不坏。长沙及各处锡工，必参铅熔过，方能捶打，否则易散，故色带青。"⑤ 近代在河南道口流行的锡器"点铜"就是用广锡所制，其中含铅，色呈青白色。铅是一种对人体有害的金属，溶丁水进入人体后会造成血铅中毒，而个锡不含铅且能锻造的特性使之成为全国制作锡器最好的原料。

个锡最重要的销售地点就是当地。"据个旧县志记载：明、清两代锡工艺品已达到了较高的水平，每年制作锡器皿就需要大锡十多万斤"⑥，这说明个锡产出后

① 个旧市志编纂委员会编纂：《个旧市志》，云南人民出版社1998年版，第6页。

② 苏汝江：《云南个旧锡业调查》，国立清华大学国情普查研究所，1942年，第2页。

③ 谢肇淛撰：《滇略》卷三，《产略》，载方国瑜主编：《云南史料丛刊》第6卷，云南大学出版社2001年版，第690页。

④ 师范：《滇系》，卷四之二，《物产》，载王文成等辑校：《〈滇系〉云南经济史料辑校》，中国书籍出版社2004年版，第78页。

⑤ 黄本骥：《湖南方物志》(5)，载《小方壶斋舆地丛钞》第6帙，第3册，杭州古籍书店1985年版，第206页。

⑥ 段锡、王丕勋、余春泽：《锡映千秋》，中国文联出版社2003年版，第61页。

每年可以在本地销售十多万斤，以用作锡器的生产。这种本地产本地销的情况是由云南本身的地理位置及交通条件决定的，个锡产量颇高，个旧厂的地理环境却是“其地形式环抱如带，发源极长”①，四周皆山。以运送滇铜之路线计，自个旧厂至蒙自县城有六十里，共十八站，在近代为运输个锡专门修筑了骡马大道的情况下，仍然需要5天的时间，依据清朝的交通条件，会耗费更长的时间，运输不便成为个锡不能大量销售出滇的主要原因。

除在当地销售外，个锡还大量销往江浙一带。雍正三年（1725年）总理户部事务的和硕亲王允祥等题，“临安府被劾知府王，抽获雍正元年份个旧锡厂未变锡斤价银四千两，……云南巡抚杨名时奏称，该锡斤在厂无商贾购买，……雇脚差员运往杭州货卖”②。这说明在清代初期，个锡的销售场地包括今浙江、杭州一带，当时浙江、福建等地也是全国著名的锡器生产地，个锡应该销往该地用于制作锡器。

第二，锡箔业对个锡的需求。

在中国古代历史上，金属锡除用于锡器的制作之外，还有一项比较特殊的用途，即把锡捶打成为极薄的锡箔，用作冥纸，在祭祀丧葬时烧化。我国东南沿海地区的杭州、宁波、苏州、绍兴、泉州、福州、广东的澄海县（今澄海区）等地是锡箔的传统生产地区。

在清朝时期以打锡箔为业者人数众多，用于制造锡箔的锡锭有一部分就来自个旧。前文已述，乾隆时期个锡就有销往杭州售卖的“向例”，《杭州府志》道：“锡箔：出孩儿巷贡院后及万安桥西一带，造者不下万家。”③ 另外，“（广东）冥纸的制造在松口、庵埠及澄海属之莲阳乡最盛，业此者仅在莲阳乡一处已不下三万人”，制作锡箔的原材料“竹纸是由汀州运来的，锡是由云南运来的，胶水是由新加坡运入的”④，“绍兴人持锡箔业为生的，达二十余万人”，其原材料“锡为广硔与福足；前者产于云南个旧，后者来自南洋群岛”。⑤

① 李焜纂修：《乾隆蒙自县志》，载《中国地方志集成·云南府县志辑》第48册，凤凰出版社2009年版，第230页。

② 《户科史书》，载《清代的矿业》下册，中华书局1983年版，第601页。

③ 陈璚修：《杭州府志》，载《中国地方志集成·浙江府县志辑》第2册，江西古籍出版社1995年版，第432页。

④ 陈达著：《南洋华侨与闽粤社会》，商务印书馆1938年版，第32页。

⑤ 杨德惠编：《中国著名土产》，新业书局1949年版，第35页。

二、国内市场狭窄，销路不广，常出现滞销的情况

前文已述，个锡在康熙末年之后产量迅速增长，从年产约 90 万斤增长至雍正时期的约 140 万斤。按照清朝规定："锡税每十块抽一块，一票，该锡二十四块解课锡两钱，分系客商发往别境，从布政司领票。"① 即商人贩锡出滇只需要缴纳十分之一的税额，税率并不高。但是在清代乾隆五年开始铸造青钱以前，个锡产出后除了每年在当地销售十多万斤外，还有一部分销往广东、江浙一带，用作锡器与锡箔生产的原料，用途很少，销路狭窄，尤其在雍正年间由于产量的突然增加，个锡曾多次出现滞销的现象。

雍正三年（1725 年）三月，和硕怡亲王允祥等题："该臣等查得云南巡抚杨名时疏称，临安府被劾知府王　抽获雍正元年分个旧锡厂未变银（锡）斤价银四千两，……，查前项锡斤目今又无商贾在厂承买，况历系浙地行销……，令现在发给道库余银，雇脚差员运往杭州货卖，俟变价回滇，照数补库。"②

雍正四年（1726 年），因锡斤无商人愿意来厂运销，云南地方政府不得不由官方组织人员运输外销，巡检周国忠所领锡斤："路过广西南宁府等处，见有微利，随时卖完。"③ 该官员为了完成售锡任务，见有微利就将锡贱卖出去了。

雍正九年（1731 年），个锡再次积压，云南巡抚张允随奏报："臣查自升任藩司李卫起，历任正署各官共存（个旧）厂锡五十二万二十斤，每锡二千二百十二斤为一票，共存锡二百三十四票；又臣到布政司任起至八年年底，止共存厂锡五十一万二千四百三十三斤，计二百三十票。新旧共存锡一百三万二千余斤，计四百六十五票。"④

由以上材料可知，雍正年间个锡虽然产量很大，但由于国内用途无多，销售市场狭窄，产量往往大于销售量，经常出现积压卖不掉的情况。由于无利可图，商人不肯前往，原该由商贾贩运出滇的锡斤，只能由政府官员来组织贩运。同时朝廷也将贩运后充抵课税的成绩作为考核官员的一种标准，官员为了尽快完成任

---

① 李焜纂修：《乾隆蒙自县志》，载《中国地方志集成·云南府县志辑》第 48 册，凤凰出版社 2009 年版，第 232 页。

② 《户科史书》，载《清代的矿业》下册，中华书局 1983 年版，第 601 页。

③ 《世宗宪皇帝朱批谕旨》卷 174 之 2《朱批李卫奏折》，雍正四年十一月二十日，转引自马琦：《个旧锡业全球化：基于产销关系的考察（1644—1911 年）》，林文勋、邢广程主编：《国际化视野下的中国西南边疆：历史与现状》，人民出版社，2013 年，第 431 页。

④ 《宫中档雍正朝奏折》第 18 辑，第 311 页。

务，只能组织贩运，一旦略有利润，能够达到课税数量，就迅速出售。这种情况一直至乾隆五年个锡被用作铸造青钱的原料才有所改善，个锡开始有了一个比较稳定的销路，扩张了销售市场，但改铸青钱的时间并不长，嘉庆三年清政府规定改铸黄钱，不再加锡铸造，个锡再次失去稳定的销路。

三、乾隆年间铸币所需的个锡量

（一）清代乾隆五年至嘉庆二年云、贵、川三省采用个锡铸造青钱

清代乾隆四年（1739 年）以前，清廷规定各地铸币均为铜六铅四比例的两色配铸，乾隆四年，为杜绝私毁铜钱制造铜器，据《清朝文献通考》记载："乾隆五年（1740 年），本朝于是年始加锡配铸谓之青钱，旧时未用锡者谓之黄钱。"① 至嘉庆二年（1797 年），由于市面流通铜币过多，清廷采取了收买改铸小钱的办法，并改四色配铸为三色，规定铸币中不再加入锡。四色配铸期间，使用个锡铸造青钱的地区主要是云南、贵州和四川等三省，全国其他铸局主要采用两广点锡或南洋进口的洋锡铸造。

乾隆五年（1740 年），云南总督庆复、巡抚张允随奏报："'遵照部议，改铸青钱，以杜私销之弊。但青钱须搭配点铜，滇省点铜甚贵，赴粤采买，工费颇多，势不能行。查云南个旧厂板锡虽少逊点铜，而色兼青白，堪以配铸。臣等亲至省局，而令炉役试铸，铸出钱与青钱无异，并较现铸黄钱稍有节省。'得旨：'所办甚妥，知道了。'"②《清朝文献通考》也记载："云南鼓铸青钱配用版锡，户部议定改铸青钱需用点锡，而点锡产自广东，自滇至粤采办不易，云南蒙自县之个旧产有版锡，应准其就近收买配搭鼓铸。"③ 即从乾隆五年起，云南全省开始使用个锡制造青钱。

四川鼓铸采用滇锡，乾隆十三年（1748 年）："准：四川省鼓铸，采买云南个旧厂板锡，每一百斤，给价银二两九钱二分七厘有奇。"④ 贵州鼓铸亦采用个锡，据乾隆《毕节县志》记载，乾隆六年（1741 年）贵州改铸青钱，向例"每年用白

---

① 《皇朝文献通考》卷 15，钱币考四，第三册。

② 云南省历史研究所编：《〈清实录〉有关云南史料汇编》卷四，云南人民出版社，1985 年，第 329 页。

③ 《皇朝文献通考》卷 15，钱币考四，第三册。

④ 光绪《钦定大清会典事例》卷 219，《直省鼓铸》，载方国瑜主编：《云南史料丛刊》第 8 卷，云南大学出版社 2001 年版。

铅四十四万斤，自水城之福集厂拨运供铸，每年用黑铅六万五千斤，自咸宁之榨子厂拨运供铸，每年用滇锡二万斤，自云南之个旧厂买运供铸”①。

除官铸局使用个锡之外，云南、贵州和四川等三省各地还有许多私铸的青钱，这些私铸的钱币同样使用个锡。

据《高宗实录》记载，云、贵、川是全国青钱私铸较严重的地区，私铸的青钱被称为“小钱”、“鹅边钱”，其分量不足，严重影响国家的货币管理。郑光祖就曾记载，制钱只在各个有铸币局的府城及其附近地区使用，其他地区多使用私铸之钱，东川府至云南省城沿途皆用“小钱”，贵州镇远府至云南省城沿途也使用“小钱”，云南永善县则使用“鹅眼钱”。② 私铸泛滥的重要原因在于，云、贵、川地区是青钱原料“铜、白铅、黑铅、锡”的主要产地，原材料丰富。乾隆皇帝曾于乾隆四十五年（1780 年）委派和珅，于乾隆五十九年（1794 年）委派云贵总督福康安两次整顿云、贵等地的私铸小钱现象，却屡禁不止，朝廷颇为头疼。鉴于广东点锡贩运至云南等地路途遥远，其价值高昂，已无利可图，而云、贵、川三省只有云南个旧大量产锡，这些私铸的“小钱”、“鹅边钱”所使用的锡应当是个锡。

（二）乾隆时期云南用于铸币的个锡消费量

《云南铜志·鼓铸》一节详细记录了清朝各年云南鼓铸的情况，按照乾隆四年四色配铸规定的，铸钱“每百斤用铜五十斤，白铅四十三斤八两，黑铅三斤八两，锡三斤”的比例，根据“每钱一文，重一钱二分”的重量计算，乾隆四年（1739 年）至嘉庆二年（1797 年）间云南省各铸局铸币所需之锡，如表 1-1 所示。

表 1-1　乾隆四年至嘉庆二年间云南省各铸局铸币钱数及耗锡数量表

铸币局	时　期	铸币钱数/串	耗锡数量/斤
云南局	乾隆六年	129，480	46，612.8
	乾隆十五年	92，480	33，292.8
	乾隆三十年	90，200	32，427
	乾隆四十四年	72，200	25，992
	乾隆四十六年	101，090	36，392.4

① 董朱英修：乾隆《毕节县志》，载《中国地方志集成·贵州府县志辑》，第 49 册，江西凤凰出版社 2009 年版，第 255 页。

② 郑光祖：《一斑录·杂述六·边方钱币》，中国书店 1990 年版，第 1003 页。

续表

铸币局	时　期	铸币钱数/串	耗锡数量/斤
东川旧局	乾隆六年	72，200	25，992
	乾隆三十九年	90，200	32，472
	乾隆四十四年	57，700	20，772
	乾隆四十六年	36，100	12，996
东川新局	乾隆十八年	180，525	64，989
	乾隆二十七年	90，200	32，472
	乾隆四十二年	54，100	19，476
	乾隆四十三年	28，800	10，368
广西局	乾隆十六年	56，400	20，304
	乾隆二十六年	56，400	20，304
	乾隆三十一年	56，400	20，304
	乾隆三十五年	56，400	20，304
	乾隆四十二年	30，100	10，836
	乾隆四十四年	15，000	5，400
顺宁局	乾隆二十九年	28，884	10，398
保山局	乾隆四十一年	29，595	10，654
	乾隆四十二年	44，300	15，948
	乾隆四十三年	36，900	13，284
曲靖局	乾隆四十二年四月	66，500	23，940
	乾隆四十二年八月	29，500	10，620
临安局	乾隆六年	59，100	21，276
	乾隆十五年	29，500	10，620
	乾隆十九年	29，500	10，620
	乾隆三十五年	28，800	10，368
	乾隆四十一年	43，300	15，588
	乾隆四十二年	28，800	10，368
大理局	乾隆九年	54，100	19，476
	乾隆二十四年	54，100	19，476
	乾隆四十一年正月	54，100	19，476
	乾隆四十二年正月	64，900	23，364
	乾隆四十二年八月	28，800	10，368

（资料来源：铸钱串数来自《云南铜志·鼓铸》，载方国瑜主编，《云南史料丛刊》，第12卷，云南大学出版社2001年版。）

从表1-1中可以看出，个锡在四色配铸期间所用的数量，以表中各年开铸最多之乾隆四十二年（1777年）计算，耗锡数量达124，920斤，是个旧全年产量的近十分之一，此外，还有四川及贵州两省的铸币用锡，因此，用于铸币的个锡数量当不少于此数。但是嘉庆三年（1798年），清政府以青钱较易磨损且私铸方便为由，下令改铸黄钱，个锡再次失去稳定的销路。

综上所述，个旧的锡矿开发自汉代以来已有两千多年的历史，它用以制作锡器及大量青铜器，为云南古代文明的发展做出了巨大贡献。至清代前期，个旧锡厂迅速发展起来，乾隆嘉庆年间年产量达到150万斤，成为全国最大的锡矿开发地区。个锡以优良的品质和极高的产量成为全国著名的大锡厂，为近代个锡走向世界奠定了良好的基础。然而当时的产品的销售市场狭窄，商品用途不广，个锡常常出现滞销的状况，产量虽大，但获利微薄，没有形成稳定的国内销售市场，这与近代个锡产业的迅速发展及其对云南省经济做出的贡献形成鲜明的对比。

第二章　近代个旧锡矿开发的历史转折

近代个旧锡矿开发“厂情日盛”，年均产量从清前期的年产150万斤左右，迅速增加到年产四五千吨，出现了不同以往的局面。造成这种变化的主要原因在于国际局势的影响与外国势力的渗透。从国际局势来看，当时西方早已完成工业革命，其商品市场不断扩张，在经历了鸦片战争，缔结了《五口通商条约》后，清政府被纳入西方国际市场体系，这一局势悄然波及西南边疆地区。中法战争之后，西方势力向西南边疆进一步渗透，成为云南个旧锡矿开发的历史性转折的直接动力。

第一节　蒙自口岸开放及列强对个锡的觊觎

一、列强国际经济一体化推进与蒙自口岸的开放

（一）清末时期列强对清朝一体化推进概况

18世纪的最后三十余年中，英国首先开始了近代工业革命，19世纪上半期，英国率先完成了工业革命，大机器生产取代了原先的工场手工业生产，社会经济飞速发展，机器大生产为英国带来了前所未有的生产速度和成倍增长的商品数量，导致商品数量远远超出国内市场的需求量，生产与销售之间出现了严重的矛盾，为了获得持续不断的剩余利润，英国的资本主义必须不断寻求新的市场。同时工业革命也为工业资产阶级提供了便捷的交通及打开落后国家和地区大门的坚船利炮。① 19世纪末，西方各国纷纷完成工业革命后，在不断追求剩余价值的动力下，资产阶级的全球扩张使整个世界连接为一个整体，世界各国，无论是西方工业国

① 何兰：《资本主义世界市场的形成与殖民体系研究》，《产业与科技论坛》，2011年第5期，第26页。

家，抑或东方落后的封建国家，开始连接为一体。正如马克思描述的："资产阶级，由于一切生产工具的迅速改进，由于交通的极其便利，把一切民族甚至最野蛮的民族都卷进文明中来了。它的商品的低廉价格，是它用来摧毁一切的万里长城、征服最野蛮最顽强抵抗的仇外心理的重炮。它迫使一切民族——如果它们不想灭亡的话——采用资产阶级的生产方式；它迫使它们在自己那里推行所谓文明制度，即变成资产者。一句话，它按照自己的面貌为自己创造出一个世界。"①

国际贸易的增长速度一向被当作衡量国际经济一体化的程度的标准，近代中国参与国际经济一体化的进程实际就是英、法等主要发达资本主义国家以坚船利炮打开中国大门，发展国际贸易的过程。英国资产阶级早在工业革命开始前就对拥有大量人口及巨大市场的中国垂涎欲滴，乾隆五十八年（1793 年），英国派遣以马嘎尔尼为首的使团出使中国，借口为乾隆皇帝祝寿，提出开放口岸、割让海岛、减轻税率等要求。但是正如华勒斯坦所分析的那样："历史资本主义以外的地区不愿购买它的产品，部分原因在于它们本身经济体系不'需要'这类产品，部分原因在于它们通常缺乏相应的财力去购买这些产品。"②

当时的中国是一个自然经济占统治地位的农业国，这种经济"体系"具有很强的稳定性。首先，国内以农业为主兼以家庭手工业生产的经济方式所提供的工农业产品已经基本能够满足国内市场的需求。其次，这种经济"体系"决定了在生产劳动中只有少数的劳动是以生产"商品"为目的的，较少的交换和市场流通造成国人购买能力普遍低下，对对外贸易的发展及市场的拓展需求并不急切。最后，长期闭关锁国也使统治者失去了对外界实时信息的掌握，当时侵略者提出的不合理要求及傲慢态度使清政府严词拒绝了英代表，并且在国内仅留下广州一口通商，将所有对外贸易归于行商进行垄断式经营。英国是当时清朝对外贸易的主要对象，中国每年都有大量的丝绸、茶叶、瓷器等物品出口至英，但英国本土所生产的商品中输入中国的数量非常有限，其对华贸易长期处于入超地位。19 世纪上半期，当英国率先完成工业革命后，为寻求资本的增殖，以及为机器大生产所带来的剩余产品提供市场，资本家们需要将资本超越国界追逐更广阔的市场及更廉价的原料生产地，扩大对华贸易，打开中国的巨大市场，将中国变为原料产地的议案重新提上日程。为了扭转对华贸易的逆差，英国不惜对中国大量出口鸦片，

① 中共中央马克思恩格斯列宁斯大林著作编译局：《马克思恩格斯选集》第 1 卷，人民出版社 1972 年版，第 255 页。

② 伊曼努尔·华勒斯坦：《历史资本主义》，社会科学文献出版社 1999 年版，第 19 页。

并发动了鸦片战争。

道光二十年（1840 年），英国贸然对华发动鸦片战争，在短短的三年时间内将战火烧遍了中国的东南沿海，并派出战舰威胁天津。道光二十二年，清政府被迫与英国签订了中英《南京条约》，中国半殖民地化开始。《南京条约》及之后的一系列不平等条约使中国割地、赔款，还开放了五个通商口岸，这让英国资产阶级长期以来想要变中国为其殖民市场的愿望初步实现。马克思曾言："由于机器和蒸汽的应用，分工的规模已使脱离了本国基地的大工业完全依赖于世界市场、国际交换和国际分工。"① 英国迅速扩张的大工业要求资本家建立一套自己的秩序，以提供充足的原料产地与销售市场，因此，这些不平等条约不仅仅是为了勒索中国的土地及财物，更重要的是为了将中国纳入资本主义世界分工体系，使其成为资本主义世界市场的一环，以服务于资本的增殖，中国就此被迫开始了国际经济一体化的进程。

《南京条约》签订之后，英国掀起了向中国倾销商品的狂潮，根据英国官方数据统计，道光十七年（1837 年），英国对华输出商品总值为 90 多万英镑，道光二十三年（1843 年）增长到 145.6 万英镑，道光二十七年（1847 年）增长到 239.4 万英镑。但是，相对于中国巨大的市场和众多的人口而言，五口通商使英国殖民势力被局限在了狭小的范围，而资本家追逐利润的本质也使他们在"每当一个地区被军事征服后，资本主义企业主都会抱怨那里没有真正的市场"②。为了进一步扩大殖民利益，增加市场的占有量，英、法等资本主义国家随后又发动了第二次鸦片战争。

至光绪九年（1883 年）中法战争爆发前，全国已经开放通商口岸 30 个，开放的范围由东南沿海地区逐渐向长江下游地区推进。其中，同治元年（1862 年）一月开放的九江、汉口两关成为中国内地进出口商品的重要转口海关。开放口岸数量的增加直接导致了进出口商品数额的增加，同时也使中国的对外贸易逆差持续增加。如果 1871—1873 年进出口净值分别为基数 100，则 1881—1883 年出口净值降低至 98，而进口净值增加至 118，中国对外贸易持续入超。③

对于中国经济而言，随着列强对中国的大量商品倾销，原有的自然经济遭到

① 中共中央马克思恩格斯列宁斯大林著作编译局：《马克思恩格斯选集》第 1 卷，人民出版社 1972 年版，第 166 页。

② 依努尔曼·华勒斯坦：《历史资本主义》，社会科学文献出版社 1999 年版，第 20 页。

③ 严中平等编：《中国近代经济史统计资料选辑》，科学出版社 1955 年版，第 64 页。

了严重破坏，开始向市场经济转化，整个市场中以交换为目的而进行的生产不断增加，市场上可供交换的商品数量急剧增加，交换的范围不断扩大。以小农经济的支撑产物粮食和手工业主要产品棉布为例，1840年，粮食商品量为233.0亿斤，占生产量的10%左右；1894年，粮食商品量为372.5亿斤，占生产量的16%左右；1919年，粮食商品量为526.8亿斤，占生产量的22%左右。① 全国农村土布生产用纱中，已有50.8%是机制纱（主要是国产纱），全国棉布消费数量中，有28.6%是机制布（主要是进口布），农村中的手纺纱和手织布逐渐被机制的工业品所替代。② 农业与手工业中的商品量的增加正是对我国近代小农经济瓦解、市场经济发展的最好解释。只是中国国土面积广阔，这一瓦解的过程在各地区有先有后，对于地处边疆的云南而言，这一过程来得比东南地区晚。

（二）中法战争后蒙自口岸的开放

云南地处边疆，交通不便，这在一定程度上阻碍了侵略者的侵略步伐，两次鸦片战争对云南的影响不及沿海地区明显。云南的国际经济一体化进程是在中法战争以后才开始的，“中法战争对云南的影响，相当于鸦片战争对中国的影响”③。从光绪元年（1875年）“马嘉理事件”到光绪十年（1885年）中法战争结束后，英、法帝国主义凭借《烟台条约》、《中法会订越南条约》、《中法续议商务专条》等一系列不平等条约，强行打开了中国西南的门户，造成了严重的边疆危机，云南也被纳入资本主义世界体系，成为英、法等国工业品的倾销地与原料供应地。云南对外贸易急速发展，以进出口合计，清光绪十六年（1890年）仅一百七十余万元，宣统元年（1909年）增至一千九百八十万余元，二十年之间增加约十一倍。④ 单以出口贸易而言，“出口货物五金矿类以个旧大锡为首位，会理白铅次之，其他纯锑金银等又次之”⑤。个锡成为欧美国家竞相掠夺的主要矿产品，也成为云南参与国际经济一体化进程的媒介。

“红河下流位于北圻，欲通滇，须并北圻”⑥，法国殖民者入侵蒙自地区的第

① 吴承明：《中国资本主义与国内市场》，中国社会科学出版社1985年版，第109页。

② 吴承明：《中国资本主义发展史》第二卷，人民出版社2003年版，第19页。

③ 蔡泽军：《云南近代工业特点述论》，《云南师范大学学报》，1990年第1期，第110页。

④ 钟崇敏：《云南之贸易》，云南经济研究报告之二十，内部发行，1939年，第39页。

⑤ 董孟雄、郭亚非：《云南地区对外贸易史》，云南人民出版社1998年版，第42页。

⑥ 《新纂云南通志》第7册，卷164《外交考一》，云南人民出版社2007年版，第547页。

一步是占领越南北部地区，以达到控制红河下游的目的。光绪九年（1883 年），法国军队攻陷顺化（河内以南，阮氏王朝当时的都城），越南与法国签订了第一次、第二次《顺化条约》，将越南彻底变为其殖民地，同时也控制了红河航道，打开了通向云南的最后防线。次年六月，法国向中国发动进攻，中法战争爆发，进攻台湾地区的法国军队被击退。在越南北部，清军分东西两线发动反攻，东线由原广西提督冯子材带领，其大败法军，取得谅山大捷；西线由云贵总督岑毓英统率，其在刘永福黑旗军的配合下重创法军，取得临洮大捷。然而清政府内部妥协派李鸿章等人“乘胜求和”，这使中法战争的最后结局变为中国不败而败。

光绪十一年（1885 年），中、法两国签订了《中法会订越南条约》，该条约规定，要在中越边界保胜以上和谅山以北指定两处为通商处所，允许法国商人在此居住并设领事。① 光绪十二年（1886 年），中、法两国签订《中法越南边界通商章程》，议定进出广西、云南边界货物税则。② 光绪十三年（1887 年），中、法两国签订《中法续议商务专条》，规定中国允许开广西龙州、云南蒙自和蛮耗为中越边界通商处所，允许法国派驻蒙自的领事官属下一员驻扎蛮耗；允许法国商品经上述通商口岸进入中国，享有减税特权。③ 光绪十五年（1889 年初），云南巡抚谭均培、法国领事弥乐石和海关税务司巴哈安，会同分巡临安开广道汤寿铭到蛮耗一带复查后，奏请于同年七月二十八日（公历 8 月 24 日）蒙自口岸正式开关。

一系列的不平等条约的签订与蒙自口岸的开关使云南与国际经济之间的交流日渐增多，云南本土尤其是红河地区自然经济迅速解体，国际经济的发展变化对云南经济的影响日益加深。明清时期，云南与周边的越南、缅甸等国一直保持着友好的往来，云南本土商品与这些国家的商品互通有无，但由于交通条件的限制，这种对外贸易的数量是很有限的，它属于传统的对外贸易范畴。蒙自口岸开放后，真正近代意义上的对外贸易开始，大量外国商品通过蒙自关涌入云南市场，省内外 48 家外贸商会在蒙自设立了商号，另外法国、德国、意大利、美国、日本、希腊等国的商人也在蒙自开设了安兴洋行、沙厘耶洋行、加波公司、亚细亚水火油

① 王铁崖编：《中外旧约章汇编》第一册，生活·读书·新知三联书店 1957 年版，第 446 页。

② 王铁崖编：《中外旧约章汇编》第一册，生活·读书·新知三联书店 1957 年版，第 447 页。

③ 王铁崖编：《中外旧约章汇编》第一册，生活·读书·新知三联书店 1957 年版，第 515 页。

公司代理局、普利洋行代理局、巴黎百货公司代理处、英美烟草公司代理处、海峡贸易公司办事处、旗昌洋行代办处、卜内门洋行代理处、胜家公司代理处、博劳当洋行、礼和洋行代理处、谦信洋行代理处、哥胪士洋行、若利玛洋行、尼复礼士洋行等，经营进出口贸易的转口生意。① 1890 年开关第二年，进口洋货数量为国币 726，000 元，到 1909 年滇越铁路通车时增长到了 10，432，000 元，短短二十年的时间增长了十四倍多。②

二、蒙自口岸开放后英、法对个锡的觊觎

（一）列强逼迫蒙自口岸开放的初衷

法国殖民者选择于蒙自开埠，将该地作为入侵云南的第一站，主要是为了借助这里与法属殖民地越南相邻的地理位置和其境内川流而过的红河的便利运输。蒙自位于云南省东南部，在红河和南盘江的分水岭上。按当前的区划位置，蒙自东临文山县，东南及南面与屏边县接壤，东北与砚山县相邻，西接个旧市，北与开远市毗连，西南角隔红河与金平县、元阳县相望，距昆明市 322 公里，距个旧市 42 公里。③ 光绪十五年（1889 年），云南近代第一个通商口岸开放于此。蒙自口岸的开放是中法战争“中国不败而败”所带来的结果，它成为西方殖民者侵略势力深入中国西南边疆的缺口。蒙自关是云南三关④中最早开放的，也是三关中贸易额、价值量最大的一关，它的开埠是云南近代对外贸易史上的转折点，不但使云南对外贸易的主要路线由原来的滇西腾越线、广西北海线转移到了滇南地区，还大大缩短了个锡出口的路程，扩大了个锡的出口量，增强了个锡与世界市场的联系。

早在中法战争以前，英、法等西方侵略者就开始不断派遣所谓的考察队、探

① 张鸿昌主编：《蒙自七百二十年》，内部资料，1996 年，第 21 页。

② 钟崇敏：《云南之贸易》，云南经济研究报告之二十，内部发行，1939 年，第 49 页。

③ 云南省红河哈尼族彝族自治州编纂委员会：《红河哈尼族彝族自治州志》第 1 卷，生活·读书·新知三联出版社 1993 年版，第 118 页。

④ 近代云南共有五个开放口岸，分别是蒙自、河口、腾越、思茅、昆明，郭亚非认为，河口关是蒙自关的分关，昆明则自辟为商埠，其作用是方便货物到达昆明或由昆明起运时不必到蒙自关等缴纳关税，显然它并非独立口岸。参见郭亚非：《近代云南三关贸易地位分析》，《云南师范大学学报》，1996 年第 5 期。一般论者都将讨论的焦点集中在蒙自、腾越、思茅三关上，本书这里的讨论范围也限于这三关。

险队对云南地区的地质、物产、交通路线等进行全方位的考察。考察结果发现，云南地区山高路远，在现代交通手段开辟之前，陆路运输主要靠驮马。除此之外，云南水系丰富，一部分地区也可依赖水路运输，与国外相接的水道主要是澜沧江（下游称湄公河）与红河。法国殖民者最先探索的是澜沧江水道，同治元年（1862年），法国既占南圻三省，遂得以控制湄公河之海口，因欲上溯湄公河上流之澜沧江，进而谋滇、桂、粤通商之发展。同治四年，越南总督派特·拉格来及安邺组成探测队进行道路勘察，但是考察结果令他们大失所望，“该河之急流飞瀑过多，不宜为沟通中国之商道”①，他们遂放弃该航道并将通往云南的水路探索放在红河流域。同治七年（1868年），法国商人堵布益应云贵总督的要求，由红河运输用以镇压“回乱”的军火入滇，这确定了红河的可航行性。此后，法国在“关于以何道路联络半岛的内部与海岸”② 的问题上，开始放弃艰险的澜沧江水道，转而主张开发红河水道，认为“以东京（河内）的江（红河）的流域为出海口。由此道路，云南的出产可以到达海边，再向法属西贡的海口运输”③。蒙自县的蛮耗正是红河航线的最北点，蒙自于是成为法国殖民者侵入云南的首要地点。

红河发源于大理白族自治州巍山县的小珠街，流经大理州、楚雄州等地，进入红河地区，流经红河、石屏、元阳、建水、新平、蒙自等地后入河口，由河口东面入越南。法国人加尼曾言：“此江（红河）有一日将倾尽中国西南之财富于法国之埠口。”④ 安邺亦作此言论：“如果红河航线上阻扰商业往来的政治障碍能够消除，云南将成为法国商品的市场和良好的出路，而西贡可望与上海竞争，成为远东巨大的商埠。”⑤ 由此可见，红河是连接云南与越南的桥梁，蒙自县正好偏向这一桥梁的中国一边，控制整条河道、开埠于蒙自使法国殖民者打开了中国西南门户。

（二）个锡成为列强觊觎的重要资源

随着工业化时代的到来，矿产的开发和利用具有了比以往任何一个时代都重

① 姚贤镐：《中国近代对外贸易史资料》第2册，中华书局1962年版，第702页。

② 姚贤镐：《中国近代对外贸易史资料》第2册，中华书局1962年版，第706页

③ 姚贤镐：《中国近代对外贸易史资料》第2册，中华书局1962年版，第707页。

④ 姚贤镐：《中国近代对外贸易史资料》第2册，中华书局1962年版，第703页。

⑤ 安邺：《印度支那探险记》，转引自李珪：《云南近代经济史》，云南民族出版社1995年版，第25页。

要的意义。机器大生产为金属锡带来了更加广泛的用途，如制造锡合金、镀锡、汽车制造、食品用品包装等诸多领域，锡拥有了更广阔的国际市场。云南因以锡、铜为主要矿产资源，而成为西方列强觊觎与掠夺的重要对象。

在蒙自开关前，英、法等国家的探险队就已经认识到云南拥有丰富的矿产资源，并尝试着收买资源。咸丰六年（1856年），由于受到回民起义的影响，全省动荡，矿业生产也停滞不前，个旧锡矿生产也遭到了严重的破坏，大量矿工流亡，其生产产量下降，法国人乘此机会“考察”并成功地收买了一次个锡。同治七年（1868年），法国商人堵布益应云贵总督岑毓英、提督马如龙的要求为他们转运剿灭“回乱”所需的军火，作为回报，清政府则允许他在云南境内收买铜、锡，探查由云南通往越南的水道航路。① 次年“滇吏准都氏由红河运军火入滇”②，同治十年他离开昆明，经由蛮耗前往河内，“尽管遭到了东京（河内）官员的反对而且旅途艰难，迪皮耶（堵布益）还是在次年将一船军需用品交付给云南当局，然后他又在云南购买了一船锡和铜，以便运往河内出售”③。

经过堵布益的两次探查，法国殖民者们“得循红河潜游云南，探悉山川之形胜，矿产之丰饶，以及种种之宝贵生殖”，云南的富饶和特别之处在法国国内造成了极大的轰动，“一时云南之价值，盛传于巴黎市街。举众惊奇赞叹，视云南为其目的地”④。法国《巴黎殖民报》更是有言道：“云南物产矿脉之丰富，尤为中国全部所不及，必宜实行取而领有之，以为法人子孙万世殖民之基业，断不可使他人势力侵占一分，凡为经营安南之根据地。”⑤ 由此可见，云南丰富的矿产（尤其是法国工业发展急需的锡、铜等金属），成为法国殖民者觊觎的对象，为了获得这些矿产资源，法国人不惜发动战争，以达到使云南开放口岸、打开市场的目的。

第二节　交通条件对个锡运力的历史改观

考察交通运输的技术变革，主要有两个指标：第一，每吨公里运输中，作为

① 董孟雄、郭亚非：《云南地区对外贸易史》，云南人民出版社1998年版，第28页。

② 《新纂云南通志》第7册，卷164《外交考一》，云南人民出版社2007年版，第547页。

③ D·G·E·霍尔著：《东南亚史》下册，商务印书馆1982年版，第750页。

④ 志复：《法人窥伺云南之渐》，载《云南杂志选辑》，知识产权出版社2013年版，第353页。

⑤ 雪生：《法人与云南》，载《云南杂志选辑》，知识产权出版社2013年版，第361页。

牵引动力部分所损耗的物资资料量，例如以人与畜作动力时所消费的食物，以机械为动力时，人及机械的正常损耗；第二，运输能力所沟通的物资对象及每公里运输的能量。具体来说就是通过测定每吨公里运输的经济效益，来评定某一时期内，采用何种技术要素所产生的进步。① 近代以前，云南的主要交通动力是人力和畜力，出现大量由“锅头”组织人员与马匹进行长途运输的马帮，这是一种建立在小农经济基础上，为适应商品经济的发展需求的特殊运输方式。

鸦片战争以后，尤其是中法战争以后，随着蒙自关开放，云南地区国际经济一体化进程加快，云南市场与国际市场对接，形成开放性的市场，这导致大量外国商品的涌入和以个旧大锡为主的云南土产的出口量的猛增，传统的马帮运输量迅速增加。然而，这种传统的运输方式存在诸多的限制条件，这导致运输成本无法降低，运力也长期得不到提升，这不能适应蒙自关开放后云南加快参与国际经济一体化的步伐，为了掠夺更多的云南资源和向云南进行资本输出，法国殖民者主持修筑了滇越铁路。现代交通技术的改革缩短了云南与外部市场交往的时空距离，加速了商品流转的速度，降低了运输成本，提高了运输的经济效益。对于云南当时最主要的出口产品个锡而言，它不但提供了更加顺畅的出口通道，提高了运输能力，还为国外先进生产技术和机械的引进创造了条件。

一、近代以前云南交通运力情况

元明清以来，云南地区同中央王朝的交往日益密切，国内商品交换的范围不断扩大，输入云南的商品主要有宝石、燕窝、鹿茸、象牙、药材等，云南本地则输出铜料、铜器、铁器、纸、水银、朱砂、熟丝等商品。商品交换范围的扩大促进了商路的开发与交通条件的改善，尤其是清朝中期以后，为了保证滇铜的运输，清廷大修运铜道路，使云南对外道路条件得到了很大改善。至鸦片战争以前，云南已形成了滇黔线、滇川线、滇藏线、滇桂线等国内商路，并利用边疆的地理环境与越南、缅甸、泰国等周边国家进行着传统对外贸易，交换土产、特产。但是云南地区山多谷深、气候恶劣、匪盗多，陆路运输困难，水路运输不便，道路运输条件非常差，形成了以陆路马帮运输为主，少量水路运输为补充，完全依赖人力与畜力的交通运输方式。

---

① 董孟雄、郭亚非：《近代云南的交通运输与商品经济》，载《云南社会科学》，1990年第1期，81-89页。

以近代个锡的运输路线为例，1889年海关报告册所载，在蒙自开关以前，云南矿产品运销共有五条路线，其中有关个旧锡矿出口的有三条。第一条路线是由云南府出发，穿过贵州、湖南抵岳州府，以驮畜完成；再由岳州府经洞庭湖水路到达汉口，全程需40天，由江汉关转口。第二条路线也是由云南府出发，越滇东北抵横江老鸦滩，再至叙州府入大江，由云南府至横江路段需用牲畜驮运，需22天，由宜昌关转口。前两条路线实际上都是销往我国的东部市场的。第三条路线是由云南府出发（走该路线的个锡可直接由个旧出发），经广南府、剥隘至广西的百色、南宁，抵达北海，由北海关出口。由北海至南宁需14天，由南宁至百色需17天，百色到剥隘需3天，从剥隘到广南府需8天，由广南府至昆明需17天。①这条路线的个锡大多销往香港。

以上三条路线均为陆路运输路线，也是云南传统国内贸易的路线，在蒙自关开埠以前个锡出口多走广西北海关。1889年，蒙自开关设领，这是个旧近代锡矿开发史上的一件大事，自此，个锡由马帮驮运至蒙自出关后，在河口装船由红河运输至海防，再转运香港。这种水路联运的方式使个锡出口的路程和所需时间大为缩短，"经红河水运，由蛮耗直达海防，通海既近，驿程亦短"②，由原来从个旧到北海关出口最快需54天，缩短到由个旧产区到越南海防需31天。大锡为云南主要之国际贸易品，云南在全国对外贸易中为出超省份，实因大锡大量输出所致，其产出额，自蒙自通关后激增，至宣统末年，每年达一〇二四六六担之巨。③ 由此可知，个锡出口量大大增长。个锡出口量的增长，不但刺激了蒙自关进口洋货数量的增长，更刺激了以此为生的马帮运输业的发展。

根据《中国旧海关史料（1859—1948）》历年对蒙自关运输货物驮马数量的统计，1890年共有22，768匹驮马运输出口货物④，之后该数量一直呈增加的趋势；到1900年增加到了50434匹⑤，增长了一倍多；到1905年增加到了73，665匹⑥，

① 《Mengtzu Trade Report，for the Year 1889》，载《中国旧海关史料（1859—1948）》第15册，京华出版社2001年版，第573、574页。

② 《新纂云南通志》第4册，卷56《交通考一》，云南人民出版社2007年版，第14页。

③ 《新纂云南通志》第7册，卷144《商业考二》，云南人民出版社2007年版，第109页。

④ 《Mengtsz Trade Returns，for the year 1890》，载《中国旧海关史料（1859—1948）》第16册，京华出版社2001年版，第599页。

⑤ 《Mengtsz Trade Returns，for the year 1900》，载《中国旧海关史料（1859—1948）》第32册，京华出版社2001年版，第216页。

⑥ 《Mengtsz Trade Statistics，for the year 1905》，载《中国旧海关史料（1859—1948）》第41册，京华出版社2001年版，第732页。

其为蒙自关开埠至滇越铁路开通之前驮马数量最多的年份，常年在这一线路上从事运输的驮马约有 2500 匹①。许多商号为了保证个锡的运输，甚至投入巨资成立了自己的马帮，据记载，从蒙自到蛮耗从事大锡运输的马帮，按照老板和雇佣人员籍贯分为广帮、河西帮、临安帮、江外帮等，其中最大的马帮就是由蒙自本地较大的商号之一的顺成号倡议，蒙自及个旧厂商组建的蒙自帮。② 1894 年，法国人奥尔良所在的考察队经过蛮耗时就因运输繁忙，临时租不到骡子而耽误了行程，他描述当时的情形："负重的骡子也来来往往。我数了数，一上午有一百三十头骡子经过。只可惜（他们）不能把骡子租给我们啊！蒙自的商人把它们包了下来，驮着锡来到蛮耗，再把布、纱和抽水烟用的烟草运回去。"③ 蒙自关出口商品中个锡占 90%的份额，因此，出口的骡子所驮货物绝大部分是锡块。

驮马运输量增长的同时，红河航运业务量也有了较大幅度的提升，出口运输船只数量逐渐增加。1890 年蒙自关开埠时，红河航线上运输出口货物的船只共 642 只④，随着贸易量的增长，运输船只不断增加，1900 年出口船只达到 4，351 只⑤，1907 年更是达到了蒙自关开埠至滇越铁路通车之前的最大值 9，260 只，运输出口货物吨数也达到了最大值 28，851 吨⑥。为了适应与日俱增的出口量，在蒙自开关初期，只有载重量为 1 吨和 2 吨的帆船。1893 年，为增加货运量，载重量为 1 吨和 2 吨的帆船逐渐被 4 吨的帆船代替，在河运繁忙时 1 吨和 2 吨的帆船又重新启用，当年从事运输的共有 476 只船，总载重量达 1，279 吨，每只船最多由 6 人控制，靠撑篙牵缆为生者有 2，856 人。⑦

---

① 《光绪二十六年蒙自口华洋贸易情形论略》，载《中国旧海关史料（1859—1948）》第 32 册，京华出版社 2001 年版，第 286 页。

② 陈永福：《蒙自——蛮耗古老的对外交通线之变迁》，载《蒙自县文史资料》第 2 辑，第 107 页。

③ 奥尔良著；龙云译：《云南游记：从东京湾到印度》，云南人民出版社 2001 年版，第 11 页。

④ 《Mengtsz Trade Returns，for the year 1890》，载《中国旧海关史料（1859—1948）》第 16 册，京华出版社 2001 年版，第 599 页。

⑤ 《Mengtsz Trade Returns，for the year 1900》，载《中国旧海关史料（1859—1948）》第 32 册，京华出版社 2001 年版，第 216 页。

⑥ 《Mengtsz Trade Statistics，for the year 1907》，载《中国旧海关史料（1859—1948）》第 45 册，京华出版社 2001 年版，第 790 页。

⑦ 《光绪二十六年蒙自口华洋贸易情形论略》，载《中国旧海关史料（1859—1948）》第 32 册，京华出版社 2001 年版，第 286 页。

近代云南的商品市场从过去的以国内贸易为主，转变成以国际为主，商品运输量大大增长，马帮驮运业与红河航运业随之兴盛，然而这种旧式的交通运输方式也在逐渐增多的进出口贸易中显现出自身的弊端，甚至限制了进出口贸易的发展。

马帮运输存在的问题在于运力有限，运输常受到季节、气候、政治因素的影响。马帮使用的牲口大多为骡子。据奥尔良记载，个锡每块重 36 千克，每匹骡子为了保持平衡左右各载一块，即每头骡子的最大载重量为 72 千克①，超过重量则很难运输。骡子行走速度在没有任何故障的情况下约为每日 60 公里，在骡子不敷运输需求的情况下，马帮还采用牛车运输，牛车载重量虽大于骡子，但运输速度更慢。据《中国旧海关史料（1859—1948）》记载，由蒙自出发到蛮耗，骡子需 2 天，而牛车需 7 天。② 另外，马帮运输还常受到政府封路和雨季的影响，运输量并不稳定。光绪二十九年（1903 年），蒙自关税收较上年少九万三千九百五十余两，其短少原因之一就是“终年由蛮耗运货来蒙驮马每不敷用，盖因封运军装往西行，即滇粤接壤之区也”③。

红河航运的不便之处则更多。第一，河道艰险难行，适宜航行季节恰与大锡生产旺季相反。从蛮耗到海防的红河航道可分为两段，从蛮耗到越南宴拜为上段，该段滩多水浅，只能通行小船，下段可通行小轮船，个锡出口就经由它们运输，如果顺风顺水十二天到十五天就可到达海防。但是“红河滩多水险，航运困难。由老街到蛮耗约一八〇华里的航程中，便有大小滩一百多处，其中险滩有大滩，莲花滩，新滩等十一处之多”④。而且该地的气候条件非常恶劣：“两岸山岭重复，草木翁翳，四季不凋，亏蔽天日，虫蛇鸟兽，卵育其中，致生烟瘴。春夏雨盛，新水发生，瘴疠毒尤盛，非所服习，犯之即死。”⑤ 另外，红河航运受季节影响也非常大，雨季河水暴涨，水位升高，事故增多，旱季降水减少，水势平稳才能平

① 奥尔良著；龙云译：《云南游记：从东京湾到印度》，云南人民出版社 2001 年版，第 11 页。

② 《光绪十九年蒙自口华洋贸易情形论略》，载《中国旧海关史料（1859—1948）》第 21 册，京华出版社 2001 年版，第 242 页。

③ 《光绪二十九年蒙自口华洋贸易情形论略》，载《中国旧海关史料（1859—1948）》第 38 册，京华出版社 2001 年版，第 333 页。

④ 万湘澄：《云南对外贸易概观》，新云南丛书社 1946 年版，第 20 页。

⑤ 贺宗章：《幻影谈》，载方国瑜主编：《云南史料丛刊》第 12 卷，云南大学出版社 2001 年版，第 98 页。

稳通行，但就算是在水势平稳的八月之后行船也一样，“每年覆没的船只，多则三四十只，少则一二十艘，货物沉失不少”①。每年四至八月（红河航运受阻的季节）却正是个锡生产的旺季，个锡生产洗矿环节全赖雨水，夏季雨水增多，正是生产的旺盛时节，每年九月以后，降水减少，无法洗矿，个锡生产进入淡季，而红河航运“每年由阴历四月中起停航，八月水落后才开船”，刚好与个锡生产旺季相反，是以个锡于旺季生产出后却不能及时运输出口。

第二，船只运输量有限，前文已提到，红河航道的船只载重能力经历了一个由小到大的过程，到1893年，航运船只大多是载重4吨的帆船，但红河水流湍急，滩多路险，以当时的航运技术条件，船只载重能力已无法提升，这就限制了航道的运输上限。

第三，红河航道上的匪患问题，一直是困扰航运的一个大问题，有时航运甚至不得不因此中断。据海关光绪二十八年（1902年）载：“迨至九月二十四日讫十月十九日，河口往来蛮耗船只忽然停止载货开行，缘因盗贼肆行无忌，每于蛮耗下之大滩破船截货。”② 次年又载：“继复红河一带由河口上蛮耗至本口均抢案丛出。”③ 河盗们甚至备有武器，时常绑人沉船，奥尔良由河内出发到达蛮耗后就曾写道：“船夫们喜出望外，……他们点燃了一串串鞭炮，感谢神灵保佑他们一路航行平安。后来杜蓬先生写信说道，当时有一伙强盗也动身了，要对我们拦路抢劫，敲诈勒索，还备有往船上投掷的手榴弹。幸亏我们航行顺利，逃脱了他们的魔掌。”④

总之，法国人虽“汲汲焉举全力以开拓红河，卒得容轮船驶到河口，此其进取之一大计划也。然犹有坦然之缺憾，则因河水时有涨落，若船身稍大者碍难进行”⑤。运输条件上的限制，最终成为制约个旧锡业发展的重要因素，个锡生产发展所必需的大型机械设备等都不能从该路线运入，而个锡出口也由于运输条件的

① 万湘澄：《云南对外贸易概观》，新云南丛书社1946年版，第20页。

② 《光绪二十八年蒙自口华洋贸易情形论略》，载《中国旧海关史料（1859—1948）》第36册，京华出版社2001年版，第313页。

③ 《光绪二十九年蒙自口华洋贸易情形论略》，载《中国旧海关史料（1859—1948）》第38册，京华出版社2001年版，第333页。

④ 奥尔良著；龙云译：《云南游记：从东京湾到印度》，云南人民出版社2001年版，第9、10页。

⑤ 志复：《法人窥伺云南之渐》，载《云南杂志选辑》，知识产权出版社2013年版，第354页。

限制而受到制约。为发展个旧锡业，交通条件的改善迫在眉睫。

二、法国殖民者对滇越铁路的筹建

交通运输是社会经济中一个重要的方面，它把社会生产、分配、交换与消费各个环节有机地联系起来，是保证社会经济活动得以正常进行和发展的前提条件。同时，社会经济的发展又使国家或地区有更多的物质力量推动交通运输业的发展，所以社会经济的发展与交通运输的发展之间有着密不可分的关系。李斯特在《政治经济学的国民体系》一书中就曾指出："无论何处的工业，首先带动的总是河流、公路、铁路等运输工具的改进，这是使农业方面、文化方面获得进展的基本要素。"① 以17世纪的英国为例，随着新航路的开辟，世界贸易中心由地中海沿岸国家向大西洋沿岸国家转移，凭借特殊的地理优势，英国成为欧洲海上强国之一，对外贸易日益兴旺，"由于水运比陆路便宜得多，英国的对外贸易在16世纪后半期首次占据了相当可观的比重"。对外贸易的需求刺激了英国国内市场的发展，据统计，"1800年供国内消费的茶叶达到1200万磅，糖的消费量也从世纪初的平均每人4磅上升到世纪末的13磅"②，"国内贸易的发展也促成了对陆运及河运工具进行改进的需要：在17世纪，修建公路和运河的计划到处触目可见"③。由此可见，贸易额的增长和市场的扩大刺激了交通运输基础设施条件的改善，交通条件的改善又反过来促进了商品贸易市场的扩张。

近代云南第一条现代化交通线路滇越铁路的修筑与17世纪英国铁路的修筑不同之处在于，刺激其修筑的动因并不是国内贸易的发展，而是云南地区对外贸易的发展，换言之，是国际经济一体化对云南市场的扩张和发展的需要。主持设计与修筑该铁路的是法国殖民者，该路建成后经营权也把握在他们手中。该铁路一方面使云南地区与国际市场的时空距离大大缩短，刺激了中国对外贸易的发展；另一方面也成为国际殖民者伸入中国西南地区的一条吸血管。

鸦片战争以后，腐朽的清王朝对边疆地区的控制力越来越弱，云南周边的缅

---

① 李斯特著，陈万煦译，蔡受百校：《政治经济学的国民体系》，商务印书馆1983年版，第100页。

② 舒晓昀：《投资、消费与英国工业革命》，载《湛江师范学院学报（哲学社会科学版）》，1995年第3期。

③ 默顿，范岱年等译：《十七世纪英国的科学、技术与社会》，四川人民出版社1986年版，第245页。

甸、越南等国逐渐沦为英、法殖民者的殖民地，云南的边疆危机也越来越严重。光绪十一年（1885年），英国占领缅甸后，不断派遣“探险队”、“调查团”到云南活动，企图寻找一条由缅甸通往云南的道路。比英国殖民者更早在东南亚地区进行殖民活动的是法国殖民者，早在同治元年（1862年）占领越南南方后，他们又开始侵略越南北方，企图以越南为跳板，进一步侵略中国西南地区。光绪十一年（1885年），中法战争结束，中国不败而败，6月，双方在天津签订了《中法会订越南条约》，在条约中，清政府承认了法国对越南的保护权，越南正式沦为法国的殖民地，与它直接接壤的云南地区也直接暴露在法国人的侵略目光中。

光绪十三年6月，法国与清政府在天津又订立了《中法续议商务专条》，通过这一条约，法国最终达到了在云南开埠通商的目的，1889年8月24日，蒙自海关正式开放。该关开埠后，云南对外贸易数量日益增加，以个锡为主的云南各种土产可以直接运输出口，同时大量的外国商品涌入云南市场，云南对外贸易的重点区域由滇西转向红河地区，这推动了对外经济交流，促进了云南区域经济的发展。由于云南特殊的地理环境，虽然蒙自关开埠后商品流通的渠道得以打通，但商品运输的条件并没有得到真正改善，云南地区在参与国际经济一体化的过程中遇到的另一个阻碍正是云南当时糟糕的交通运输环境，正如戴维斯所说：

> 云南本身并不是一个贫穷的地方，但苦于其交通不便，这个地区不仅分布着崇山峻岭，而且湍急的大河中乱石成堆而不能通航，如果从陆地行走的话，道路的险阻使旅行者行程缓慢。云南的内河航行不适宜一般的小船，更谈不上汽船，道路多是山道，其运输靠马帮和骡子驮运货物，而且这个地区到海港甚至从内河航运的距离都较长。①

进出口商品由红河航道运输出入蒙自关虽然比开埠前方便，但红河航运能力受到地质情况、季节、交通安全及运输能力的限制，云南商务并未如法国殖民者预想的那样，“以东京的江（红江）的流域为出海口。由此道路，云南的出产可以到达海边，再向法属西贡的海口运输”②，这使他们“对于红河的航运情形，非常失望”③，他们意识到交通条件的制约才是影响法国殖民利益攫取及云南经济发展的最大障碍。

---

① H·R戴维斯著，李安泰等译：《云南：联结印度和扬子江的锁链——19世纪一个英国人眼中的云南社会状况及民族风情》，云南教育出版社2000年版，第5、6页。

② 姚贤镐：《中国近代对外贸易史料》第2册，中华书局1962年版，第707页。

③ 万湘澄：《云南对外贸易概观》，新云南丛书社1946年版，第20页。

法国人修筑滇越铁路是法国资本输出的结果，是其殖民利益的体现，也是云南参与国际经济一体化过程的一个重要步骤。法国殖民者垄断滇越铁路修筑权的目的有三：

第一，控制云南的交通命脉，将云南与国际市场连接的必由之路掌握在其手中。云南多山，山区面积占全省总面积的30%以上，在滇越铁路通车之前，云南完全没有现代化的道路，建设云南首条铁路并取得其控制权，就可以控制云南交通命脉。正如张肖梅所言："我国既未能自行建筑西南铁路，而滇人又势未能与外界隔绝，结果仍必借重于滇越铁路，此其所以掌握云南咽喉，操持云南交通命脉也。"①

第二，借修筑铁路之机进行资本输出，可以达到以铁路线为导线殖民云南，逐渐把云南与越南连成一片"共同市场"的目的，可以使这里成为其商品倾销地与工业原料产地。当时许多法国人如是评论修筑这条铁路的好处，"云南土地膏腴，多产鸦片、茶、甘蓝，而矿产尤为丰富，铜、铁、锡、铅及各种宝石，莫不有之。倘他日开交通之便，则采矿可以自由，将来我国之冶金场必林立于该省也"②；"建筑铁路会把各种农产品和矿产品迅速地而又便宜地运出海港出口，这将促进商业大大地发展。这就是促使我们之所以侵入云南和必须建筑一条把云南和北圻连接起来的铁路的经济理由"③；"云南为中国天府之地，气候物产之优，甲于各行省。滇越铁路不仅可扩张商务，而关系殖民政策尤深，宜选揽其开办权，以收大效"④。云南又是中国西南各省的门户，铁路修筑后不但可以利用铁路运输云南丰富的土产及矿产资源，并将法国生产的各种廉价工业品运输至云南销售乃至整个西南地区进行销售，更可以将法国的"商务"由殖民地越南向云南地区推进，有利于在这一地区抢占市场，排挤其他资本主义国家的资本。按照法国殖民者的设想，在该路通车后，云南地区将逐渐与越南连为一片"共同市场"，成为法国殖民之下的以越南"东京"为中心扩散开的新的商品倾销地。这一目的也确实达到了，据后来美国统计调查的报告：美、英、德、日四国的贸易总额，不过占云南

① 张肖梅：《云南经济》，中国国民经济研究所，1942年，第G39页。

② 志复：《法人窥伺云南之渐》，载《云南杂志选辑》，知识产权出版社2013年版，第358页。

③ 潘家骈、软克炎著，范宏科、陈玉龙译：《滇越铁路史（注一）》，载《南洋资料译丛》，1957年第3期。

④ 万湘澄：《云南对外贸易概观》，新云南丛书社1946年版，第78页。

贸易的百分之四十左右，而法国则独占百分之六十左右，由于该路为法国所控制，在其他国家商品进入云南市场时法国不但任意提高应缴税率，还拖延货物运输的时间，使云南真正成为法国工业品的倾销地。①

第三，可以与英国殖民者展开殖民利益的争夺。英国在亚洲占有大片的殖民地，在占领缅甸后英国人很快就发现，云南地区与缅甸在地理位置上接壤，两地之间自古以来就有商路相连，两地居民也常有互市贸易，从该地对中国西南地区进行渗透是最便捷的，而且他们还认为“云南矿产丰富，人口众多，对制造品有无限购买力”②。英国殖民政策的推进对法国的殖民利益攫取造成严重威胁，法国人曾言：“对我们的印度支那来说，英国所占的优势永远是一个威胁；因此我们必须用粗暴的侵入方法，用建筑一条铁路把云南和北圻衔接起来的方法走到他的前面。”③ 他们认为，滇越之间铁路的构筑可以将法国在越南地区已得殖民地与中国西南连接起来，这不但可以巩固法国在越南的统制，独霸云南为法国的殖民地，也可以阻止英国殖民势力向中国西南扩张，打破英国将印度与云南甚至中国西南各省连成一片的企图。因此，在该铁路通车后，英国人戴维斯曾感叹道：“兹者，法国自东京筑铁路，已达昆明，且有由此展至大理之议。使吾英于滇缅铁道计划，置而不顾，则自缅甸以达长江之一千里路线中，大理以东之七百里，将俱为法人所有；而云南全省最富庶之西部，所有贸易，亦将集中于东京，而不至缅甸矣……夫吾英据有印度帝国，中国所有之国际贸易，亦以英人占其最大部分，今竟任他国建筑联络二国间之铁路，将云南西部贸易自吾户庭内挟之以去，而吾人乃漠然不顾，是呜呼可。”④

光绪十一年（1885 年），《中法会订越南条约》第七条规定：中法现立此约，其意系为邻邦益敦和睦，推广互市。现欲善体此意，由法国在北圻一带开辟道路，鼓励建设铁路。彼此言明：日后若中国酌拟创造铁路时，中国自向法国业此之人商办；其招募人工，法国无不尽力协助。⑤ 此为中法之间对于兴修滇越铁路的首次

① 春满：《云南危机》，《滇声》1936 年 12 月出版，载《昆明市志长编》卷 11，1984 年，内部资料，第 347 页。

② 姚贤镐：《中国近代对外贸易史料》第 2 册，中华书局 1962 年版，第 687 页。

③ 潘家骈、软克炎著，范宏科、陈玉龙译：《滇越铁路史（注一）》，载《南洋资料译丛》，1957 年第 3 期。

④ 张肖梅：《云南经济》，中国国民经济研究所，1942 年，第 G39 页。

⑤ 光绪十一年（1885 年）《中法会订越南条约》，转引自郭垣：《云南省经济问题》，正中书局 1940 年版，第 248 页。

明确约定，此后法国开始积极筹措该事。光绪十三年，《中法会订商务条约》第五款规定：至越南之铁路或已成者或日后拟添者，彼此议定，可由两国酌商，妥订办法，接至中国界内。① 此条款已明确法国拥有在中国境内修筑铁路的权利。光绪二十四年（1898 年）十月，法国与中方订立了《中法会订滇越铁路章程》三十四款，详细规定了铁路建筑及管理的诸项事宜，于光绪二十九年开始实行。

滇越铁路自光绪二十七年（1900 年）开始建筑，为轨距一米之窄轨。铁路由越南之海防至云南省城，全长八百五十四公里。在越境者海防、老街间三百八十九公里，在滇境者河口、昆明间四百六十五公里。② 在云南境内之线路原为“由河口沿红河北上，至新现；再由新现沿新现河至蒙自；然后经过临安、通海、宜良而达昆明”，称为西线。后因技术困难及当地群众的反对而改修东线，由河口沿南溪河至蒙自；然后经过阿迷州（开远）而至昆明。③ 东线远离了铁路沿线的政治中心区域，但随着铁路的通车，它仍然拉动了沿线地区的经济发展，还促成了新的商业中心区域的形成。至宣统二年（1910 年）四月，东线正式通车，修筑历时十年。据法国滇越铁路公司称，该铁路修筑费用为 158，466，888 佛朗。④

此铁路在云南境内段修筑尤为艰难，路沿江河流域，比较平坦，唯所经岩岸，多系泥灰岩或石灰岩，组织疏松，最易侵蚀，每年遇雨，岩石崩塌，岁修苦之。婆兮中段，又恰在断层地震区域，常恐震灾簸箕路面。河口、阿迷间，每日穿洞有一百四十余处之多，其最长者需十分始通过。⑤ 其自光绪二十九年（1902 年）开始修筑，每年用工三四万或五六万不等，工人大多是清政府从云南、四川等省招来的，总计 7 年之内，用工 30 万人以上，死亡工人有六七万人。⑥

滇越铁路是云南第一条现代化的交通路线，推动了云南地区经济的发展。与全国大多数铁路不同，它是在外来刺激下，由外国殖民者主持修筑与经营的铁路，是云南被卷入国际经济一体化的结果，它破坏了中国的主权，成为殖民势力“伸

① 光绪十三年（1887 年）《中法会订商务条约》，转引自张肖梅：《云南经济》，中国国民经济研究所，1942 年，第 G1 页。

② 《新纂云南通志》第 4 册，卷 57《交通考二》，云南人民出版社 2007 年版，第 15 页。

③ 张肖梅：《云南经济》，中国国民经济研究所，1942 年，第 G5 页。

④ 张肖梅：《云南经济》，中国国民经济研究所，1942 年，第 G2 页。

⑤ 云南省志编纂委员会办公室：《续云南通志长编》中册，卷 55，交通 2，云南民族出版社 1986 年，第 999 页。

⑥ 荆德新：《滇越铁路》，载《云南日报》1981 年 12 月。

入的唯一孔道"①。但作为当时云南"与外界联系的唯一现代化设施"②，它不仅改善了云南的交通条件，还将长期处于封闭状态下的云南市场与国际市场连接起来，促进了云南对外贸易的发展，增强了云南对国际经济一体化的适应能力。

总之，个旧地区现代化交通条件的改善，是云南地区参与国际经济一体化过程的产物，也是法国殖民者掠夺云南资源的产物。它的修筑不但改善了云南的交通条件，促进了云南商品经济的发展，也为个锡的大量出口及个旧地区生产的进步和技术的改良提供了契机。

第三节　近代个旧锡矿开发对国际市场需求的适应

一、近代国际锡业市场需求的扩大及生产的发展

（一）工业革命后国际锡业市场需求量的扩大

国际锡业市场的兴盛始于欧洲工业革命的开始，工业革命前，锡的用途比较单一，国际需求量也不高。18 世纪，以英国为代表的欧洲国家掀起了一场以技术革命为中心内容的社会变革，它成为人类历史上生产力空前发展的巨大转折。这次革命中最突出的进步是"棉纺工业的异常迅速的增长、机械化的出现、工厂制度的形成"，这表面上似乎与冶金行业的发展无丝毫联系，然而"机械化的开端，属于纺织工业的历史，它的最后胜利和普及发展，只有通过冶金工业的发展才能实现"③。任何工业中机械设备的制造都必须依赖于矿冶业的发展，因此，英国工业革命时期正是矿冶业与纺织业共同迅速发展的时期，此时，纺织业中新设备层出不穷，冶金业中的开采、冶炼技术也不断更新。由于当时的工商业利润一般高于农业利润，英国许多中小地主开始在自己的土地上合资或独资开办采矿业，地主在自家地产上兴办的铁矿开采场、伐木场和木材加工场、石灰厂、砖厂、羊毛加工厂等一般利润丰厚。这些行业风险小，收入稳定，投入少，因而较受地主青

---

① 张肖梅：《云南工业概述》，见《云南经济》，中国国民经济研究所，1942 年，第 O1 页。

② 埃德加·斯诺著，宋久等译：《斯诺文集》第一卷，新华出版社 1984 年版，第 55 页。

③ 保尔·芒图著，杨人楩等译：《十八世纪产业革命——英国近代大工业初期的概况》，商务印书馆 1997 年版，第 216 页。

睐。在17、18世纪，当冶铁和煤炭工业向米德兰、英格兰中部、北部和南威尔士发展时，当地的地主们独资或合资经营这些企业。① 英国的锡矿开采和冶炼也随着锡矿用量的不断增加在康沃尔、文斯等地兴盛起来。

工业革命所带来的大机械化生产为金属锡提供了更广泛的使用途径，使锡的消费量大为增加。"单纯的金属锡可用以制作各种器皿，如装牙膏、油漆、化妆品、食品、药品及其他化学用品之软管；或制成管子以运输啤酒、净水油等液体；或与铁合制成薄板（马口铁，俗名洋铁），用以制成各种食物、烟类、煤油、汽油、油漆等物之罐桶，以及厨房用具、玩具及广告牌等"②。马口铁生产行业是金属锡的最大消费行业，这种镀锡技术早在14世纪就在波西米亚地区出现，当地人用马口铁制造餐具及饮具，这项技术真正得到推广是在工业革命开始后。从1820年首次大规模使用锡制作白洋铁到现在，这种工业仍占锡的主要消费量。③ 1861年，马口铁罐头密封技术发明，罐头能够保存更长时间，并能适应远距离的运输，罐头行业的生产进步再次扩展了金属锡的用途，"整个十九世纪是装罐头过程在技术上不断改善，罐头生产不断增长的时期"④，"马口铁罐头盒贮存食物技术的发展和18世纪工业革命的爆发，刺激了锡的生产。据记载，1880年世界锡产量为3.8万吨；1894年世界锡产量比1880年增加了1倍以上；1925—1929年，世界锡的平均年产量为16.3万吨"⑤。食品包装业成为金属锡最大的消费行业，到1936年，全世界用于制作马口铁的金属锡共六万一千吨，占总消费量的36%。⑥ 虽然后来世界上不断出现锡的替代品，但是食品工业中所使用的金属锡仍然很多，20世纪20、30年代，世界每年消费纯锡约为二十万吨，价值约五千万英镑。⑦

除制作马口铁外，锡还可以与其他金属组成合金制作青铜、焊枝、镀锡、锡

① 考特著，方廷钰、吴良健、简征勋译：《简明英国经济史》，商务印书馆1992年版，第95页。

② 苏汝江：《云南个旧锡业调查》，国立清华大学国情普查研究所，1942年，第1、2页。

③ （苏）柯索夫、奥斯特罗明茨基合著，鄢儒义、吕文彦译：《锡》，地质出版社1954版，第1页。

④ （苏）维特金著，方一鹤译：《马口铁的镀锡工艺》，冶金工业出版社1957版，第29页。

⑤ 黄位森：《锡》，冶金工业出版社2000年版，第5页。

⑥ 苏汝江：《云南个旧锡业调查》，国立清华大学国情普查研究所，1942年，第1页。

⑦ 曹立瀛、王乃樑：《云南个旧之锡矿》，云南工矿调查报告之十六，内部资料，1940年，第一章绪言。

铝合金，用作电子类产品及汽车的导热体，建筑材料，牙科用合金或焊接剂。“汽车制造是一个重要的锡消费者，每年约用一万四五千吨，1936 年占消费总量的 8%。此业所用的锡大部分含钎，其余是锡合金如青铜等。每辆汽车中所用的锡平均约四磅。全世界铁路事业每年消费锡约五六千吨，用于机车的约四千吨，用于货客车的约二千吨。”①

另外，锡的有机混合物还可以用作接触剂、镇静剂、杀菌剂、杀虫剂、消毒剂等。“计全世界用以各种化合物之锡约六七千吨。”② 由此可知，工业革命开始后锡的用途扩大，用量也急剧增加，国际市场对锡的需求量也随之迅速增加。

（二）近代国际主要产锡国的生产发展

工业革命以后，金属锡的用途更加广泛，锡的消费量骤增，其在五金交易市场中的价格不断攀升。国际上掀起了一场锡业生产狂潮，原有的主要的锡产国不断扩大产量，而许多原先并不为人所知的锡产地也加入了锡业生产的行列。当今世界上锡的主要供应国是亚洲的马来西亚、印度尼西亚、中国，欧洲的英国（有少量出产），非洲的尼日利亚（原称为奈及利亚），南美洲的玻利维亚，另外，印度、泰国、日本、澳大利亚等都有少量锡矿出产。下文将从近代几个主要锡产国的生产发展来分析当时国际锡产的发展情况。

马来西亚产锡由来已久，据记载，从 1513 年葡萄牙人征服并占领了马六甲，马来西亚的锡产已经开始输往欧洲，1641 年，荷兰人在将葡萄牙人驱逐出了马六甲后控制了马来西亚的锡矿业，从 1760 年至 1789 年的三十年间，荷兰人每年平均输出大约 256 吨锡前往欧洲。17 世纪初，英国成立东印度公司等垄断性贸易公司，开始在全球进行殖民争霸，马来西亚蕴藏丰富的锡矿资源成为其征服马来半岛的最初原因之一。1795 年，英国人最终取代了荷兰人，成为马来西亚锡矿的实际控制者。③ 19 世纪中叶，马来西亚锡矿年均产量约为 500 吨，至 1848 年和 1880 年在霹雳州的拿律与安达分别发现两处大锡矿田，马来西亚的锡产量才骤然增加。④ 19 世纪 50 年代平均产量为 6，500 吨，19 世纪 60 年代增加到 8，500 吨，到 20 世纪

---

① 丁佶：《世界锡的产消与云南锡业》，载《新动向》，1938 年，第 1 卷第 5 期。

② 苏汝江：《云南个旧锡业调查》，国立清华大学国情普查研究所，1942 年，第 2 页。

③ 马来亚华人矿务总会编：《马来西亚华人锡矿工业的发展与没落》，怡宝名洙印务公司，2002 年，第 11 页。

④ 安达娅著：《马来西亚史》，中国大百科全书出版社 2010 年版，第 16 页。

初达到 48，800 吨，马来西亚成为世界第一产锡大国。①

印度尼西亚的锡矿主要位于邦加岛与勿里洞两处，大约在 1707 年，勿里洞的锡矿不断被发现，1717 年，荷兰东印度公司开始购买该地锡矿，并向欧洲输出。1812 年，爪哇沦为英国殖民地后，英国很快注意到了其锡矿资源，将其列为直辖地并锐意开发。1814 年，荷兰殖民者重新回到印尼时，锡矿产量不过 450 吨，但至 19 世纪中叶时产量已达约 5，000 吨。② 1890 年，由于采用新技术，锡矿产量增加至 10，000 吨。③ 印尼所产之锡砂除本地熔炼外，几乎全部运往荷兰熔炼，从产量而言，其是世界第二产锡大国。

"欧洲唯英国产锡，十八世纪中叶，世界锡之供给大都来自英国及沙克逊、波黑米亚二处，……至 1840 与 1860 年间，英国每年供给锡六七千吨，后增为一万吨，直至 1890 年"，在 19 世纪初亚洲锡矿工业崛起之前，英国锡的生产一直占据世界统治地位，但是随着锡矿资源的逐渐枯竭，英国锡的产量不断减少，在亚洲锡矿业大发展之后，英国的锡矿业地位下降，"1900 年降为 4，336 吨，1905 年约 4，200 吨，至 1922 年降为 300 吨"。④ 为了应对国内工业对金属锡的需求，英国一方面加紧对世界各大产锡地区的直接或间接控制；另一方面从采矿技术上不断改进，为从资本、开采技术和冶炼技术上垄断世界锡业做好准备。

暹罗（泰国）从 1907 年开始大规模产锡，其产量在 1913 年达到 6，747 吨；南美洲玻利维亚在 1883 年产锡 501 吨，1900 年产锡 10，245 吨，1905 年产锡 12，500吨，1913 年产锡 25，939 吨；非洲尼日利亚在 1913 年产锡 3，734 吨。⑤

二、近代以来国际锡业产品供不应求的状况

18 世纪，英国的工业革命使英国工业水平得到了大幅度提升，随着工业革命的扩展，法国、德国、美国、俄国、日本等国也开始走上了工业化的道路，工业化时代的到来使金属锡的用途得到极大扩展，其使用量也不断增加。为了适应消费需求，世界产锡国不断提升锡的产量，但是矿冶业的发展速度还是常常跟不上

① 马来亚华人矿务总会编：《马来西亚华人锡矿工业的发展与没落》，怡宝名洙印务公司，2002 年，第 137 页。

② 温广益编：《印度尼西亚华侨史》，海洋出版社 1985 年版，234、235 页。

③ 埃兰著：《印度尼西亚的采矿工业》，载《南洋问题资料译丛》，1959 年第 3 期。

④ 苏汝江：《云南个旧锡业调查》，国立清华大学国情普查研究所，1942 年，第 10 页。

⑤ 苏汝江：《云南个旧锡业调查》，国立清华大学国情普查研究所，1942 年，第 10 页。

经济发展的步伐，这种情况在工业革命后就一直存在，第二次工业革命以后更显著。

19 世纪 70 年代，以电力及内燃机的推广和使用为标志的第二次工业革命席卷了西方资本主义国家，在短短的几十年内主要资本主义国家进入了现代化，迅速形成了“以科学为大脑、煤炭为粮食、钢铁为肌肤、石油为血液、交通为动脉、电能和内燃机为神经、机器制造为心脏的新工业社会”①。19 世纪末，随着欧美国家第二次工业革命的完成，社会经济得到迅速发展，资本更加集中，生产过程更加复杂化，国家与国家之间的竞争更加激烈，资本主义国家进入了以垄断为特征的帝国主义时代，各资本主义国家在加紧对殖民地进行资本输出、瓜分殖民地的同时，也加紧了对殖民地各种自然资源的开发和控制。列宁曾说：“资本主义愈发达，原料愈缺乏，竞争和追逐世界原料来源的斗争愈紧张，那末占据殖民地的斗争也就愈激烈。”② 20 世纪初，各帝国主义国家为求本国经济的快速发展，对殖民地的市场与资源掠夺更加激烈，甚至由此引发了第一次世界大战。国际锡业消费量也因工业的发展与帝国主义国家的争相储备飞速提升，锡价大幅上涨，马来西亚、印度尼西亚、中国个旧等主要产锡地区加大开采规模，新的产锡地区不断加入开发队伍。

“据统计，世界原生金属锡的消耗量在 1900—1920 年间增长了 50%，1920—1940 年间增长了 20%”③，然而生产的增长速度仍有赶不上消费增长的速度的时候，消费短缺在 1917 年甚至达到 8，000 吨④。这种供不应求的现象导致了两个结果：

第一，世界各产锡地区为了适应消费的需求而加大生产，或扩大生产规模，或开发新的矿区。马来西亚锡产量在 1880 年的产量为 11，735 吨，到 1890 年上升至 27，200 吨，1900 年为 43，111 吨，1910 年为 50，754 吨，30 年的时间里产量提高到近 5 倍。⑤ 印度尼西亚锡产量在 1853 年为 5，194 吨，1890 年上升至

① 甄修钰修著：《西方文明进程》，内蒙古大学出版社 2003 年版，第 225 页。

② 中共中央马克思恩格斯列宁斯大林著作编译局：《列宁全集》，第 22 卷，人民出版社 1958 年版，第 253 页。

③ 冶金工业部昆明有色冶金设计研究院编印：《国外锡选矿概论》，1981 年，第 14 页。

④ 马来亚华人矿务总会编：《马来西亚华人锡矿工业的发展与没落》，怡宝名洙印务公司，2002 年，第 131 页。

⑤ 马来亚华人矿务总会编：《马来西亚华人锡矿工业的发展与没落》，怡宝名洙印务公司，2002 年，第 189-190 页。

12，111吨，1900年为17，441吨，1910年为20，556吨，50多年的时间里产量提高到近4倍。① 这一时期个锡的产量增长速度也非常快，1890年为1，317吨，1900年上升至2，899吨，1910年再上升到6，099吨，20年间产量提高到4.6倍，到1919年产量占世界产量的10%②，中国成为世界上第五大产锡国。尼日利亚的锡矿主产区乔斯高原也于1904年开始了锡矿的开采。③ 同一时段，个锡在国际市场的旺盛需求刺激下开始走出国门，成为世界锡业市场中的一员。

第二，世界锡业价格不断攀升，如表2-1所示。

表2-1　1904—1913年纽约、伦敦五金交易市场锡的年平均价格

年　代	纽约（每磅/美元）	伦敦（每长吨/英镑）
1904	28.08	126.7
1905	31.55	143.1
1906	39.82	180.6
1907	38.34	172.6
1908	29.54	133.1
1909	29.79	134.8
1910	34.27	155.3
1911	42.68	192.4
1912	46.43	209.4
1913	44.32	201.7

（资料来源：马来亚华人矿务总会编，《马来西亚华人锡矿工业的发展与没落》，怡宝名洙印务公司，2002年，第141页。）

从表2-1可以看出，国际锡价在20世纪初期基本保持上升的趋势，这和国际锡业供不应求的状况相符合。但是这种价格的上升完全是由于帝国主义国家对于锡矿的短时间内大量需求导致的供求不平衡造成的，而不是因为锡矿本身的使用价值得到提高，因此，在锡的需求达到峰值及锡的替代品（塑料制品）大量出现后，锡的价格也随之下降。

① 温广益编：《印度尼西亚华侨史》，海洋出版社1985年版，第253页。原文计算单位为担，为方便对比，按照1吨=16.8担进行换算。

② 张肖梅：《云南经济》，中国国民经济研究所，1942年，第J18页。

③ 托因·法洛拉著：《尼日利亚史》，东方出版中心2010年版，第76页。

三、鸦片战争后个旧锡业销售的国际市场化取向

（一）适应两次鸦片战争开放口岸的肇端

18世纪末19世纪初，英国率先开始了工业革命，开始由手工生产向大机器生产变革，之后欧美各国相继进行工业革命，大机器生产大大加快了资本主义生产的发展，为寻求更多的商品销售市场和廉价的原料，西方国家不断对经济落后的国家进行商品输出和资本输出，在这一过程中，经济落后的国家被迫卷入了资本主义经济体系。这种扩张在客观上加强了世界各地区之间的联系，扩大了世界市场，促进了国际劳动分工的形成，使全球经济更加紧密地联系在一起，国际经济一体化的趋势不断加强。

矿业是近代工业化的基础资源，除煤矿、铁矿外，锡矿也成为工业化必需的一种资源，掠夺殖民地、半殖民地的锡矿资源成为资本主义国家殖民扩张的目的之一。1840年，英国对华发动战争，利用武力打开中国的大门，1842年，强迫清政府签订中英《南京条约》，条约规定中国将东南沿海的广州、厦门、福州、宁波、上海五个地点作为通商口岸，并将香港岛割让给英国。自此中国由一个闭关锁国的封建国家，开始沦为半殖民地半封建社会。五口通商之后，各种外国工业产品通过口岸大量涌入国内市场，“根据英国官方的统计资料，英国输华商品总值，1837年90多万英镑，在1843年增加到145.6万英镑，到1845年竟达239.4万英镑，如果加上大量未统计到的商品，特别是大量走私货物，实际输华货物必定是大大超过这个数字的”①。

由于受中国根深蒂固的自然经济的影响，自给自足的小农对洋货的购买兴趣不大，英国输华的商品大量滞销，殖民者借由五口打开中国的市场，但大量倾销商品和掠夺原料的目的并未达到。殖民者认为这是由于中国的开放程度不够所造成的。1856年，英国借由“马神甫”事件，法国借口亚罗号事件，组成英法联军再次侵华。第二次鸦片战争期间，中国与侵略者签订了《天津条约》与《北京条约》，开放牛庄（后改营口）、登州（后改烟台）、台南、淡水、潮州（后改汕头）、琼州、汉口、九江、江宁（南京）、镇江、天津为通商口岸。

---

① 黎章春、卢岚：《论鸦片战争对东西方社会的影响》，载《赣南师范学院学报》，1990年第4期。

两次鸦片战争是中国半殖民地半封建社会的开端，从此之后价廉物美的外国工业产品不断销往我国，继续破坏着中国的自然经济。资本主义国家迅速发展的经济也对中国经济形成了一股无形的外向吸引力，在中国工业落后，无法消化初级工业产品的情况下，这些原料也找到了销往国外的通道，个锡正是在这种情况下开始大量外销的，并且在蒙自口岸开放以前就已经出现了国际化的销售取向。

第一，各通商口岸开放以后，个锡多销往通商口岸或香港。

前文已述，19 世纪正是世界市场中金属锡供求失衡的时期，锡价比铝、铜、锌、铅、生铁的价格要高出许多。这意味着向国外出口金属锡可以获得巨大的利润，这样的诱惑促使个旧商人开始将锡通过各种渠道运输到各通商口岸或转道香港销往英法等资本主义国家。本书第一章已分析过我国东南沿海一带本来就是个锡的传统销售地点，但锡的用途单一，销售数量也不多，按照嘉庆年间的个锡产量，个锡年产 150 万斤左右，每年约有一半销往云南、四川各地，还有几十万斤用于当地制造锡器，剩余的一小部分才销往江浙沿海地区，但常常出现滞销的情况。鸦片战争以后，个锡开始大量销往刚开放的通商口岸，上海关和宁波关的海关报告册中都有锡的进出口记录（见表 2-2），锡通过这两个关口转运销往其他口岸，这促进了东部沿海地区的开放及中国近代工业化的发展。

表 2-2　上海关、宁波关各年进口个锡块数量表

年　　份	上海关		宁波关	
	数量/担	价值/关平两	数量/担	价值/关平两
1885	1，194.06	29，971		
1886	4，147.46	110，437	1，1736.62	42，001
1887	2，224.45	60，838	1，787.15	49.607
1888	3，732.99	105，270	1，154.48	32，325

（资料来源：《中国旧海关史料（1859—1948）》第 11～14 册，上海关及宁波关华洋贸易回报册。）

注：1. 宁波关进口之锡标明为云南锡（Tin Yünnan）。

2. 上海关进口之锡标明为土锡（Tin native）。鉴于上海《申报》光绪十年（1885 年）二月十二日，载："个旧锡厂规模大定，年可出锡三百万斤，其中五十万斤取道四川转运至上海。"同年九月初六日载："蒙自县所产点锡，已获三千三百余担，陆续出厂，早抵川河，先由四川叙府、重庆就近行销。其运来汉、沪试销者，约有千担，色质俱佳，堪为明征。"另外在销往香港的过程中，为了与香港精炼锡有所区别，个锡被称为土锡、土条，故认为这里的土锡是个锡。

《南京条约》及后来的几个不平等条约使香港地区成为英国的殖民地，由于其特殊的地理位置，其逐渐发展成为东西方贸易的转接地，个锡同样以香港地区为出口国外的重要贸易港口。蒙自口岸开放以前，个锡已有出口国外的记录，光绪十四年（1888 年），上海关就有记录，中国土锡复销往香港地区或外洋 2.22 担，价值 55 关平两，这是海关方面最早的锡的出口记录。① 但是个旧的商人早在鸦片战争刚结束时就开始通过走私的方式将个锡运往香港，销往国际市场。《个旧市志》记载，从道光二十二年（1842）年开始，个旧厂商就通过蒙自、开化、剥益、百色等地将个锡运至香港销售，再由香港购回百货。② 当时西南地区还没有开辟通商口岸，因此这时的贩运应属于走私性质。另外，由红河走水路运输至越南海防，再转运香港，也是一个非常大的走私渠道。云贵总督岑毓英认为，中法战争爆发的原因之一就是“曩岁法人涂普义为提督马如龙运军装，由越南来滇，曾买锡偷运出关，大获利益，故从中播弄，致有此数年战争”③。这说明早在光绪初年就已经有人由红河水道走私个锡至海防，光绪十年（1884 年）的《北海关华洋贸易情形略论》也可证实这种说法。当时的北海关官员有言，在该年之前云南蒙自所出板锡一直是从红河水道出口的，直到该年由于中法战争的爆发，受战争影响“这个天然的从矿区到香港只需要 20 天的道路却行不通了，只能走一条至少需要 60 天的许多山路的道路”④。也正是从这一年开始，北海关的贸易册中开始有“板锡，出口至香港（Tin，in slabs，exports to Hongkong)”⑤ 的记录。

第二，出口国外的个锡数量已经占整个产量的一半以上。

光绪十五年（1889 年），蒙自关贸易报告册推测在蒙自开关以前，个锡每年平均产量为 25，000 担。⑥ 据光绪五年（1879 年）法国人加涅（Garnier）在个旧矿区的调查，个锡一半运往四川销售，一半运往越南东京，从个旧、蛮耗、红河至东京出口的锡价值 17，000，00 法郎，其中在东京只销售了几千公斤，其余都转运

---

① 《Shanghai trade returns，for the year 1888》，载《中国旧海关史料（1859—1948）》第 14 册，京华出版社 2001 年版，第 240 页。

② 个旧市志编纂委员会：《个旧市志》上，云南人民出版社 1998 年版，第 6 页。

③ 光绪十一年六月十二日云贵总督岑毓英：《函陈云南矿务情形》，载台湾“中研院”近代史研究所编：《中国近代史资料汇编·矿务档》第六册，《云南、贵州、奉天矿务》，1960 年，第 3187 页。

④ 《Pakhoi Trade Report，for the year 1884》，载《中国旧海关史料（1859—1948）》第 10 册，京华出版社 2001 年版，第 834 页。

⑤ 《Pakhoi Trade Returns，for the year 1884》，载《中国旧海关史料（1859—1948）》第 10 册，京华出版社 2001 年版，第 848 页。

⑥ 《Mengtzu Trade Report，for the year 1889》，载《中国旧海关史料（1859—1948）》第 15 册，京华出版社 2001 年版，第 577 页。

香港地区，按照当时河内每一担锡价值100法郎计算，则该年个锡出口为17，000担，按产量与走私比例算，当时已经有68%的产品用于出口，这远大于销往中国内地的数量。①

1884年，由于中法战争的爆发，红河航道封闭，锡商不得不绕道将个锡由北海关出口香港地区。这条道路几乎都是山路，且在不同的路段分别需要采取驮运、人力运输及船运，还受到季节的严重影响，它因运输成本过高而“被描述成只是在红河航线持续对中国贸易关闭的情况下临时的路线”，因此当时“只有必需的商品选择这条路线”。②

就从北海关出口这样难以运输的、“只有必需的商品”才选择的道路而言，个锡是北海关唯一标明来自云南的必须出口商品，这充分体现出当时出口贸易对于个锡的重要性。另以1888年出口最高的一年计算，则选择这条远距离运输道路出口的个锡仍占个旧总产量的51.3%。北海关出口香港的板锡数量如表2-3所示。

表2-3 北海关出口香港的板锡数量

年　份	数量/担	价值/关平两
1884	4，828.66	83，640
1885	2，996.49	53，936
1886	7，263.11	152，524
1887	8，337.64	166，751
1888	12，840.53	265，347
1889	9，684.45	203.375
合计	45，950.88	925，600

（资料来源：《中国旧海关史料（1859—1948）》第10～15册，各年北海关贸易回报册。）

综上所述，国际市场对金属锡的需求与通商口岸的开放成为近代以来个锡大量外销的外部动因；同时，近代中国工业非常落后，金属锡除少量可用于铸币、

① 佚名著，唐国莉、孟雅南译，陆韧校：《The Province Yunnan，in The China Review，V.9，1880—1881》，转引自马琦：《个旧锡业全球化：基于产销关系的考察（1644—1911）》，载林文勋主编：《国际化视野下的中国西南边疆：历史与现状》，人民出版社2013年版，第440页。

② 《Pakhoi Trade Report，for the year 1884》，载《中国旧海关史料（1859—1948）》第10册，京华出版社2001年版，第848页。

制造锡器及冥纸外，工业用途几乎没有，其用途单一，使用量不大，个锡常常滞销，国内工业的落后成为个锡外销的内部原因。在1889年蒙自关开埠以前，个锡就已经形成了外向型的销售市场。锡商将个锡多销往中国的通商口岸及香港，外销的部分已经占个锡总产量的一半以上。蒙自关的开埠及滇越铁路的通车为个锡外销提供了更优越的出口路线及运输条件，这种国际化的销售倾向更加明显，外销的数量进一步增加，占总产量的80%以上。

（二）早期个锡出口商运的曲折

在1889年蒙自关开埠以前，个锡已经开始在国际市场上销售，并逐渐形成外向型的销售取向。虽然个锡的出口适应了近代西方工业社会工业大生产的发展要求，但是早期它的出口并不是一帆风顺的，至少在蒙自关开埠以前，出口贸易方面面临着以下几个难题：

首先，蒙自开埠以前，大量个锡由红河出口，但这种贸易是非法的。云南地处我国的西南边陲，是一个多山的地区，由于受到特殊地理环境的影响，它与内地的沟通和联系一直不够畅通，但是云南地处边疆，又与缅甸、越南、老挝三国接壤，具有天然的对外贸易优势。自古以来，云南的各少数民族就与周边国家、地区有着贸易往来，虽然这种贸易的目的仅是互通有无，且只有小规模的商品交换存在，但对外贸易的固定路线很早就形成了，红河航线就是一条古老的中越交通运输路线。为了维护皇朝边疆地区的安全与稳定，清政府对云南边境贸易的地点、时间、贸易物资和边贸管理都做了严格的规定。在实际的对外贸易交往中，云南地区的主要贸易对象是缅甸，与越南的直接贸易一度遭到清政府的禁止，不仅如此，明清史籍记载，元代以来，包括明、清的几朝中央政府一直禁止云南边民与安南贸易，规定中越贸易一律经由广西。① 鸦片战争后随着越南一步步沦为法国的殖民地，清政府对于红河航线的对越交往更是采取谨慎的态度。光绪十二年(1886年)，云贵总督岑毓英上奏朝廷“公禁锡走蛮耗”运输时有言：

查蛮耗距个旧厂地，程仅两站，接连红河，为出洋水道，此处一经通运，则利归外人也，内地商民，必将歇业，且与向运之剥益百色，水陆劳逸，不啻天渊，厂为食力之穷民驮脚，不下千万，无从觅食，现在众情惶恐，恐生事端，爰是禁

① 韦福安：《略论近代中越陆路贸易通道格局的变迁》，载《中国市场》，2008年第19期。

议，情愿公禁锡走蛮耗，出具甘结。①

由于此时广西北海关已经开埠，个锡走剥益、百色一线既可以沿途抽收厘金，经由北海口出关，防止利权外流；又可以封禁红河水道的运输，严防法国殖民势力经由红河侵入云南地区。出于以上考虑，清政府宁可舍弃这条优越的对外贸易路线。该折出台之后个锡再从红河运输皆属于走私贸易，既然不是贸易的合法路线，也就不受官方的保护，走私者如果被官方缉拿，甚至要受到刑讯并被没收货物。从上文的分析中可知，从北海关出口的个锡恰是从1886年开始猛增的，这说明当时公禁个锡由蛮耗、红河出口是很有效果的。

其次，清政府在咸同变乱后恢复云南矿业生产时，企图以放本收锡的方式控制个锡的销售渠道，强行划分销售路线，以达到内销的目的。云南虽盛产各类五金矿物，但就全国而言，储量与产量最丰富的当属铜矿与锡矿。清初政府曾采取“放本收铜”的方式，一方面为生产者提供生产资金；另一方面利用该政策控制铜矿的销售渠道，以低于市场价格许多的官收价格来获得高额的垄断利润。清末咸同年间云南发生回民起义，整个社会经济遭到严重破坏，矿业生产几近停滞。同治末年，当社会秩序开始稳定之初，清政府开始着手整理云南的矿业生产。这时正值世界市场中锡价高涨，国际经济一体化所带来的影响开始蔓延到云南，锡矿的大规模生产及高额的利润开始为清政府所重视。

光绪九年（1883年），云贵总督岑毓英提议仿效开平矿务局，在云南创办了“厂务招商局”，并规定“锡运川广行销，……提归招商局总办”。该局在个旧采取“放本收锡”的方法，于头年冬季借贷与私人生产者，第二年夏秋季节出锡之时，其以锡块作为偿还，这种方法实际上是在个旧当地放高利贷，以此控制锡矿生产。此后，光绪十三年成立的“招商矿务局”仍沿用该法，并仿照东川铜矿的办法，把锡销到四川去，作为公司的专利，不准旁人承办。② 但由于当时把锡销往越南能得到更大的利润，商人图利无人愿意承运销川的锡块，因此，政府又强行规定，锡产量的一半由该局组织运输销往四川，一半由商人运输销往广西北海，即所谓

---

① 光绪十二年十二月二十日《军机处交出云贵总督岑毓英等抄折称为筹议滇锡情形》，载台湾“中研院”近代史研究所编：《中国近代史资料汇编·矿务档》第六册，《云南、贵州、奉天矿务》，1960年，第3159页。

② 丁文江：《漫游散记》，云南人民出版社2008年版，第73页。

"锡归内地运行，川归总而粤归分销"①。清政府企图以强行规定运销路线的方式来获得销锡的垄断利润。但是以当时个锡的产量，四川本地是不可能完全消耗这一半的锡的，于是这些锡块又在离川最近的宜昌关"销往东部市场"②。内销的垄断利润是非常大的，据丁文江分析，当时的云南矿务大臣唐炯就是用这种"以官价在个旧买锡，以民价销之于川，颇获厚利"③ 的方式，来平衡他主持下的东川铜矿恢复生产失败所带来的财务危机。但是在鸦片战争后，在国际经济一体化所要求的开放性市场中，这种方式显然违背了商品的自由流通规律，必定是行不通的。正如光绪十二年（1886 年），宜昌关海关官员预计的那样："几乎所有出口的锡都来自云南矿业公司，这家公司对中国西部矿业资源的影响在持续加深，它被寄予继续繁荣的期望。然而除非他们能一直从这个地方获得产品，他们面对的困难是非常大的。"④ 这种不符合经济规律的经营方式在蒙自关开埠后难以为继，"随沿红河至东京至香港新航线的繁荣，个旧的锡从出口四川转入香港，因而唐炯获得的专营权越来越少"⑤，宜昌关所出口的个锡数量也逐年减少了。到了光绪二十年（1894 年），宜昌关就再没有个锡出口的记录了。

最后，蒙自开埠以前，个锡由北海关出口道路难行，且运输成本相对过高。云南地处中国的西南内陆，1889 年蒙自口岸开放以前，离云南最近的出海口就是广西的北海，这条道路也是中越传统对外贸易运输道路之一。其中由北海至南宁需 14 天，由南宁至百色需 17 天，由百色至剥隘需 3 天，由剥隘至广南府需 8 天，再由广南府至昆明需 17 天。⑥ 这条道路同时还以道路艰险出名，个锡从此运输要经过许多波折，"在离开个旧后这条道路沿山区而行，经过西林的百隘地区的西线，西江的一条小支流流经这里，板锡可以通过轻巧的小船运输到南宁府的百色

---

① 光绪十二年十二月二十日《军机处交出云贵总督岑毓英等抄折称为筹议滇锡情形》，载台湾"中研院"近代史研究所编：《中国近代史资料汇编·矿务档》第六册，《云南、贵州、奉天矿务》，1960 年，第 3160 页。

② 《Icang Trade Report，for the year 1885》，载《中国旧海关史料（1859—1948）》第 11 册，京华出版社 2001 年版，第 99 页。

③ 丁文江：《漫游散记》，云南人民出版社 2008 年版，第 167 页。

④ 《Icang Trade Report，for the year 1886》，载《中国旧海关史料（1859—1948）》第 12 册，京华出版社 2001 年版，第 96 页。

⑤ 黄汲清、潘云唐、谢广连编：《丁文江选集》，北京大学出版社 1993 年版，第 54 页。

⑥ 《Mengtzu Trade Report，for the Year 1889》，载《中国旧海关史料（1859—1948）》第 15 册，京华出版社 2001 年版，第 574 页。

厅。在这里箱子由水运，接下来到广东省剑州的旅程则由苦力或穷民搬运。这条路线被描述成只是在红河航线持续对中国贸易关闭的情况下临时的路线，乡间运输有着不能克服的困难”，运输成本过高使这条道路成为“只有必需的商品选择的道路”。① 当时北海关的官员显然也意识到了这一点：“云南锡，在本关1884年的贸易册中有83，640关平两，今年（1885年）跌到了53，936关平两。我对未来几年的更多下跌一点儿也不吃惊，除非能在小范围内降低金属运输所承担的成本。”② 高昂的运输费用和所耗费的时间消减了出口的利润，尽管从这里出口还不会造成成本与利润的不平衡，但商人似乎更愿意冒险将个锡从红河走私到越南。

① 《Pakhoi Trade Report，for the year 1884》，载《中国旧海关史料（1859—1948）》第10册，京华出版社2001年版，第834页。

② 《Pakhoi Trade Report，for the year 1885》，载《中国旧海关史料（1859—1948）》第11册，京华出版社2001年版，第425页。

第三章　近代国际经济一体化下个锡开发的模式变化

特殊的地质条件决定了云南自古以来就是矿产资源丰富的地区，自元代设置云南行省，矿业开发亦开始由中央王朝掌控。在元、明两朝的开发基础上，清代云南的矿业开发有了较大的进步，铜、锡等矿的产量增长了几十倍，甚至上百倍，滇铜得到了大规模的开发。这一时期的矿业开发都以满足国内需求为主，其中关乎国计民生的矿业，如铜矿、铅矿、盐矿等都采取政府为主导的形式进行开发。政府通过提供生产资金，定价收购产品的方式，使矿业的产销结合，这充分体现了中央王朝对资源的掌控，形成了一种特殊的矿业开发模式。时至近代，在中国参与国际经济一体化的过程中，个旧锡矿开发进入繁荣时期，由于当时国际市场对锡矿的需求不断增加，个锡开始大量地出口国外，由以前的以满足国内市场需求为主变为以满足国际市场需求为主。由于国际市场巨大的吸引力，个旧私营锡矿业兴盛起来，成为锡矿开发的主力军；同时为了获得更多的利益，政府也开始组织锡矿企业参与市场竞争，个锡形成了以市场为导向、以私营矿业为主的组织经营方式。

第一节　近代云南矿业由先前满足国内需求向满足国际市场需求的转变

一、近代以前云南矿业发展以满足国内需求为目的

清代云南共有盐、金、银、铜、铁、锡、铅、锌、煤、钴、硫黄、朱砂等 12 种矿业。① 自清康熙二十一年，清政府采纳了云贵总督蔡毓荣的“因滇之利，养滇

① 阮元等：道光《云南通志》，卷 71～76，载方国瑜主编：《云南史料丛刊》第 12 卷，云南大学出版社 2001 年版，锌在清代的文献中被称为白铅。

之兵”的建议，在云南实行鼓励民间开采的矿产政策，云南各类矿业开始发展起来。到乾嘉时期，滇铜年产量最高时有1400多万斤，滇银最高年产量达100多万两，滇锡年产量也有150多万斤，其他如金、铁、铅、锌等都有较大开发。然而这些矿产的开发完全是为了满足国内需求，国内的经济发展程度及需求量决定了开发的规模与产量。以清代云南开发规模最大的矿产滇铜为例，其开发的主要目的是满足国家对铸币的需求，其供求也是以国家铸币量的多少为依据，而不以市场需求为依据。下文将以清代云南开发量最多，与全国经济发展程度关系最密切的铜矿的开发为例，试述近代以前在国家严格管控下的，以满足国内需求为主的矿业开发模式。

（一）清代铸币数量不断增加，刺激了滇铜需求的增长

铸造铜钱是清代金属铜的主要用途，清王朝早在清军入关之前就已经开始铸造铜钱，如清太宗曾下令铸造过“天命通宝”，清王朝统一全国后下令各地皆铸造流通铜钱。随着清朝经济的逐渐繁荣，铜钱的流通范围也越发广泛。康熙五十三年上谕言：“钱法流行莫如我朝，南至云南、贵州，北至蒙古，皆用制钱，从古所未有也。”① 如此大范围的使用，使铸造铜钱的主要原料铜的使用量大大增加，超过了前代。

清代的铜钱也称为“制钱”，顺治元年（1644年），清政府在京师仿明朝开办“宝源局”与“宝泉局”开铸“顺治通宝”，又下令各省广开鼓铸，以达到使制钱通行全国，并调节铜钱与银的比价的目的。清朝历代制钱的配比不尽相同，但主要材料都是铜、黑铅、白铅（锌）、锡，其中铜的比例占大部分，其余金属辅之。清代制钱中的金属比例如表3-1所示。

表3-1　清代制钱中的金属比例表　　（单位：%）

所含金属	铜 Cu	锡 Sn	铅 Pb	铁 Fe	锌 Zn	其他	总数
顺治	63.2	3.11	5.68	0.96	25.79	未计	98.74
乾隆	55.68	2.20	5.07	0.29	36.11	未计	99.35
光绪	54.07	0.99	1.05	0.23	40.60	未计	99.39

① 《圣祖实录》卷259，第18页，载《〈清实录〉有关云南史料汇编》卷四，云南人民出版社1986年版，第325页。

续表

所含金属	铜 Cu	锡 Sn	铅 Pb	铁 Fe	锌 Zn	其他	总数
宣统	44.20	0.14	4.99	1.81	47.24	未计	98.39

（资料来源：王琎，《从明清两代制钱化学成分的研究谈在该时期中有色金属冶炼技术在中国发展情况的一斑》，载《杭州大学学报》1959年第5期。）

清朝历代全国铸币究竟有多少、耗铜多少，由于资料的缺乏，很难得出具体的数据，然而可以肯定的是，铸币的数量随着经济的发展和社会的稳定而增长，所用铜料数量也随之而增长。

以京师两局——宝源局与宝泉局为例，据《清朝文献通考》编者按言："国初京局铸钱尚无一定数额，顺治元年以后自数万串递加至数十万串不等。"① 按照彭泽益的统计，京局在顺治十七年（1660年）铸币约38万串，康熙二十三年（1648年）为35万～45万串，六十年（1721年）约673，920串，雍正十二年（1734年）为602，687串，乾隆十年（1745年）为1，305，000串，乾隆四十三年（1778年）至五十八年（1793年）平均每年铸钱1，381，517.948串。② 即使到了清朝道光二十一年（1841年），两局仍铸钱共1，230，547.992串。③ 按照一串钱重约1斤，结合上表历代铜币含铜比例计算，则顺治十七年京局用铜约240，160斤，乾隆十年用铜约726，624斤，乾隆四十三年至五十八年平均用铜769，229.19斤，道光二十一年用铜665，357.30斤，这说明铸币所需铜料是在不断增加的，这种需求量与当时的经济繁荣程度是成正比的。

清初因为社稷初定，经济处于逐渐恢复中，所需制钱数量尚少，铸币铜料尚能从各种渠道搜集。"顺治至康熙初年，铸造制钱的铜料每年不过二百多万斤，大概全靠国内供给。康熙中叶以后，铜料需求量增至三四百万斤，国内市场已供不应求。于是，清政府主要依靠商人采买洋铜和在国内收买杂钱废铜。"④

康熙末年，随着市场的繁荣和经济进一步发展，制钱的需求量也逐渐增多。

---

① 嵇璜等撰：《清朝文献通考》卷十四，钱币二，载王云五总编纂：《万有文库》第二集，商务印书馆1936年版，第4980页。

② 彭泽益：《清代宝泉宝源局与铸钱工业》，载《中国社会科学院经济研究所集刊》第5集，中国社会科学出版社1983年版，第183页。

③ 中国人民银行总行参事室金融史料组编：《中国近代货币史资料》第一辑，载《清政府统治时期》上册，中华书局1964年版，第75页。

④ 杨寿川：《云南矿业开发史》，社会科学文献出版社2014年版，第125页。

然而清朝主要的洋铜来源地——日本，自康熙末年开始控制铜料的出口，这直接导致进口铜料的数量日趋减少。“大抵在宝利年间（乾隆十六至二十八年，1751—1763），日本每年输出铜二百万斤；明和、安永、大明三朝（乾隆二十九至五十三年，1764—1788），每年输出一百五十万斤；宽政、享和两朝（乾隆五十四年至嘉庆八年，1789—1803），每年一百三十万斤；文化朝（嘉庆九至二十二年，1804—1817），每年一百万斤；文政朝（嘉庆二十三年至道光九年，1816—1829），每年七十万斤；到天宝朝（道光十至十七年，1830—1837），每年只有六十万斤了。”① 市场需求的不断增加和进口日本铜料不断减少之间的矛盾愈发突出。为了满足国内铸币的需要，清政府开始在全国大范围内寻找有丰富资源储备、可供长期开发、有稳定产量、优质的铜矿资源。

清代的铜矿资源非常丰富，广泛分布在云南、贵州、四川、湖南、广西、广东、湖北、陕西、甘肃、新疆、山东、河北、江西、山西等地区，但能够满足上述条件的只有云南铜矿。《清史稿》评价：“秦、蜀、桂、黔、赣皆产铜，而滇最饶。”② 铸币量的不断增加，使国内市场对铜矿的需求不断增加，成为云南铜矿大规模开发的主要动力。

康熙二十一年（1682 年），平定三藩之乱后，时任云贵总督的蔡毓荣所上《筹滇理财疏》中就建议清政府用“广鼓铸”、“矿硐宜开”的方式“以因滇之利，养滇之兵”③，滇省铜矿由此而开。至康熙四十四年，清廷又批准了云贵总督贝和诺对铜矿开采的“放本收铜”政策，滇铜开采厂数日益增多，开采量也愈来愈多。

从开采矿厂数而论，康熙二十四年（1685 年），云南采铜厂只有一家，康熙四十四年（1705 年）增至十九家。乾隆三十八年（1773 年），采铜厂数量最多，全滇共有采铜厂五十二家，云南成为全国在采铜厂数量最多的省份。④ 从整体的开采厂数而言，乾隆至嘉庆前期采铜厂数量最多，是滇铜发展的最高峰时期，如表 3-2 所示。

① 木宫泰彦著，陈捷译：《中日交通史》下册，商务印书馆 1931 年版，第 369 页，转引自严中平：《清代云南铜政考》，中华书局 1957 年版，第 4 页。

② 赵尔巽等著：《清史稿》，食货志五，中华书局 1977 年版，第 3616 页。

③ 贺长龄：《皇朝经世文编》卷 52，载沈云龙主编：《近代中国史料丛刊》第 74 辑，台湾文海出版社 1966 年版，第 970 页。

④ 彭泽益：《中国近代手工业史资料》第一卷，中华书局 1962 年版，第 362 页。

表 3-2　清代前期办获滇铜数量及全省产量估计表　（单位：斤）

年　代	办获滇铜数量	估计全省产量	年　代	办获滇铜数量	估计全省产量
雍正四年	2，150，000		二十八年	12，766，000	11，988，040
五年	4，000，000		二十九年	13，781，000	12，685，821
乾隆元年	7，598，900		三十年	11，875，900	12，504，668
二年	10，089，100		三十一年	8，123，300	14，674，481
三年	10，457，900		三十二年	7，394，000	14，127，249
四年	9，420，500		三十三年	7，757，000	13，792，711
五年	8，434，600	10，286，227	三十四年	9，743，800	14，567，697
六年	7，545，500	9，349，998	三十五年		11，844，596
七年	8，757，800	10，295，401	三十六年		11，685，646
八年	9，290，700	8，985，049	三十七年		11，891，110
九年	9，249，200	10，252，782	三十八年		12，378，446
十年	8，281，300	9，272，782	三十九年		12，357，442
十一年	8，421，100	10，577，662	四十年		13，307，975
十二年	8，452，700	10，967，901	四十一年		130，088，522
十三年	10，347，700	10，352，100	四十二年		14，018，172
十四年	11，920，400	10，205，437	四十三年		13，363，786
十五年	10，056，200	9，155，144	四十四年		11，238，032
十六年	10，702，000	10，955，144	四十五年		10，945，059
十七年	8，151，800	10，271，331	四十六年		10，469，584
十八年	7，510，100	11，496，527	四十七年		10，403，857
十九年	10，950，200	11，595，694	四十九年	12，050，251	11，115，406
二十年	8，387，100	10，888，782	五十八年		11，409，678
二十一年	6，262，400	11，155，003	嘉庆元年		10，260，946
二十二年	9，824，900	11，463，102	六年		10，897，703
二十三年	10，173，100	11，463，102	七年	6，477，790	
二十四年	12，760，100	11，995，559	九年		10，355，363
二十五年	12，128，800	11，706，966	十一年		10，355，363
二十六年	11，712，500	12，324，989	十三年		12，025，119
二十七年	12，262，500	12，647，858	十五年		10，574，916

（资料来源：许涤新、吴承明，《中国资本主义的萌芽》，人民出版社 1985 年版，第 501-502 页。）

就全省产量而言，乾隆、嘉庆时期产量最盛，是整个滇铜发展的高峰期，最高时可达1400万斤，整个乾隆时期基本保持在1000万斤以上，嘉庆后期滇铜生产开始逐渐衰落，但也基本能保持在1000万斤上下。

（二）滇铜的开发数量不以市场供求关系为变化根据，而是以国家鼓铸所需铜斤数量为变化根据

滇铜的最大用途是铸币，因此，清朝不同时期的鼓铸量直接决定了对滇铜的需求量，滇铜的产量并不以市场供求、价格等变化为依据，而是以国家铸币量为依据。清王朝建立以后，清代沿袭前代留下的货币制度，白银和铜钱两种货币同时在市场上流通，银与钱，相为表里，以钱辅银，亦以银权钱，二者不容畸重。① 一般情况下，国家财政收入的计算、官员俸禄的发放、兵饷、商人大笔交易多使用白银，但是民间主要使用的货币还是铜钱。与白银的成色不一、重量不等、管理困难相比，清代的铜钱由政府垄断铸造，更能保证其对流通货币数量的控制和调节。用流通中的铜钱数量来调节银价是清政府常用的对经济的一种控制手段，清政府经常根据当时的钱银比例，以开设或关闭铸局的方式，达到增加或减少鼓铸的目的，当国家增加鼓铸时即滇铜生产旺盛时。

清初为了增加财政收入及满足流通中对铜钱的需要，清政府大量铸造铜钱，以云南为例，乾隆十八至二十七年（1753—1762年）是清代前期云南全省铸币最多的时期，十年间平均每年铸币5569卯，用铜2，926，834斤。② 云南省局、东川新局、广西局、临安局、大理局都在此期间开铸，其中东川新局就设了50个铸炉。③ 乾隆十九年至四十三年（1754—1778年），此为滇铜的全盛阶段，此间铜产量由1100万斤增至1400余万斤。④

嘉庆末年，康乾时期的经济繁荣景象已经开始衰退，此外，乾隆时期为了适应经济发展的需要铸币过多，“银价日贵，官民商贾胥受其累”⑤ 的现象开始出现。到了道光二十年，随着帝国主义的入侵，白银的大量外流，“钱贱银昂，商民交

① 嵇璜等撰：《清朝文献通考》卷十六，钱币四，载王云五总编纂：《万有文库》第二集，商务印书馆1936年版。

② 严中平：《清代云南铜政考》，中华书局1957年版，第15页。

③ 阮元等：道光《云南通志》，《食货志八·五》，载方国瑜主编：《云南史料丛刊》第12卷，云南大学出版社2001年版，第685页。

④ 杨寿川：《云南矿业开发史》，社会科学文献出版社2014年版，第185页。

⑤ 《清仁宗实录》卷366，第13页。

困"① 的现象更加严重，为了稳定钱银比例，政府采取减铸或裁撤炉座的措施，这直接影响了对滇铜的需求量。道光十三年（1883年），湖南巡抚吴荣光上奏称：

（湖南宝南）钱局存钱足供十余年兵饷之用。所请将道光十三年至二十四年应买滇铜停其采买，并将历年缺卯及十三年至二十四应铸额卯，一并免铸，俱著照所请办理。至道光二十五年应用铜斤，著于二十一年再行委员赴滇预买，俾资接铸。②

因铸钱过多导致钱价大跌和库存过多，湖南巡抚不得不上奏从道光十三至二十四年湖南省钱局关闭免铸，以前的缺额也一并免除，这样就一次性免除了该省12年的滇铜采购数。京城两局也有相同的减铸情况，道光二十一年（1841年），两局共铸1，230，571.992串，到了三十年（1850年）共铸1，076，021.408串③，减铸154，550.584串，减铸比例达到12.6%。与此相应，道光年间云南许多铜厂产量也减少了很多，这种减少固然与"硐老山空"和"工本不敷"有关，但很大程度上也应该归结为铸币量的减少。如汤丹厂乾隆年间额定产量为3，160，000斤，道光年间实办2，081，500斤，产量降低了100多万斤；碌碌厂乾隆年间额定产量为1，240，040斤，道光年间实办561，100斤，产量也降低了约67.9万斤。④ 云南原有的在采铜厂矿硐到了道光年间有107个已经封闭。⑤

综上所述，滇铜在清初大规模开发，云南成为全国开采厂数第一、产量第一的区域。但是与近代滇锡90%以上的产品销往国际市场不同，滇铜的销售市场全在国内，它是以满足国内需求，尤其是铸币所需铜料而开发的，在乾隆、嘉庆时期由于铸币量大而增加，道光以后随着钱价的下降，银贵钱贱，铸币量下降，铜矿开采量也随之下降。

二、近代个锡开发以满足国际市场需求为主

本书第一章已分析过，个旧自清初以来就成为全国最大的锡矿产区，其年产量最高时可达150万斤，然而由于当时的金属锡用途狭窄，个锡价值不高，还常

---

① 《清宣宗实录》卷235，第3页。

② 《清宣宗实录》卷234，第4、5页。

③ 中国人民银行总行参事室金融史料组编：《中国近代货币史资料》第一辑，载《清政府统治时期》上册；中华书局1964年版，第75页。

④ 许涤新、吴承明主编：《中国资本主义的萌芽》，人民出版社1985年版，第493页。

⑤ 阮元等：道光《云南通志》卷75，《食货志八·铜厂下》，载方国瑜主编：《云南史料丛刊》第12卷，云南大学出版社2001年版，第647-655页。

常出现滞销的情况。换言之，个旧锡矿在鸦片战争前的开发完全是为了满足国内市场的需求，同时它受到狭小的市场的限制，开发规模无法得到扩大。1840 年以后，由于中国近代工业起步较晚，机器大工业尤其是制造业发展缓慢，锡的用途仍然比较单一，除少量用作制造花瓶、烛台、冥器等外，"甚少采用锡之合金"①，国内市场的需求量仍然得不到提升。当时的世界矿业市场却是另一番繁荣的景象，世界市场的需求为个旧锡矿的开发打开了一扇新的大门。

工业革命以后，在发达的资本主义国家中，金属锡有了广泛的工业用途，在伦敦五金交易所的价格也不断攀升。鸦片战争以后，中国开始被卷入国际经济一体化的浪潮，中国经济与发达资本主义国家的经济开始有了直接的联系，当时正值各资本主义国家工业全速发展，锡的需求量大增，世界各产锡地区纷纷扩大生产规模，以适应国际市场的需求。很显然，国际市场的大量需求刺激了个锡的生产，个锡开始由鸦片战争前的仅满足国内市场的需求开始转向更加广阔的国际市场。前章已述在蒙自关开放以前个锡就已经出现适应东南沿海开放与国际市场需求的端倪，个锡已有一半以上销往东南沿海地区或香港，形成了外向型的销售特征。光绪十五年（1889 年）蒙自关开关，由海防至个旧需要水陆运输时间共 31 天，由香港至海防，当时有由英法两国操控的大型轮船运输公司，运输只需时 4 天，锡由蒙自出关经红河航道至香港最快需 35 天②，这比开关前由江汉关、北海关和宜昌关出口要省时许多，个锡还可以直接通往香港进行提炼，因此，个锡大量由蒙自关出口。光绪二十七年（1901 年），滇越铁路通车，个锡开始由火车运输，更加省时、省力，此后个锡出口量增长迅速，由原来的一半以上出口国际市场增长到出口 90%以上以满足国际市场需求。

由于个旧矿区锡矿产量向来没有一个完全准确的记录，一般研究者都采用蒙自关出口数量作为其产量的参考，因此，我们无法确知在蒙自开埠后个锡出口量所占整个产量的比例。但从一些零星的记载还是可以得出估计结果，与开埠以前相比，个锡用于出口的比重大大增加。如按《中国第三次矿业纪要》记载，民国十五至十七年（1926—1928 年）个旧共产锡 23，779 吨③，而蒙自关这三年共出

① 苏汝江：《云南个旧锡业调查》，国立清华大学国情普查研究所，1942 年，第 2 页。

② 《Mengtzu Trade Report，for the Year 1889》，载《中国旧海关史料（1859—1948）》第 15 册，京华出版社 2001 年版，第 573、574 页。

③ （中华民国）农商部地质调查所：《中国第三次矿业纪要》，1929 年，第 322 页。

口个锡19，373吨①，出口比例占产量的81.5%。按个旧消费税局的记录，民国二十四至二十七年（1935—1938年）个旧共产锡39，058吨②，而蒙自关这四年共出口个锡33，833吨③，出口比例占产量的86.6%。

云南炼锡公司在民国二十二年（1933年）四月至民国二十七年五月的六期大锡销售分配，如表3-3所示。

表3-3　云南炼锡公司大锡销售分配表

期别 销售地	第一期 销售量/吨	第二期 销售量/吨	第三期 销售量/吨	第四期 销售量/吨	第五期 销售量/吨	第六期 销售量/吨	总量 /吨	百分比 /（%）
	民国22年4月至23年6月	民国23年7月至12月	民国24年1月至12月	民国26年1月至12月	民国27年1月至5月	民国27年1月至5月		
伦敦	542.421	333.850	600.574	1，101.422	1，327.903	1，050.60	4，956.770	64.69
日本						42.70	42.700	0.56
纽约	285.664		100.372	401.775	75.286		8663.097	11.27
海防	69.056		163.404	209.988	5.918	530.40	978.766	12.78
香港地区			140.640				140.640	1.84
上海		50.058	75.066				125.124	1.63
利物浦	5.001	35.315	70.275	24.361				
马赛	21.129				360.000		524.263	6.84
德国	4.091			4.091				
云南及四川	8.749	4.035	3.664	7.853	5.821		30.122	0.39
总量	936.111	423.258	1，153.995	1，749.490	1，774.928	1，623.60	7，661.482	100.00
平均	62.407	70.543	96.166	145.790	147.911	1，355.52		

（资料来源：袁丕济、曹立瀛、王乃樑，《云南之锡业》，载《资源委员会月刊》第三卷，第二、三期合刊，1941年，第54页。）

---

① 张肖梅：《云南经济》，中国国民经济研究所，1942年，第I19页。

② （中华民国）经济部中央地质调查所：《中国第七次矿业纪要》，1945年，第146页，该表数据来源于个旧消费税局之统计。

③ 张肖梅：《云南经济》，中国国民经济研究所，1942年，第I19页。

虽然表 3-3 只能反映炼锡公司一家的产品销售数量，但从表中可以看出，从民国二十二年（1933 年）至二十七年（1938 年），云南炼锡公司生产的六期大锡共 7，661.482 吨，国内销售地只有云南、四川和上海三地，其中销往云南及四川的只有 30 余吨，销往上海的略多①，有 125.124 吨，两项共计 155.246 吨，占其总销售额的 2%，炼锡公司在国内平均每年销售大锡 25.9 吨，其余 98%的大锡是销往国际市场的。

由此可见，与鸦片战争后至蒙自关开埠前相比，个锡的国内传统销场云南、四川的销售比重进一步下降，其出口量由一半以上增长到 90%以上，真正形成“个旧大锡，什九均为外销”的局面。② 正如民国七年（1918 年）蒙自商会呈请香港取消禁止个锡进入香港市场的呈文书中所言：“我云锡年终约产五千张，每张约二千五百斤，除四川可沽三、五十张之外，余之一概端望付至香港沽销。”③ 这种外向型的销售特点与鸦片战争以前云南矿业以政府主导，以满足国内市场为主的开发模式完全不同，云南矿业真正形成了以国际市场需求为主导，官营与私营矿业并存的局面。

第二节　近代个旧锡矿开发的模式转化

一、历史上云南矿业实行政府为主导的组织生产方式

提到政府主导经济，人们自然会联想到西方的国家干预经济理论。在李斯特所著的《政治经济学的国民体系》一书问世前，许多西方的古典经济学家都认为：“资本主义经济能够依靠市场机制自动调节而趋于均衡，所以政府只要起到‘守夜人’的作用，为企业主资本的所有者的经营及投资活动提供一个安全有利的环境，政府不必干预经济生活。”④ 主张完全自由贸易的观点一直占据主流，其认为英国

① 根据《中国旧海关史料（1859—1948）》的相关记载，销往上海的个锡在蒙自关开埠后也是由该地报关出口，运至香港后再转口至上海关报关进口的，只是上海市场中属于国内市场的部分，故此处未将其列入出口销售量中。

② 苏汝江：《云南个旧锡业调查》，国立清华大学国情普查研究所 1942 年版，第 53 页。

③ 云南省档案馆等编：《云南近代矿业档案史料选编（1890—1949）》上，内部发行 1990 年版，第 220 页。

④ 漆光瑛等著：《国家干预的艺术：凯恩斯主义经济学的沿革》，当代中国出版社 2002 年版，第 11 页。

的工业化道路和繁荣的经济就是自由主义发展道路的典型代表和成功案例。

1841年，李斯特的书问世，在书中他表达了为了发展本国的生产力，国家对经济的干预是不可缺少的观点，这一观点与古典学派的学说截然不同。在书中谈到英国的崛起的原因时，他言道："一个国家，借助于建立在权利平等基础上的航海条约，可以获得确定的有利条件以对付文化比较落后的国家，使它不能专为它自己的利益着想而采行航海限制政策。……英国的政策使它的海军力量有了增进，海军力量使它的工商业力量有了扩大，而这一点反过来又促成了海军势力的继续增长，殖民地的继续开拓。"① 可见他对于这种可以推动国家力量发展壮大的国家干预经济政策非常推崇，认为在国家工业发展初期的道路上这种政策是必不可少的。在他之后美国著名经济学家萨缪尔森也提出："过去的两个世纪已经表明，市场是一个推动工业化国家经济发展的巨大动机。但是大约在一个世纪以前，几乎所有欧洲和北美国家的政府都开始了干预经济的活动，以矫正观察到的市场不灵和经济失衡。"②

到20世纪初期，由于受到1929—1933年世界经济危机的影响，为了解决资本主义生产过剩造成的危机，挽回危机对国民经济造成的损失，这种国家干预经济的理论发展到了一个新的高度，美国经济学家凯恩斯提出："因为要使消费倾向与投资引诱二者互相适应，故政府机能不能不扩大，……这是唯一切实办法，可以避免现行经济形态之全面毁灭；又是必要条件，可以让私人策动力有适当运用。"③在其学说的影响下，以美国罗斯福新政为代表的国家垄断资本主义得到了大力发展，美国等资本主义国家也找到了一条暂时克服危机的办法。在20世纪70年代美国经济滞涨出现之前，西方资本主义国家一直将凯恩斯的国家干预经济学说奉为经典教案。综上所述，国家干预经济政策在近代西方国家中颇为流行，观照世界近代史的发展演变，可以说，任何国家工业化在实现过程中借助国家力量，或说政府的经济参与乃是一种普遍现象。④

以中国的情况而言，在两千多年的封建社会中，各王朝早就形成了一套行之

---

① 李斯特著，陈万煦译，蔡受百校：《政治经济学的国民体系》，商务印书馆1983年版，第46页。

② 萨缪尔森：《微观经济学》第16版，华夏出版社1999年版，第227页。

③ J. M. 凯恩斯著，徐毓丹译：《就业利息和货币通论》，商务印书馆1963年版，第323页。

④ 陈征平：《云南早期工业化进程研究（1840年—1949年）》，北京民族出版社2002年版，第157页。

有效的对于社会经济的掌控措施，这种对经济发展的掌控和主导其实正是封建社会权力集中的一种体现。春秋时期齐桓公曾问管仲如何富国强兵，管子对曰，“唯官山海为可耳”①，建议齐桓公收山海之利，“谨正盐策”，加强对山林川泽的控制，特别要干预盐的生产与贸易。

（一）清代政府主导下的矿业生产

清代前期，商品经济的发展导致了社会对矿产品需求的增加，为了确保资源的分配和利用，政府对其中与铸币和民食有关的，需要大规模开发的重要矿产如铜、铅、盐矿的开发都实行严格的政府掌控政策。政府通过先预借“铜本”、“薪本”给矿民进行生产，然后定价收购产品的方式，控制矿产品的产量、生产过程和产品流向。下面以清代滇铜生产为例分析这种政府主导下的矿业生产。

第一，由官府框定滇铜开发的数量与发放每年的铜本、课额等。为了使政府对滇铜进行监督和管理，便于适时的调节和控制生产，清代将矿产与钱粮、盐课、茶课、织造、京俸、漕粮、关税等一起实行奏销制度，通过奏销来掌握滇铜开发的信息，由此而框定各矿区的开发数量、发放铜本数及征收课税等。在清朝平定三藩之乱之初，当时的云贵总督蔡毓荣就向清政府提出，要求全省各地官员“分别某厂可开，某处厂不可开，报部存案”②，然后招商开采提议。到康熙四十四年云贵总督贝和诺上奏准许大规模开发滇铜后，滇铜的奏销记载也开始多起来。雍正元年政府规定：“滇省厂课，将元年正月起至十二月止抽收课项，于二年五月内造册题报，嗣后永为定例。”③ 即以后每年要将本省抽收矿课的数额造报成册，并于次年五月时上交官府。这样的制度为政府对滇铜生产的掌控提供了依据，造报册上要提供已开矿厂的数量、位置及所供课额及新开矿厂的信息。国家则根据造报册来额定每年的生产任务及发放的铜本数量，以当时著名的东川汤丹厂为例，“乾隆初获铜极盛，四十四年产铜极盛定额铜三百一十六万余斤，嘉庆七年减定二百三十万斤”④，铜本则是“乾隆二十三年，预借汤丹厂工本银五万两，以五年完

① 唐敬杲选注：《管子》，商务印书馆 1926 年版，第 182 页。

② 蔡毓荣：《筹滇理财疏》，载贺长龄：《皇朝经世文编》卷 26，载沈云龙主编：《近代中国史料丛刊》第 731 册，台湾文海出版社 1966 年版，第 970 页。

③ 《钦定大清会典（雍正朝）》卷五十三，《课程五，杂赋》矿课。

④ 吴其濬：《滇南矿厂图略》下，《铜厂一》，第 5 页。

限”①。另外，国家还根据造报册来调整各厂之间的税额，如汤丹厂“每铜百斤抽课十斤，公廉捐耗四斤二两”，金钗厂则“免抽课及公廉捐耗”，其原因是汤丹厂铜质较好，被国家定为上铜，办铜利润较高，税收自然水涨船高，个旧金钗厂则“铜中夹铅色暗，称低铜”②，办铜利润较低，国家以控制税收的形式保证各厂的正常营运，使各厂收支不至过于失衡。总之，国家通过奏报的方式框定所有铜厂的产量、额发铜本及课税，来调整整个铜矿的生产。

第二，开发的生产组织由政府制定。康熙末年实行“放本收铜”后，为了控制滇铜的生产、销售，防止商民偷漏课铜、私自贩卖和拖欠所借工本，朝廷开始以滇省大员督管滇铜。朝廷规定除云贵总督、云南巡抚等封疆大吏对铜政负责外，乾隆三十三年以前，铜政归粮储道专管，是年九月总督阿里衮、巡抚明德奏：“请将各处金银铜铅厂，如系州县管理者，责成本地知府专管，本道稽查。如系府厅管理者，责成本道专管，统归布政司总理。”③ 其构成了铜厂由布政司总理，各道稽查，知府专管，总督、巡抚监督负责的体系，铜厂监管工作被当作地方行政职责之一，负责预发工本、征收课税、收买余铜、稽查走私、催收工本、奏销朝廷、组织运输等，某一职责有误都追究到直接责任人。再由地方派遣“厂员”进行直接管理，《滇南矿厂图略》载：“凡滇厂，皆地方官理之，其职任繁剧，而距厂辽远，不能兼理者，则委专员理之。”④ 由此“放本收铜”政策也被称为“官治铜政”。在厂员之下还有“七长”进行生产管理，“以七长治厂事：一曰客长，掌宾客之事；二曰课长，掌税课之事；三曰炉头，掌炉火之事；四曰锅头，掌役食之事；五曰欀头，掌欀架之事；六曰硐长，掌槽硐之事；七曰炭长，掌薪炭之事。”⑤ 这样形成了一个由上到下的宝塔形的集生产、监督、缴课、缉私于一体的严密的生产体系，将整个生产过程置于政府的控制之下。

第三，产品的流通走向由政府掌握。虽然滇铜开采厂数居全国第一，产量占全国产量的 80%～90%⑥，但除一成用于通商外，90%的产品都被国家以“京运”、“省铸”、“采买”三种方式进行销售，它的开发是为了满足国内流通对铸币

---

① 王太岳：《论铜政利弊状》，载《清代的矿业》上，中华书局 1983 年版，第 115 页。

② 吴其濬：《滇南矿厂图略》下，《铜厂一》，第 5、13 页。

③ 《清高宗实录》，卷 818。

④ 吴其濬：《滇南矿厂图略》下，考第六，第 26 页。

⑤ 王崧：道光《云南志钞》，载方国瑜主编：《云南史料丛刊》第 11 卷，云南大学出版社 2001 年版，第 472 页。

⑥ 严中平：《清代云南铜政考》，中华书局 1957 年版，第 23 页。

的需求。产品的流向由政府掌握，这与近代滇锡自由销售，大量销往国际市场完全不同。

“京运”即将滇铜运往京师供宝泉局、宝源局铸币，这是当时铜料的最大的销售渠道。清初规定京师两局铸币所需铜料由各省负责出钱采办，在洋铜盛行的时期，先后施行了八省分办（康熙五十五年），江浙两省总办（康熙六十一年），五省分办（雍正），江浙海关办铜（乾隆），直至乾隆四年规定京局鼓铸所需铜料，全部取自云南。① 随着能够采办到的洋铜数量减少，价格增高，滇铜的产量不断增加，至少在康熙中期以后，清政府就已经开始有了由各省采买滇铜入京的规定，康熙四十四年规定“放本收铜”的同时，于云南省城设立“官铜店”，由云南各铜厂“卖给官商，以供各省承办京局额铜之用”②。据道光《云南通志》载：雍正五年清廷令江苏、湖南、湖北采办滇铜；雍正八年“定广东办解滇铜之例”；九年“又令江苏、浙江兼办滇铜”；随着“采办洋铜弊累甚深”，至乾隆四年（1739 年）原承办洋铜的江苏、浙江两省奉令“江、浙应办铜二百万斤，自乾隆四年为始，即交滇省办运”③，即从乾隆四年开始，停止采买洋铜，京局所需铜料全部由云南供给。

按照《滇南矿厂图略》（下）与《云南铜志》所载，滇铜各厂产量如表 3-4 所示。

表 3-4　清代前期滇铜供京运各厂名及产量表

铜厂名	子厂数/个	额定产量/斤		备　注
汤丹厂	5	乾隆四十四年	3，160，000	专供京运
		嘉庆七年	2，300，000	
碌碌厂	4	乾隆四十三年	124，040	专供京运
		乾隆四十六年	823，992	
		嘉庆七年	620，000	
大水沟厂	2	乾隆四十三年	510，000	专供京运
		嘉庆七年	480，000	

① 戴建兵，许可：《清代铜政略述》，载《江苏钱币》，2007 年第 3 期。

② 阮元等：道光《云南通志》卷 76，《食货志八・矿厂四》，载方国瑜主编《云南史料丛刊》第 20 卷，云南大学出版社 2001 年版，第 655 页。

③ 阮元等：道光《云南通志》卷 76，《食货志八・矿厂四》，载方国瑜主编《云南史料丛刊》第 20 卷，云南大学出版社 2001 年版，第 655-658 页。

续表

铜厂名	子厂数/个	额定产量/斤		备　注
大风岭厂	1	乾隆四十三年	80，000	原供省铸，后改京运
紫牛坡厂		乾隆四十三年	33，000	原供省铸，后改京运
茂麓厂	1	乾隆四十三年	280，000	专供京运
人老山厂		乾隆四十三年	4，200	专供京运
箭竹塘厂		乾隆四十三年	4，200	专供京运
乐马厂		乾隆四十三年	36，000	专供京运
		嘉庆十二年	10，000	
梅子沱厂		乾隆四十三年	40，000	专供京运
		嘉庆十二年	20，000	
长发坡厂		乾隆四十三年	13，000	专供京运
小岩坊厂		乾隆四十三年	22，000	专供京运
双龙厂		乾隆四十八年	13，500	供京运或省铸
宁台厂		乾隆四十六年	2，900，000	供京运、省铸、采买
大功厂		乾隆四十三年	400，000	供京运、省铸、采买
得宝坪厂		嘉庆三年	1，200，000	专供京运

（资料来源：吴其濬，《滇南矿厂图略》下，《铜厂一》。）

此外省铸与各省局采买也是滇铜的主要销售渠道。省铸即供给云南本省铸币之需要，据严中平考证，云南前后共开过13个铸币局，乾隆十八年至二十七年的十年间是清初云南铸币最多的时期，十年间共开炉座135座，铸钱691，642串，用铜数达2，926，834斤，是除京运外滇铜的第二种销售渠道。① 各省采买即销售给各省铸币局，清初规定各省于省城设立铸币局，采买原料以供鼓铸，这些钱局由宝字加省简称而成，如四川钱局称“宝川局”，陕西钱局称“宝陕局”。康熙、雍正两朝，沿海各省可大量采办洋铜，内地许多省份或其邻近省份也都有铜产，赴云南采买滇铜的省份并不多。雍正以后随着洋铜进口的困难和铸币数量的增多，赴滇购铜的省份逐渐增加。据《云南铜志》载，乾隆、嘉庆时期云南供各省采买的铜矿厂数有21个。② 另据杨寿川先生考证，“委员赴滇采买”铜料的省份共有十

① 严中平：《清代云南铜政考》，中华书局1957年版，第15页。

② 《云南铜志》，载方国瑜主编：《云南史料丛刊》第12卷，云南大学出版社2001年版，第715-746页。

一，占全国十八个省份的一半以上。① 每次采买之前各省都需将采买的数量上奏清政府核准，然后再派员到滇运输，这是滇铜的第三种销售渠道。

国家在掌握了大部分的滇铜产品后，出于调节市场需求的目的，也允许一小部分的滇铜在市场上自由流通，但这种自由流通的产品只占整个滇铜产量的一成，称为“一成通商”。乾隆十六年（1751 年），由于“官价不足”，硐深矿少，矿民不能按期归还铜本，形成“厂欠”，而由于多年的官收余铜，民间用铜缺乏，铜的市价高昂，为了调节这种矛盾，政府开始实行“一成通商”的政策，准许矿民以市价出售铜产品的十分之一，但矿民必须先将这些通商铜运到东川铸币局铸成铜币，以铸币余息偿还厂欠，只有还清厂欠后才能自由出售通商铜，如此算来，实际中自由流通的铜产品肯定是不到十分之一的。

（二）政府主导下的“放本收铜”组织方式对于滇铜开发的作用

史学界对于“放本收铜”政策实行目的的讨论已经非常多，大多数学者认为，“通过实施这一政策，官府就可控制和垄断滇铜生产，保障铸钱所需铜料的来源，最终达到控制鼓铸、稳定钱法的目的”②；或认为“放本收铜政策的真正目的在于垄断铜，垄断中国封建社会的主要原料——铜”③。这些观点都在一定程度上突出“垄断”这一目的，似乎该政策的出台就是为了垄断，无别的意图。不可否认的是，在“收铜”中，政府既规定了强制收铜的措施，又规定了统一的收铜价格，确实存在垄断行为。但这也是一种在总结了民间开采的缺陷后，动用国家力量顺应矿业发展趋势的政策，在客观上推动了清初滇铜的大开发，因此具有合理性。

论证“放本收铜”政策的合理性，先要论及这一政策实行之前的“听民开采”政策，清政府正是在总结了“听民开采”的不足与经验教训后才实施“放本收铜”政策的。康熙二十一年（1682 年），云贵总督蔡毓荣曾提出开发云南的“筹滇十疏”，其中第一条是“以滇之利，养滇之兵”，提议清政府允许民间开发铜矿，并提出了国家开发不如民间自行开发经济、便利的问题。他提出官府开挖的三点不便：第一，“若令官开官采，所费不赀，当此兵饷不继之时，安徒取给”，开挖矿山是一项浩大的工程，前期准备工作耗资巨大，结合当时云南的财政状况，根本无从调拨经费；第二，“一经开挖，或以矿脉衰微，旋作旋辍，则工本半归乌有”，

① 杨寿川：《云南矿业开发史》，社会科学文献出版社 2014 年版，第 216 页。

② 杨寿川：《云南矿业开发史》，社会科学文献出版社 2014 年版，第 128 页。

③ 常玲：《清代云南的“放本收铜”政策》，载《思想战线》，1988 年第 2 期。

由政府开矿，一旦失败，政府之资金将完全亏损，无从追回，不如由私人开采，资金由私人自负盈亏，于国家而言，开挖成功便可坐收其利，开挖失败则毫无损失；第三，“即或源源不匮，而山僻之耳目难周，官民之漏邑无限，利归于公家者几何哉”，铜矿所在皆为深山老林，由于缺乏现代的地质勘探手段，寻获不易，且在寻找及开矿过程中官府很难进行监督和控制。因此，政府负责开采矿业在他看来是一件得不偿失的事情，于是他建议“是莫若听民开采，而官收其税之为便也”①，不如让民间资本自行筹集资金，开采矿业，政府只负责监督与收税。结合康熙初年云南的社会与财政状况，这个建议得到了清政府的支持，而且当时铸币所需铜矿还大量依靠进口洋铜，清政府对国内铜矿资源的开发也不是很重视。

在这一政策下，“三江、两湖、川、广富商大贾，厚积资本，来滇开采”②，至康熙四十四年，云南共有在采铜厂 19 家。然而开采一个铜厂颇为不易，“每开一厂，率费银十万、二十万两不等”③，这样的投资，只有少数富商大贾能够供应得起，对于“鲜有终年之积”的云南百姓而言，根本无法负担，由上文也可看出，来滇开采的多为外省客商，他们资本雄厚方能成事，而云南本土人多因资本不足，只能空有资源而不能获利。在康熙中叶国内市场对滇铜的需求不多，云南铜矿开发规模不大的情况下，这个政策还能够适应需求，一旦滇铜资源需要大规模开发，则必受制于资金。此外，在蔡毓荣的建议下，清政府对商民实行“二八抽课”的政策，即每铜百斤抽课铜二十斤，80％的铜料由商民自由出售。按照常玲的估算，康熙四十四年，滇铜的产量约为 180 余万斤④，政府所能掌握的铜料应为 36 万余斤。在康熙二十七年至雍正元年，云南各铸局关闭的情况下，铜料不足的矛盾尚不突出。至乾隆初年，随着社会经济的不断发展，全国铸币量激增，云南诸铸局重开，铜料需求量大增，这种“听民开采”的政策至少在政府可控制铜料数量上已经不再适应时代的需求。

何谓“放本收铜”？道光《云南通志》认为这是康熙四十四年由当时的云贵总

---

① 贺长龄：《皇朝经世文编》卷 52，载沈云龙主编：《近代中国史料丛刊》第 74 辑，台湾文海出版社 1966 年版，第 970 页。

② 王文韶：《续云南通志稿》卷 45，载沈云龙主编：《中国边疆丛书第二辑》第 4 册，台湾文海出版社 1964 年版，第 2887 页。

③ 中国科学院近代史研究所史料编辑室，中央档案馆明清档案部编辑组编：《洋务运动》第 7 册，上海人民出版社 1961 年版，第 31 页。

④ 常玲：《清代云南的“放本收铜”政策》，载《思想战线》，1988 年第 2 期。

督贝和诺提出的一项政策的简称，即“于额例抽纳外预发工本，收买余铜”①。根据这一政策，矿民进山开矿，首先由官府预发工本，“每百斤预发银四两五钱。至铜砂煎出时，抽去国课二十斤”②，即每百斤纳国课二十斤，剩余“余铜”也不允许私自出售，必须售予设立于省城的“官铜店”。官铜店以“每百斤银价三、四分至五、六分不等”的价格收购后，再以“每百斤定价九两二钱”的价格，卖给各个承办京铜的省份，所获得的中间差价“除归还铜本及运省脚费等项外，所获余息，尽数充归公用”③。

这一政策应该分成两部分，一是“放本”，二是“收铜”，这一政策始于放本，终于收铜，两个步骤虽处于生产的起始与最终，却紧密相连，互为辅助。放本的目的在于以政府的经济力量支持滇铜生产发展，收铜的目的是垄断铜料。无论放本还是收铜都具有内在合理性，该政策使国家有效地控制了铜矿资源的开发，同时也促进了滇铜生产的发展。

第一，国家通过放本支持矿民扩大生产规模，达到控制生产过程的目的，确保了国家铜料的稳定来源。“放本”即预发工本，是政府总结了民间自行开采的经验和教训，由政府向民间力量借贷，保证开矿的前期投资与生产的顺利进行。关于政府“放本”的作用，雍正元年云贵总督高其倬的奏折如是言之：

云南各银厂皆系客民自筹工本，煎炼完课，铜银均系矿厂，工本何以官私各别，细查乃因煎矿炼铜用炭过于银厂，件件皆须购买，惟银砂可以随煎随使，铜虽煎成，必须买出银两，方能济用，况铜产于深山穷谷之中，商贩多在城市贩卖，不肯到厂，必雇脚运至省会，并通衢之处，方能陆续销售，若遇铜缺乏时，半年一载即可卖出，若至铜滞难销，堆积在店，迟至二三年年不等。硐民无富商大贾，不能预为垫出一二年工本脚价，是以自行开采抽课者寥寥，从前曾经部议，着多发工本，委贤能职大官员转关开采，息银可以多得等。因奉旨依议遵行在案。此官发工本招募人夫开采之所由来也。④

---

① 阮元等：道光《云南通志》卷76，《食货志》八之四，载方国瑜主编：《云南史料丛刊》第12卷，云南大学出版社2001年版，第644页。

② 贺长龄：《皇朝经世文编》卷52，载沈云龙主编：《近代中国史料丛刊》第74辑，台湾文海出版社1966年版，第970页。

③ 阮元等：道光《云南通志》卷76，《食货志》八之四，载方国瑜主编：《云南史料丛刊》第12卷，云南大学出版社2001年版，第644页。

④ 雍正元年十二月二十日，《云贵总督高其倬等奏遵查铜斤利弊情形折》，载中国第一历史档案馆编：《雍正朝汉文朱批奏折汇编》第2册，江苏古籍出版社1991年版，第433页。

这种借贷行为由国家出资，可以保证资金的充足与来源的正当性，在清朝国内没有完备的金融机构和借贷还款体系的情况下，国家不啻为商民借贷对象的最佳选择。这种借贷形式为那些有心开采而无力投资的穷民提供了开采资本，也可以将本来零散开采的矿民进行收拢，助其扩大生产规模，降低了商民开采的风险，为云南铜矿的持续开发提供了充足的资金。

在放本时，国家不强制矿民领取官本，却规定如有不愿领取官本的矿民，采煎出铜砂后，必须“自备脚力，驮运至省店领银，每百五十斤给银五两”①，他们不仅不能得到运至省城的运费，而且比领工本的矿民得到的铜价更低，即不愿领本的矿民将以更低的价格被强制“收铜”，这样一来权衡利弊，不愿领取工本的亦无几人了。“放本”所借资金初并无定额，随着滇铜开发规模的日益扩大，放本的数额也在增加。康熙末年至雍正初期，“贝和诺奏疏中所说的‘预发工本’，起初并非呈请清朝中央政府拨发，而是由云南地方政府发放。然而云南地方财力有限，铸钱所用铜量也不多，故其发放的工本也就很有限，大约只有几万两银用来放本收铜”②。

据《滇南矿厂图略》载，“凡滇省办运京铜，岁拨帑银一百万两”，除去户、工二部饭食银、各省运铜脚价，“其余八十三万七千二百五十二两七钱九分二厘，令协拨省分委员解交云南”。③ 即每年借拨云南“工本”837250.2792两，并规定铜本必须提前两年由云南省具题，第二年夏季运送至滇，以备第三年开采之用，按照该书的成书时间，这或为嘉庆至道光时期的借本数额。这种数额的投入在当时全国的矿业开采中是绝无仅有的，因此，官府通过预发工本，几乎把全省铜矿生产囊括于手中了。④

按照康熙四十四年（1705年）贝和诺的提议，当滇铜完成生产环节进入流通环节时，政府征收课铜二成，剩余八成必须按照政府定价卖给官府，每百斤作价三两至六两不等，同时从中扣回“工本”，不领“工本”的矿民也要同样抽课并由官府作价收买余铜，谓之“收铜”（乾隆时期曾有一成通商铜）。通过实施这一政

① 贺长龄：《皇朝经世文编》卷52，载沈云龙主编：《近代中国史料丛刊》第74辑，台湾文海出版社1966年版，第970页。

② 杨寿川：《云南矿业开发史》，社会科学文献出版社2014年版，第129页。

③ 吴其濬：《滇南矿厂图略》下，帑四，第26页。

④ 彭雨新：《清乾隆时期的矿税、矿政与矿生产发展的关系》，载《中国社会科学院经济研究所集刊》第八集，第132页。

策，官府可以控制所有的铜矿产品和垄断铜料，从而保障鼓铸所需原料。

第二，通过“放本收铜”政策，政府可以控制矿产资源的开发，防止铜料私采滥铸。前文已述，“放本收铜”政策下，在生产过程结束后课铜与余铜都由“官铜店”收购贮存，“其有私相买卖者，谓之私铜，将铜入官，复坐以罚”①，原则上不允许矿民私卖铜料，由政府控制所有的铜料。铜不但是一种矿产品，同时还是铸币的主要原料，清代铸币技术很简单，只要原料齐全则私铸制钱非常容易。第一章已述，由于矿产资源丰富，云南、四川、贵州等地是私铸泛滥的地区，“甚至将前代废钱，并指顶大小之铜片作为钱形，以及铁、锡等造作埋藏旧钱，掺杂行使，屡禁不止”②。控制铜料在市场上的流向就可以防止私铸的现象，因此，垄断铜料对国家而言是一种必要的经济手段。

由以上分析可知，在运作过程中，政府要为矿业生产者提供大量前期“放本”、“借薪”的资金，并建立一套完善的控制体系，才能保证对矿业生产的控制。

二、近代个锡以市场为导向的组织经营方式

1840年鸦片战争以后，中国面临着由一个传统的封建国家向一个先进的现代化国家转变的问题，一方面不能完整地、原封不动地维持原来的封建统治，另一方面又要将西方先进的资本主义生产方式放置入原有的封建框架之中；既要维持原有的封建统治，又要适应国际经济一体化所带来的冲击。鸦片战争后，尤其是在咸同变乱期间，云南社会经济与矿业生产都遭到了严重打击，政府在恢复矿业生产时所采取的方式显得尤为重要。清政府也曾继续采取“放本收铜”的方式经营滇铜，由于此时个锡的价格不断上升，又想采取“仿照东川铜矿的办法”③ 进行“放本收锡”，但是最终都告失败，因为这时的开发环境与以往已经完全不同。

首先，个旧锡矿在清代由于市场需求量小，一直采取“由产矿之当地官厅批准给以执照，或呈请番司发给执照，准其开采虽亦课收矿税，但为数甚微，多寡亦不一致”④ 的听民开采政策，并不是如铜矿一样被政府严格管控的矿业。清朝中

---

① 贺长龄：《皇朝经世文编》卷52，载沈云龙主编：《近代中国史料丛刊》第74辑，台湾文海出版社1966年版，第346页。

② 《清高宗实录》卷137，第14页，载《〈清实录〉有关云南史料汇编》卷四，云南人民出版社1985年版，第36页。

③ 丁文江：《漫游散记》，云南人民出版社2008年版，第73页。

④ 《建设二——矿业》，见《云南行政纪实》第11册，云南省财政厅印刷局，内部刊行，1943年。

期有过短暂的“官收”部分产品经历，且官府铸币需求不到总产量的10%，属于“量大易得”的矿产，清政府从未对锡矿进行过类似“放本”，以资金支持其开发的行为。个旧锡矿大多数矿硐的开发规模不大，资金投入较少，近代以前的开发很多都属于当地劳动者农闲时的副产。以上因素使个锡的开发形成了完全私营化的生产习惯。

其次，清代前期能够顺利推行“放本收铜”政策的很大原因在于政府拥有充裕的“放本”资金，能够保证产、运、销的循环运转，另外，国家的统治威信也是必不可少的。但是鸦片战争及之后一系列与资本主义国家之间战争的失败已严重动摇了清政府的统治威信，也削弱了它对社会经济的控制力度；战后的大量赔款和贸易逆差带来的白银外流，致使其财力大减。同时，咸同时期的长时期战乱、社会不安也使云南社会经济凋敝、矿业生产停滞。此时要想重振云南矿业，无论清政府还是云南地方政府都已经无法提供足够的资金，因此，这一时期的铜、锡的开发都不得不采取向商人筹集股份的做法。

最后，鸦片战争后，个锡的开发面对的不再是国内市场，销售对象的改变使政府再不可能以提供生产资金、控制产品流向的方式开发个锡。本书第二章第三节中已述，商人宁可从红河航道走私锡矿至海防、香港，也不愿按照“官价”将锡矿卖给政府，以及销往国内市场，这就是很好的例子。

归根到底，个锡在近代的开发是在中国被卷入国际经济一体化背景下，以国际市场为导向，满足国际需求的开发，形成了以私营矿业为主、官营矿业并存的生产组织形式。

在个旧的锡矿企业中，私营企业大都以旧式厂尖式经营为主，采用土法生产；政府主导的官营企业则采用新式的管理方法经营，产量不高，却能代表个旧锡矿的先进生产方式。

（一）个旧锡矿业以私营为主

1. 私营锡矿企业的数量

民国时期个旧锡矿企业众多，大小不一，开办时间有长有短，在极盛时期甚至出现数千家企业，平时“据言不下一千二百余家”①，在衰落时期也有百来家，

---

① 云南省档案馆等编：《云南近代矿业档案史料选编（1890—1949）》上，内部发行，1990年，第3页。

这些企业中除少数几家官营企业外，90％以上为私营企业。

私营锡矿企业之数量历年没有一个非常确切的数据统计，依照统计方法与调查手段的不同，且呈请矿业执照等负担较重、手续较繁，怯懦者不免畏难苟安，遽尔中止，狡黠者则不顾违背法令，擅行才窃。其能遵照指示备具手续者或因手续错误往返驳诘，尝有经年屡月办理，未能适合，不克领获执照。① 此外，一些较小的厂矿矿主更迭频繁，往往同一时期所得之数据亦不相同。

民国四年（1915 年），昆明矿署余焕东所编的“云南矿产一览表”是至今可见的云南省最早的一份矿产矿区调查表，虽然表的注释中称个旧锡矿“商人现已有一百八十余家”②，但由于民国初年统计不完整，调查表中有名称及产量的厂尖仅有 35 个，而且许多矿区只有厂尖地点，无厂尖名称及承办人姓名，这些矿区里有很多是在清朝末年开采的，产量普遍都很低，大矿的年产量不过十余吨，小的甚至只有一吨左右。此表中除官商合办的锡务公司外，其余皆为私营，民国初年个旧私营锡矿企业的开采情况可据此观之。

民国十一年（1922 年）统计之厂尖共计 94 家③，除锡务公司外，全为私营矿业；民国二十年（1931 年）统计之个旧县未注册私营锡矿区共 95 家④，以上统计皆不能完全反应当时个旧锡矿的所有厂尖数，因为其主要是从矿业部门的相关登记中进行统计的。

对个旧县厂尖之统计最详细、完整的当属个旧厂业同业公会的调查，民国二十二年、二十三年（1934 年），同业公会进行了两次厂户统计，第一次统计显示从事锡业开采的厂尖共 2341 户，第二次为 4180 户。⑤ 据苏汝江分析，两次结果以第二次更准确，更能全面反映出个旧锡矿厂尖的数量，然而其中仍然只有个旧锡务公司一家为官营矿业。

民国二十六年至二十八年，云南省建设厅也对个旧厂尖户数进行了登记，据

① 《建设二——矿业》，见《云南行政纪实》第 11 册，云南省财政厅印刷局，1943 年。

② 云南省档案馆等编：《云南近代矿业档案史料选编（1890—1949）》上，内部发行，1990 年，第 174-177 页。

③ 云南省档案馆等编：《云南近代矿业档案史料选编（1890—1949）》上，内部发行，1990 年，第 363-370 页。

④ 云南省档案馆等编：《云南近代矿业档案史料选编（1890—1949）》上，内部发行，1990 年，第 357-360 页。

⑤ 苏汝江：《云南个旧锡业调查》，国立清华大学国情普查研究所发行，1942 年，第 21 页。

其统计，民国二十六年（1937 年）个旧共有厂尖 5330 个，二十七年为 4494 个，二十八年为 3474 个。① 厂尖数量之所以减少，当与抗战全面爆发，公路运输中断，国际锡价下跌，国内通货膨胀以及国民政府大锡统制有关。

除此之外，个旧私营矿业中还有为数不少的专以冶炼为业的炉户。按照个旧厂的厂规第三条“个旧矿砂只许在个旧县署驻地熔炼，不得售运出境，违者除将矿砂牛马器具全数没收外，并处三等以下有期徒刑及所售价值两倍之罚金”② 的规定，所有的炉户除极个别外，大多集中于个旧县城内，“分设于上下河沟两旁，盖取用水之便也”③。据周楚之民国二十四年（1935）的调查，个旧县城共有炉号五十余家，每家拥有大炉一座，但据《个旧市志》载，民国二十五年统计之个旧私营炉号数量实际有 53 家，如表 3-5 所示。

表 3-5　民国二十五年个旧锡矿私营炉号一览

字号	地址	老板	字号	地址	老板
丰盛号	上河沟	黄子献	宝兴号	上河沟	张兴云
云泰号	上河沟	吕秀秋	福兴号	上河沟	郭绍聪
东兴泰	上河沟	王镇东	祥利号	上河沟	赵云山
李兴号	上河沟	毛继伯	承美昌	上河沟	彭承兴
裕庆丰	上河沟	赵禄	云福号	上河沟	薛云安
庆泰丰	上河沟	贾庆吉	向正禄	上河沟	向正禄
丰盛号	上河沟	黄炯斋	云丰利	上河沟	赵云山
宝丰隆	上河沟	李聘东	良宝泰	上河沟	苏良田
宝　庆	上河沟	王次东	荣升昌	下河沟	高升贵
同美和	中河沟	薛宝元	馨成和	下河沟	杨家和
云运和	中河沟	王天佑	亦复兴	下河沟	马亦眉
亿　顺	下河沟	姚茂生	赵　字		元　丰
唐福昌	下河沟	周兴旺	裕和昌		
云桂昌	下河沟	周兴旺	耀发祥	绿春花	钱思彩

① 曹立瀛、王乃樑：《云南个旧之锡矿》，载《云南工矿调查报告》之十六，内部发行，1940 年，第七章第一节。

② 曾鲁光：《个旧锡业概观》，同文书局印，1942 年，第 107 页。

③ 曹立瀛、王乃樑：《云南个旧之锡矿》，载《云南工矿调查报告》之十六，内部发行，1940 年，第七章第一节。

续表

字号	地址	老板	字号	地址	老板
隆盛昌	下河沟	赵桂卿	美发号	绿春花	张处五
同运和	下河沟	刘兴发	德兴祥	绿春花	苏来全
良兴昌	下河沟	何慕云	天盛和	通宝门外	苏良田
云盛号	下河沟	沈　右	姚建侯	通宝门外	姚建侯
云美祥	下河沟	罗　美	天源昌	猫猫洞	刘宝明
成发昌	相爱和狗	周庆生	福来祥	大坟坝	张中清
恒兴隆	下河沟	林周兴	良　美		
祯宝昌	下河沟	张祯廷	云　庆		
恒兴利	下河沟	李恒升	裕丰亨		
珍宝昌	下河沟	张　珍	沈顺丰		
运来祥	上河沟	李运来	万泰昌		
鸿昌号	上河沟	张　鸿	长兴和		
源美昌	上河沟	龙正兴			

（资料来源：个旧市志编纂委员会，《个旧市志》上，云南人民出版社 1998 年版，第 307、308 页。）

民国二十五年（1936 年），除个旧锡务公司有大炉四座外，其余五十三座大炉全为私营，这说明民国中期以前，个旧生产的大锡绝大多数是出自私营炉号的，炼锡环节与采矿环节一样，私营矿业占 90％以上。

2. 私营矿业的经营方式及管理办法

从上表可以看出，当时的个旧私营矿业规模之庞大，经营种类可分为硐尖、草皮尖、买塃尖三类，苏汝江将私营厂尖称为旧式厂尖。硐尖即老硐，“老硐为矿井之深者，大都随矿床之高低上下为转移”；草皮尖即“硐之浅者，……硐曰草皮，言其距地面不远矣”①；所谓买塃尖，即经营者并不自己开采矿砂，专以收购矿砂，淘洗后转手倒卖为业。

私营矿业有一套自己的经营方式，按照林晓星的调查，个旧私营锡矿按照开采的资本来源可分为劳动者、商人、地主、官僚和军阀几类。

劳动者所创办的厂尖一般规模很小，大多由建水、石屏一带离个旧较近地区的农民创办，他们本小利微，往往一家人或几个人合伙一起劳作，获得红利按股

① 丁文江：《云南个旧附近地质矿务报告》，实业部地质调查所，1937 年，第 11、13 页。

金分配。其因生产规模小，在个旧被称为“罗锅尖子”，“在这种尖子上找不出资本主义生产关系的特点，但是它极不稳定，经不起任何打击，存在的时间很短，经常遭到霸占。而且内部也在不断地分化，有少数人发展成老板，多数人则沦为‘砂丁’”①。

商人、地主等中小资本家，用土地或商业上的获利投资于矿业，他们“多为独资经营，雇佣人数不多，一般在十人左右，但户数很多”②，这种小资本家占私营户数的约40%。这些矿主往往有一定数量的资本及生产工具，可以出资购买油、米，提供给“砂丁”，或买矿煎炼。

官僚、军阀类的大资本家所办厂尖，特点是资本丰厚，一般采取独资的形式，雇佣的人数往往在十人以上，甚至几十人、上百人不等。这类企业虽然在私营业中所占比例不大，但就所雇佣的工人数量而言，占全厂工人总数的60%，因此，它们是个旧锡业中私人资本的主要组成部分，在个旧锡业中起着决定性的作用，左右着整个锡业的基本面貌。③

个旧私营矿业有一套自己的管理办法，开办厂尖的老板称为“供头”、“锅头”，寓有出钱米养活众人之意；供头之下为“上前人”，“为全厂之经理兼技术人”，秉承厂主之意管理全厂，并兼任技术指导；另外管理人员中还有管理文书工作的先生及其之下专管至外县招聘工人和监督工人工作的“月活头”；矿硐中工作的人员以“欀头”为首，“欀头”即工头，在上前人的带领之下管理全厂矿工，并负责硐中窝路的选择，欀木的架设工作；在硐中工作的底层人员为矿工，个旧称之为“砂丁”，负责开采、背塃、打硐、烧火、守夜、杂务等工作。④ 其组织管理体系如图3-1所示。

3. 私营矿业的产量

个旧私营厂尖的数量占全厂数量的90%以上，官营的个旧锡务公司是全厂规模最大的企业，但就产量而言，90%以上的个锡还是由私营企业生产的。个旧锡矿私营与官营产量比较如表3-6所示。

---

① 段锡等著：《锡映千秋》，中国文联出版社2003年版，第144页。

② 林晓星：《关于解放前个旧锡业中私人资本的几个问题》，载《经济问题探索》，1983年第2期，第55-61页。

③ 林晓星：《关于解放前个旧锡业中私人资本的几个问题》，载《经济问题探索》，1983年第2期，第55-61页。

④ 苏汝江：《云南个旧锡业调查》，国立清华大学国情普查研究所，1942年，第23页。

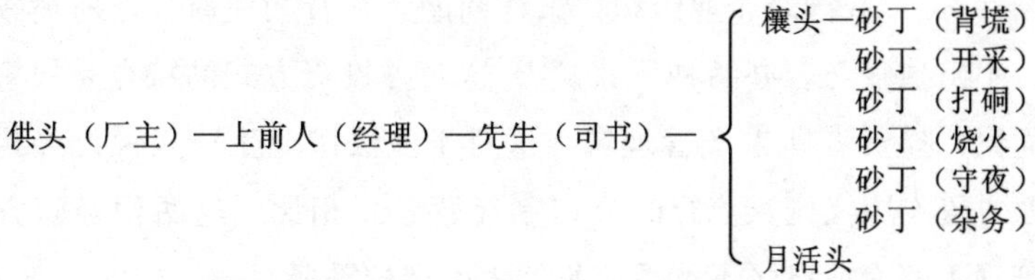

供头（厂主）—上前人（经理）—先生（司书）— { 镶头—砂丁（背塃）/ 砂丁（开采）/ 砂丁（打硐）/ 砂丁（烧火）/ 砂丁（守夜）/ 砂丁（杂务）/ 月活头 }

图 3-1　个旧私营矿业管理体系图

（资料来源：苏汝江：《云南个旧锡业调查》，国立清华大学国情普查研究所，1942 年，第 23 页。）

表 3-6　个旧锡矿私营与官营产量比较一览表

年　　份	全厂总产量/吨	锡务公司产量/吨	私矿产量/吨	私矿占总产量/（%）
1922	8，760	705	8，055	92.54
1923	8，602.5	633	7，970	94.16
1924	7，860	645	6，591	92.31
1925	7，119	528	6，591	92.58
1926	5，586	487.5	5，098.5	91.27
1927	5，666	432	5，234	92.37
1928	6，000	462	5，538	92.30
1929	5，737.5	451.5	5，286.5	92.14
1930	6，015	457.5	5，557.5	92.40
1931	5632	829.5	4，802.5	85.27
1932	6，744	714	6，030	89.42
1933	7，431	745.5	6，677.5	89.85
1934	6，946.5	558	6，389	91.97
1935	7，528.5	660	6，869	91.24
1936	8，808	653	8，155	92.59
1937	7，976	735.2	7，240.8	90.78
1938	9，224	345.6	9，578.4	96.51

（资料来源：根据苏汝江《云南个旧锡业调查》，赵丰《云南个旧锡业概况》，张肖梅《云南经济》的相关数据统计。）

（二）个旧锡矿中近代企业经营方式的出现

前文已述，鸦片战争前云南矿业中的生产组织形式主要是独资制与伙办制两种，王宗培评价："我国之企业组织，素称简陋。在昔闭关时代，所谓领袖地方之商肆作坊，不出独资与合办两种形式。"① 这两种投资方式的特点是投资少、规模小，一般而论，投资者即生产管理者，这对于土法矿业生产来说已经足够。时至近代，与西方资本主义国家流行的公司制经营方式相比，这两种经营方式由于投入过低、管理不够专业已经不能适应机器大生产的需要。

王处辉给现代企业下的定义是："从事商品生产、流通和服务等经济活动，为满足社会需要并获取盈利，进行自主经营，实行独立经济核算和自负盈亏的基本经济单位或经营组织。"② 鸦片战争后，随着列强的经济侵略和"西学东渐"的兴起，中国工业的落后面貌越发凸显出来，西方先进的公司制度逐渐被国人所认知，在其示范效应下，许多商人通过投资股票获得利润，提出了自己兴办公司的要求，正所谓"中国无所谓公司也。自泰西通商以来，华人见西人数万里而来，道路之远，风涛之险，皆所不顾，而挟巨资以往来营运，规模气象与中国判若天渊。于是乎纠股份而成，以千万之财力聚于一处，经之营之，自与一人一家之力大相径庭。华人见而羡之，遂从而效法之，一人为倡，众人为和"③。19 世纪 60 年代，清政府内部一批提倡学习西方先进技术的大臣发起了洋务运动，他们认为，以现代化机器大生产为核心的工业化道路是清政府富国强兵的必选之路，开始"以购买西方新式武器、船舰、创办近代军事工业为发端，进而发展到近代民用工业的初步建立"④。1872 年，由李鸿章奏请清廷募集股份筹办的轮船招商局是洋务派筹办的第一个民用工业，也是中国内地第一家股份制企业。

矿业是云南经济的支柱产业，咸同年间云南经历了长达 20 多年的战乱，经济凋敝，社会动荡不安，矿业生产也陷入全面停顿。光绪初年战乱平定后，清政府开始着手恢复矿业，此时正值国际锡业需求旺盛之际，锡矿开发可得的利润对于鸦片战争后愈发衰落的中国而言，是一笔不菲的收入。清政府以获得利润及恢复云南矿业生产为目的，一改以往"听民开采，官收其税"的政策，开始直接投资于个锡生产，与私人经营者一起参与市场竞争。这些官督商办、官商合办企业由于得到政府的支持，在资金、政策上较私人经营者占优势，为了提高市场竞争力，

① 陈真：《中国近代工业史资料》第 4 辑，生活·读书·新知三联书店 1961 年版，第 57 页。

② 王处辉著：《中国近代企业组织形态的变迁》，天津人民出版社 2001 年版，第 1 页。

③ 《申报》1883 年 12 月 31 日。

④ 张国辉著：《洋务运动与中国近代企业》，中国社会科学出版社 1979 年版，第 21 页。

他们开始不断引进西方的先进技术和管理方式，经营形式也经历了由官督商办到官商合办，再到国家资本控制的过程，这反映出了近代中国政府在走向工业化道路上的不断改进。与清代“官治铜政”下铜矿开发受到政府严格管控相比，这些近代官办锡矿企业的生产完全由市场决定，政府在其中的作用是：一是出资，二是为引进技术、吸纳人才提供政策上的便利，三是严格按照股份分红。

1. 官督商办个旧厂务招商局

光绪九年，咸同变乱后为恢复云南铜矿生产，光绪皇帝谕军机大臣等：“云南素产五金，乃天地自然之利。……此外金、银、铅、铁各矿亦复不少，自宜早筹开采，……惟经费较巨，筹款为艰。近来各处开采煤矿，皆系招商集股，举办较易。若仿照办理，广招各省殷实商人，按股出资，与官本相辅而行，则众擎易举，事乃克成。”① 由此可见，此时的清政府上下人等对于股份制筹资方式已不再陌生，认为在云南这样拥有良好自然条件的地区，用新的生产方式来发展矿业，可以为因咸同变乱而遭到严重破坏的云南矿业找到一条更好的恢复道路。

为此云贵总督岑毓英于光绪九年（1883 年）欲借鉴开平矿务招商局的经验，推行官督商办经营方式，在云南承宣布政使司下成立“云南省厂务招商局”，以经营铜矿为主，同时在个旧专设个旧厂务招商局，由个旧本地士绅李光翰“身任其事”②。厂务招商局的官督商办经营方式按照李鸿章的说法就是“商理其事，官总其成”。③ 一方面由官府在政策上进行倡导、保护和支持，并以官方委派代表的形式对企业进行人事与财务上的监督，如个旧厂务招商局就是由承宣布政使司委派士绅李光翰负责监督。另一方面由商人负责招股办理，官不过问，企业的盈亏也由股东自己负责，与官无涉。这一点可以由该局于 1884 年 2 月 12 日在上海《申报》上登载的招商广告看出：“拟集资百万两，每股百两，先收三十两，合成三十万两；余俟办有成效，接开银、铅、锡厂，再行陆续收缴，以纾商力。现与抚台、藩司商酌，减轻厘课，以顾成本。并将官办已有成效之厂，先行让办一二处，俾取信于人。凡有窒碍，无不曲为变通，推行尽利。所有应用机器，饬即分别采办

① 《光绪朝东华录》卷 55，第 2 页，载孙毓棠主编：《中国近代工业史资料》下，科学出版社 1957 年版，第 698 页。

② 《新纂云南通志》第 8 册，卷 204《名贤传二》，云南人民出版社 2007 年版，第 392 页。

③ 中国科学院近代史研究所史料编辑室编：《洋务运动》（七），上海人民出版社 1961 年版，第 347 页。

运滇。”① 这则广告针对的是云南铜矿的开发，广告中所言确实没有提到官方资本的介入，官方为了吸引商人投资还提出了诱人的条件，将官方已开发成熟的矿厂让予商人开办，然而实际情况并不是这样。

按照官督商办的原则及上述广告所言，本来官府是不应该插手企业的招股及管理的，但实际情况与之根本不符合。个旧锡矿的主要负责人李光翰虽是矿工出生，但经营锡矿生意发达后捐了道台的官衔，本身就带有官方色彩。此外，整个招商局“成立三年，招股甚非”②，仅招商股七万余两，不得不由云南藩司接济本银十二万两，整个招商局共股本二十万两。③ 造成招商失败的原因有二，一是当时上海爆发金融危机，股票倒骗过多；二是“前抚臣创设五金局，强欲官理民财”④，欲改变官不过问，企业自负盈亏的“官督商办”原则，造成了官商之间的信任危机。光绪十三年个旧设厅，专管矿务，兼收课税，个旧厂务招商局裁撤，在裁撤前既未购买机器，也未采取近代企业管理方式，似乎并未取得很大成绩。

2. 官商合办个旧锡务有限公司、云南炼锡公司及云南矿业公司的经营、管理方式

所谓官商合办，是一种由政府与私人共同投资入股，共同参与经营管理、共同承担赢利或亏损的企业形式。⑤ 这种企业实际上是对官督商办的一种回避或修正，甲午中日战争失败的惨痛教训使清政府意识到了所谓“官督商办”的弊端，前文已用招商局之失败说明，官督商办企业在实际办理过程中往往由于官府过多的介入而导致官商之间的信任危机，使“商民裹足”。为了解决这种危机，清政府内部有官员提出了官商合办的办法，就是官商各出资本，按照出资的多少占有股份，享有相应的管理权及分红权，这实际是一种以政府放低姿态，与商人共同承担责任而取得商人信任的做法。光绪十三年创办的“云南招商矿务公司”是云南第一个官商合办的公司。光绪十三年（1887 年）清朝任命唐炯为云南矿务大臣，总办全省矿务，他认为“非商股不能辅官本之不足，非机器不能济人力之穷乏”，提出办理应“以招集商股，购买机器为两大端”，重新招集商股，筹建“招商矿务

① 孙毓棠：《中国近代工业史资料》第一辑，下册，科学出版社 1957 年版，第 700 页。

② 《抄送唐炯奏请筹议矿务招商股延洋师折稿暨朱批》，光绪十二年五月十四日，载《中国近代史资料汇编·矿务档》第六册，《云南、贵州、奉天矿务》，1960 年，第 3194 页。

③ 丁文江：《漫游散记》，河南人民出版社 2008 年版，第 144 页。

④ 《抄送唐炯奏请筹议矿务招商股延洋师折稿暨朱批》，光绪十二年五月十四日，载《中国近代史资料汇编·矿务档》第六册，《云南、贵州、奉天矿务》，1960 年，第 3194 页。

⑤ 周军：《晚清“官商合办”论析》，载《云南财经大学学报》，1991 年第 3 期，第 63-68 页。

公司”，派遣云南士绅王炽为委员赴四川、广东、上海等地招揽商股，为吸引商人认购提出“其招集之法，则按照商规，以出股指多寡，管厂事之重轻，周年六厘行息，三年结算，再分红利”① 的办法。经营内容方面，主要经营东川铜矿的“放本收铜”与新式机械采炼，在个旧锡矿方面则以放本收锡之法，经营高利贷，以定价的方式收购大锡运往四川等地销售，丁文江评价该公司“名为公司，实则无营业性质也”②。

这个“公司”虽于光绪三十二年（1906 年）随着唐炯的去职而宣告结束，在个旧锡矿开采方面也没有使用新式机器等，但其按股份制享有权利、分红的近代企业管理方式被后来的个旧锡务公司等继承下来。以下是近代个旧三家官商合办的新式企业：

(1) 个旧锡务公司。

个旧锡矿中第一个真正的近代企业当属个旧锡务有限公司。光绪二十九年(1903 年)，英法联合创办隆兴公司，企图包揽开采云南七府矿权。为了抵制英法对个锡的觊觎，滇人乃提议组织官商公司，采用新法管理及采办锡矿。光绪三十一年（1905 年）八月，“个旧厂官商有限公司”创办，当时共集资“官股四十八万五千元，商股十八万一千元”；宣统元年（1909 年），公司委派经济王夔生前往南洋调查新法锡业生产情况后，将官商有限公司改组为“个旧锡务有限公司”，以王夔生为经理，并扩大股本为“官股一百万元，商股七十六万九千五百元”③，随后向德国礼和洋行订购洗砂、制炼、化验、电机、铁索等机械设备，开始采用新法生产。民国九年（1920 年），公司再次扩张股本为“官本 1，398，500 元，商股 601，500 元”④。民国二十九年（1940 年）九月，锡务公司全部资产折合国币 1000 万元，并入云南锡业股份有限公司。

官商公司的营业范围，自光绪三十一年开始创办之初，在个旧“以低息放款与各炉户，待秋季出锡；照市作价，运之香港出售”⑤。宣统元年改组为个旧锡务公司后，其开始以锡矿的采炼工作为主，同时经营运销托办及放款收锡。民国二

① 《抄送唐炯奏请筹议矿务招商股延洋师折稿暨朱批》，光绪十二年五月十四日，载《中国近代史资料汇编·矿务档》第六册，《云南、贵州、奉天矿务》，1960 年，第 3194 页。

② 丁文江：《云南个旧附近地质矿务报告》，实业部地质调查所，1937 年，第 21 页。

③ 丁文江：《云南个旧附近地质矿务报告》，实业部地质调查所，1937 年，第 21 页。

④ 苏汝江：《云南个旧锡业调查》，国立清华大学国情普查研究所，1942 年，第 25 页。

⑤ 丁文江：《云南个旧附近地质矿务报告》，实业部地质调查所，1937 年，第 21 页。

十八年（1939 年）一月，个旧锡务公司成立了锡务银号“专营存款、放款、汇兑（省内通个旧）等业务，但它的中心目标，还是在吸收存款，以供矿务上的运用”①。锡务公司成为个旧地区最先运用近代生产技术和管理办法，综合经营锡矿采、选、炼、运、销及金融业务的企业。其经营管理组织系统如图 3-2 所示。

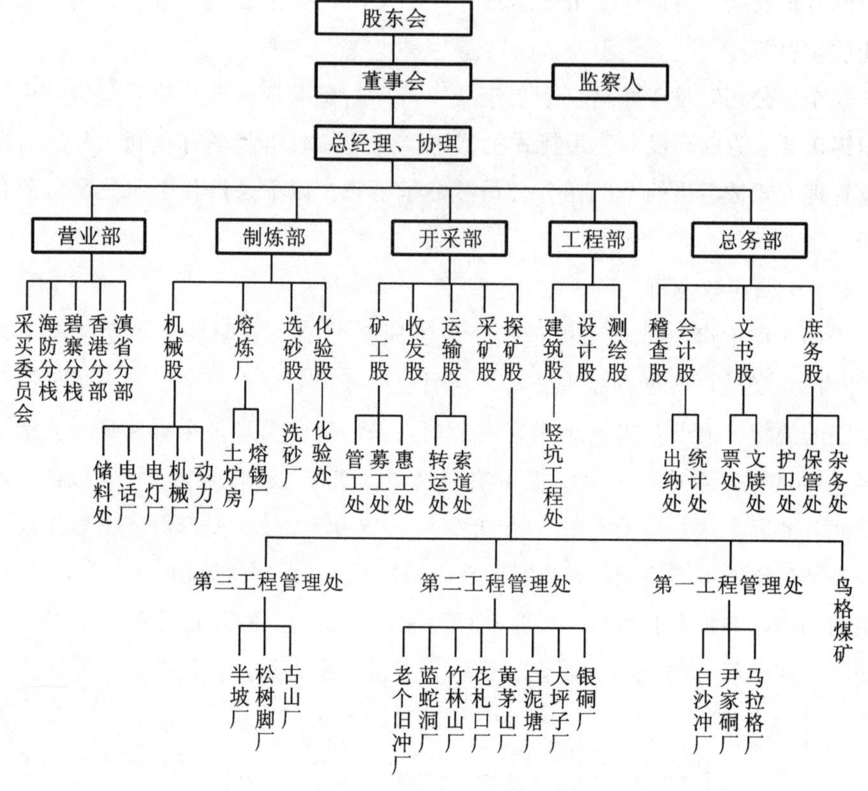

图 3-2　个旧锡务公司组织系统图

（资料来源：张肖梅，《云南经济》，中国国民经济研究所，1942 年，第 J26 页。）

个旧锡务公司的最高权力机关为股东会，下设 5 人董事会对公司全部业务负责，设监察人 2 人负责监察公司财产账目，“董事中官股董事 3 人，商股董事 2 人，监察中官商股各 1 人”②。设总经理 1 人，负责公司全部业务，设协理 1 人，帮助经理进行管理，其下设有营业部、制炼部、开采部、工程部、总务部，分别进行管理工作。

① 张肖梅：《云南经济》，中国国民经济研究所，1942 年，第 S21 页。

② 个旧市志编纂委员会：《个旧市志》上册，云南人民出版社 1998 年版，第 310 页。

与私营锡矿各厂尖相比，个旧锡务公司开采矿区面积最大、投入资本最高、雇佣工人人数最多。民国十一年（1922 年），云南矿产调查统计，个旧锡务公司注册划定的开采面积共 6520.6 亩，私人厂尖注册开采面积多只在一百至二百亩。① 公司采矿股之下的三个管理处开采矿尖形式分为自办与伙办二种，“伙办各尖多在老厂方面，自办各尖多在马拉格方面。而自办与伙办者，约各占半数”②。民国二十六年（1935 年），厂尖共 24 个：自办厂尖为马拉格一至六尖、白沙坪尖、古山一至二尖、大坪子二尖、白泥塘尖、蓝蛇洞尖，伙办的为锡万昌一至七尖、锡铭昌尖、锡天昌（耗子厂）尖、锡天昌（仙人洞）尖、同昌号。这些厂尖多数为硐尖，草皮尖只 1 处，冲塃尖 3 处。与私人厂尖多数只经营一个尖子相比较，个旧锡务公司生产规模宏大。以雇佣工人数量比较，民国二十六年（1937 年），个旧锡务公司共计工人约 3，100 人，个旧全厂工人人数为 32，089 人，公司工人数约占全厂之 10%，为全厂工人数量最多的经营者。

（2）云南炼锡公司。

民国二十一年（1932 年），云南省政府为了改变土法冶炼个锡成色不能达到国际标准，须经香港进行精炼，锡之销售与行情均受港商操纵，售价每吨损失 20 英镑的状况，由缪云台将个旧锡务公司冶炼厂划出，负责组建云南炼锡公司。公司为官商合办，“股本五百万元，就中官股占三分之二，商股占三分之一”③。公司同样采取新式管理方式，设股东会、董事会及监察人，委任缪云台为总经理，负责公司所有业务，下设秘书主任、会计主任、技术部经理、营业部经理等职务，分管公司文书、财务、技术改良及业务推广。

（3）云南矿业公司。

民国二十七年（1938 年），云南省企业局主持集资筹建云南矿业公司，将其定为官商合办企业，“股金旧滇币 500 万元”④。其设总经理及协理，下设总务科、营运科、土木科、会计室、研究室及采矿、机械、炼锡发电四厂。总部初设于昆明，后迁至开远，民国三十三年迁至个旧大屯。其设矿山工程处与古山，建成日洗矿能力 500 吨的洗矿厂，开凿竖井和平坑，并于开远设立水电厂，但正值开业之际，

① 云南省档案馆等编：《云南近代矿业档案史料选编（1890—1949）》上，内部发行，1990 年，第 363-370 页。

② 苏汝江：《云南个旧锡业调查》，国立清华大学国情普查研究所，1942 年，第 27 页。

③ 苏汝江：《云南个旧锡业调查》，国立清华大学国情普查研究所，1942 年，第 27 页。

④ 个旧市志编纂委员会：《个旧市志》上册，云南人民出版社 1998 年版，第 311 页。

抗日战争导致国内锡价下跌，其生产维艰，运营困难。

以上三家企业为清末至民国时期个旧锡矿业中的新式企业，从上文中不难看出，三家企业在生产上的共同点是采用先进的机械设备，使用新法生产。下面主要分析一下这三家企业在管理和经营方式上的特点：

首先，三家企业都采取了股份制的经营方式，形成了现代企业经营管理中的股东会、董事会、职业经理的结构。股东会是全厂的最高权力机关，以委托经营的形式将其经营权委托给董事会，由董事会聘请专职经理进行生产销售等管理。如《个旧锡务公司章程》中规定："董事、监察人均由股东会查照前条资格选举……本公司照章设董事五员，监察人二员，经股东会决议，定为官股董事三员，监察人一员，由官股股东选举。商股董事二员，监察人一员，由商股股东选举，均用记名连记投票法选举。"① 这说明此时的锡务公司已明确了官、商股东的地位与职责，与前文所述官督商办公司中官商职责不分、负责人既是官也是商、官方肆意插手生产管理、官商互不信任的情形相比，已有了很大改善。

其次，建立了科学的管理结构，在近代锡矿企业成立之前，云南的私营矿业生产大多采用"七长制"的管理方式，即客长、课长、炉头、锅头、欀头、硐长、炭长的管理方式，在生产中由这些拥有资金，或拥有一定技术的人员分别进行管理。这些人既是工头、领班，负责生产的全过程，也负责生产、生活材料的采购，产品的销售，人员的招聘，财务的结算等，他们的身份并不是固定的，常常互相转化。例如，个旧私营矿主潘富国先在其大哥当上前人（出资人）的尖子上当了两年砂丁，学到一些技术后与其三哥凑钱开始自办罗锅尖子，当上了欀头，后又凑钱在花扎口自办"富运尖"，当上了上前人，开始还参与劳动，尖子发达后不再参与劳动，并由原先只经营开采到后来同时经营洗选。② 和他一样从一个劳动者转变为一个经营者的例子在个旧非常多，他们并不是专业的技术人员或管理人员，在生产中往往采取以上治下的封建管理方式，有一定权利的上前人、月活头往往视矿工为奴隶，有的矿主甚至采取诈骗的手段招募矿工，用枪支驱使他们进行生产劳动，这导致矿主与矿工之间矛盾丛生。其经营与生产管理无不体现了"人治"、"经验唯上"的特点，这种做法是与近代企业制度格格不入的。

---

① 云南省档案馆等编：《云南近代矿业档案史料选编（1890—1949）》上，内部发行，1990年，第229页。

② 陈吕范：《个旧锡业私矿调查》，云南省历史研究所，内部发行，1979年，第17、18页。

新式锡业企业以锡务公司为例，通过股东大会选举董事会，董事会又以选聘制招募总协理负责全部生产业务。协理之下设营业、制炼、开采、工程、总务五个部门（见图 3-2），分别管理锡矿的销售、冶炼、开采、新式机械的运用及公司预算结算等项。这在近代企业制度中被称为“垂直式集权型”管理结构，公司的生产、经营、产品研发按照职能分成若干个垂直管理系统，每个系统又通过分管经理、厂长由公司最高领导控制。公司权利最后集中于企业最高决策者手中，各部门的独立性相对有限。① 这样的管理体制有利于实现资金、材料采购、产品营销、人员调配的集中统一，各人权责明确，可以防止公司内部的权利滥用与财务混乱，适应了新法生产的要求，有利于生产规模的扩大和人员管理的科学化。这些部门都由有一定专业知识或有长期从业经验的管理人员负责，如工程部于民国十五年（1926 年）聘请矿业工程师美国人卓柏为总工程师，设计开凿竖坑；炼锡公司于民国二十年（1931 年）聘请新加坡炼锡企业退休工程师英国人亚迟迪氏为总工程师，改良冶炼技术；而锡务公司历任经理中的缪云台就是云南选派的第一批官派留学生，他先后在美国堪萨斯州西南学院、伊利诺伊大学、明尼苏达大学学习过矿冶学，后又在美国钢铁公司供职过，有很专业的矿业学背景和丰富的从业经验。“专人专任”是近代企业公司管理的科学化体现，正是由于采取了这样的方式，锡务公司在引进技术和不断改良的过程中虽有曲折，公司业绩和影响力却不断扩大。

最后，企业机构的设置具有明显的市场化特征。与封建社会中国家管控下的矿业生产不同，近代企业为自负盈亏的生产运作方式，产品的推广与销售成为企业的必修项目。从个旧锡务公司的结构来看，市场因素非常明显，其将营业部提升到与制炼部等生产环节一样高的地位，而且营业部下设滇省分部、碧寨分栈、香港分部、海防分栈及采买委员会五个部门（见图 3-2），其中属于供应环节的只有采买委员会，其余四个全为销售部门，分别设立于个锡运输转手过程中的重要地点，这样便于就近就便管理运销中遇到的问题，由此可见产品销售对于该公司的重要性。云南炼锡公司也将营业部与技术部、会计部并列，此外，还设置了驻港办事处与外埠办事处，使其作为联系国际锡业市场、调节企业自身销售计划的部门。② 这说明炼锡公司销售的范围较锡务公司更广泛，炼锡公司也更受到重视。

① 张忠民等著：《近代中国的企业、政府与社会》，上海社会科学出版社 2008 年版，第 34 页。

② 云锡志编委会编：《云锡志》，云南人民出版社 1992 年版，第 58 页。

在下文将提到的云南锡业股份有限公司则将营销部门收缩到了营运室之下的业务课进行管理，采取重视生产的经营方式，其对营销的重视程度已与官商合办公司不同。

3. 国家资本投资的锡业企业

近代以来，个锡成为中国重要的出口商品，在国民经济中占有重要地位。抗日战争爆发后，云南地处抗战后方，个锡的出口贸易与国家财政的关系更紧密。为了稳定后方、支援抗战，国民政府决定将锡矿统一生产，将其纳入中央利益，国民政府通过资源委员会开始了个锡的中央统制时期，该会在个旧先后组织了云南锡矿工程处与云南锡业股份有限公司两个国家资本投入的锡业企业。

(1) 云南锡矿工程处。

民国二十六年（1937年）3月，国民政府资源委员会先在个旧老厂秧草塘成立了“云南锡矿采勘队”，开展探矿工作，次年其改名为“云南锡矿工程处”，俗称“中央公司”，该公司拥有资产600万国币，有老厂、秧草塘、背阴山冲、天生硐、马吃水、陡石阶、小黑山、雷打山、梅雨冲等厂，矿区面积约943公顷，建有竖井两口及机械厂、动力厂、洗选厂，使用发电机、手摇金刚钻、压气机、卷扬机、吊车等机械设备，开办三年半后并入了云南锡业股份有限公司。这是云南历史上第一个国家投资的锡业企业。①

(2) 云南锡业股份有限公司。

国民政府于民国二十九年（1940年）将个旧锡务公司、云南炼锡公司与资源委员会组织筹建的云南锡矿工程处组成云南锡业股份有限公司。该公司为全官办企业，成立之初，公司股本定额5000万元，其中资源委员会30%，除将云南锡矿工程处资产折价590万元投入外另拨外汇折价国币910万元认购；云南省40%，将个旧锡务公司、云南炼锡公司资产折价国币2000万元认购；中国银行30%，以现款认购作为公司流动资金。② 公司总部设在昆明，下设总务、会计、营运三室，总管财务、会计、人事等事务。民国三十二年（1943年），由于物价飞涨，资金不敷周转，经股东会议决定，增资1000万元，次年再增资4000万元，由股东按比例增投，抗战胜利后总资产达到10亿元。③

公司同样采取股份制的管理方式，由股东会选举董事会及监察人，董事会推

① 个旧市志编纂委员会：《个旧市志》上，云南人民出版社1998年版，第311页。

② 个旧市志编纂委员会：《个旧市志》上，云南人民出版社1998年版，第312页。

③ 云锡志编委会编：《云锡志》，云南人民出版社1992年版，第59页。

聘总经理、协理及其他高级管理人员（见图 3-3）。公司成立后选举龙云为董事长，缪嘉铭为总经理，秦慧伽为协理，陈大授为个旧厂矿管理处总工程师。

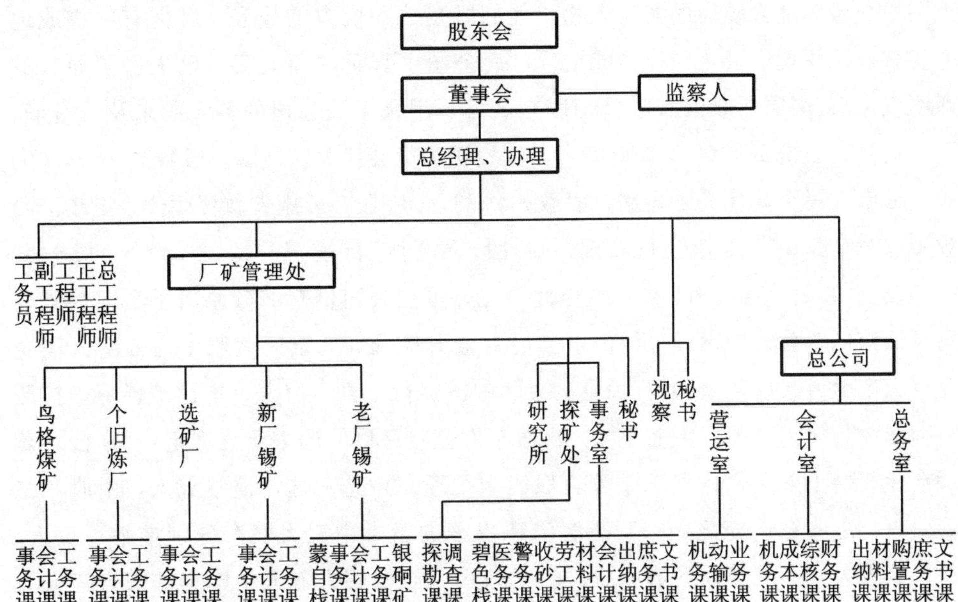

图 3-3　云南锡业股份有限公司组织系统图

（资料来源：个旧市志编纂委员会，《个旧市志》上，云南人民出版社 1998 年版，第 313 页。）

全面抗战前后在资源委员会的带领下，国家资本直接投资了许多工矿企业，中央政府直接投资于个旧锡业是与近代以来个旧锡业的繁荣分不开的，中央公司的成立既可以丰富国家财政收入，又可控制锡业生产，为后来的“大锡统制”做好铺垫。国家资本企业在管理上与官商合办企业已有很大不同。

第一，其成立目的是为国家政策服务提供明确的指向。《云锡纪实》中述：“二十八年政府以滇锡为国际贸易重要产品之一，且关系人民生计至巨，特设云南出口矿产品运销处，执行国家统制事宜。复鉴于生产机构有统一组织，以从事新式大规模采冶之必要，乃由云南省政府、资源委员会、中国银行会同议定办法，将锡务公司、炼锡公司及云南锡矿工程处加以合并，增加资本，组织为现时之云南锡业公司。”① 该公司成立的目的有明确的两点，一是为执行国家对锡矿的统制政策，二是为了统一整个个旧锡业的生产管理。该公司成立两年后，国民政府即

① 民国三十四年（1945 年）云南锡业公司编印：《云锡纪实》，见云南省档案馆等编：《云南近代矿业档案史料选编（1890—1949）》下，内部发行，1990 年，第 470、471 页。

宣布对云南大锡实行统制。

第二，从其股东成分来看，其与官商公司组织有很大不同，董事会成员大多为中央与云南地方政府的实权人物。他们既是公司资方的代表，又握有中央或地方实权，这体现了资本与权力的结合，而公司中真正的商人资本已失去了原有的话语权。《云南锡业股份有限公司股东名簿》记录了该公司的各大股东及其股额，该公司共有股份10，000，000股，其中资源委员会代表翁文灏，股数3，015，000股；云南人民企业代表缪嘉铭，股数2，383，660股；云南省教育厅代表王政，股数40，300股，富滇新银行516，000股，中国银行投资户头共34个，股数共2，515，000股，其余为私股。① 由此可见，虽然公司仍有部分原属于个旧锡务公司及云南炼锡公司的商股，但由于公司资金的扩张，真正的大股东为云南人民企业（云南地方政府资金）、资源委员会和中国银行三家，商人资本已被稀释。按照云南锡业公司于民国三十七年第九次股东大会修订后的选举章程规定："本公司董事会设董事十五人，由股东于五百股以上之股东中选充之，监察五人，由股东二百股以上之股东选充之……"当时推选出来的董事中三大股东分别推举了五人、四人、五人，而"其他各股权推选"的仅一人，监察人五人中则全部来自三大股东。② 这样一来整个公司都被国民政府资本与云南地方政府资本操纵，完全成为官办企业。

第三，不再重视产品的开发和销售。从图3-3可以看出，国家投资的锡矿企业也采取股份制的资本构成方式，但是它成立的目的是使国家控制锡矿的开发和管理。在国民政府宣布大锡为统制产品后，大锡的销售不再以市场的供求变化为依据，而是以国家收购计划为准则，因此，销售部收缩到了营运室之下的业务课，不再在公司中占有重要地位。可以说，这种经营方式的企业名为公司，实则为政府计划控制下的生产部门，已经失去了原来营业的本色。

总之，在清代，国家为了控制铜矿资源的开发，采取了"放本收铜"的经营方式，在这种政策下，政府控制了铜矿的生产、运销过程，为国家铸币提供了稳定的材料来源，但也使铜矿生产失去了市场的调节作用。时至近代，在中国参与国际经济一体化的过程中，个旧锡矿开发进入繁荣时期，由于当时国际市场对锡

---

① 《云南锡业股份有限公司股东名簿》，见云南省档案馆等编：《云南近代矿业档案史料选编（1890—1949）》下，内部发行，1990年，第535页。

② 《云南锡业公司第九次股东会议记录》，见云南省档案馆等编：《云南近代矿业档案史料选编（1890—1949）》下，内部发行，1990年，第537-539页。

矿的需求不断增加，个锡开始大量地出口国外，由以前的以满足国内市场需求为主变为以满足国际市场需求为主。在近代个旧锡业生产中，虽然私营矿业在数量与产量上都占绝大多数，但官营锡矿企业在经营方式上更能适应近代市场的需求。

第四章　近代国际经济一体化下个锡开发的技术改良与销路变化

近代个锡的生产技术可分为土法与新法两种。土法即自古流传下来的，至民国时期仍然沿用的全凭人力与经验的生产方法。新法即西法，是鸦片战争后，随着中国国际经济一体化进程的加强，东西方信息交流的增强，西方发达资本主义国家传入了一些锡矿开采与冶炼的机器，由此而形成的机器与人力劳动相结合的生产方式。与土法生产相比较，新法生产更科学、合理，产品的产量更高，质量更好。

清末民初，个旧锡矿业中新法机器的使用揭开了云南矿冶业的现代化进程序幕，它提高了个锡的生产工艺水平，使冶炼加工水平达到了国际标准，从而大大提高了出口的附加价值，取得了较好的经济效益。新法个锡生产者们对于新技术的不断吸收与改进也使它成为中国积极参与国际经济一体化进程的代表产业和中国近代工业发展的模范。但新法所用机器投入过高，对个旧广大的私有小生产者而言，这笔投资是难以负担的，因此，个旧形成了少数政府支持企业以新法生产与多数私营锡矿业以土法生产的局面，新法生产未能在个旧矿区得到普及。

第一节　传统技术条件下个锡的生产技术与产品销路

一、个锡土法生产技术与产品质量

（一）个锡土法生产的技术

个旧锡业生产历史悠久，在长期的生产中，云南古代人民总结出了一套关于锡矿的找矿、采矿、选矿及冶炼的独特方法，至民国年间，这种方法仍然沿用。

1. 土法找矿

我国古代人民很早就开始总结找矿、看矿苗的方法，《山海经》中就已有锡矿苗地面标记的找寻方法记载："龙山，上多寓木，其上多碧，其下多赤锡"，"婴侯之山，其上多封石，其下多赤锡"，"服山，其上多封石，其下多赤锡"。① 即龙山、婴侯山、服山树木葱郁或多封石的地方，下面就有锡矿矿苗。

个旧地区的矿工在长期的劳动生产中，自己总结出了一套独特的找矿方法。据《个旧锡业的土法生产过程》② 一文整理，土法开采的探矿经验可分为三种：一是坑道找矿，这种方法是依据地面上的露头矿苗"顺塃行，看栓口"，即沿矿脉探矿，根据地层的生成情况来判断矿脉的生成与走向。二是地面找矿，这种方法在老采区使用，在地表采样涮碗鉴别，或打小坑找富矿，或观察周围山坡岩石是否喷红（岩石矿化）。三是矿石鉴别，其方法是"看碗口"，这种方法用肉眼鉴定，全凭经验。

2. 土法采矿

个旧矿区的尖子可分为硐尖、草皮尖与冲塃尖三种，开采方法以硐尖最复杂，冲塃尖最简单。

(1) 硐尖开采方法。

细查苏汝江之个旧土法生产调查可知，其生产可分为七个步骤，分别如下：

一是打硐，即在寻获矿苗的地方，由上前人或欀头领导砂丁开挖坑道，随着矿脉的走向进行挖掘，能开出"少则数百步，多则四五千步"③ 的矿洞。

二是架欀，架欀是为了防止坑内塌方，即用木头每四根为一架，将硐内上下左右固定，再用土石将欀架外的缝隙填实。

三是冲尖子，即试挖矿，使用铁啄子进行挖掘，遇到石矿时用人铁锤击打，或用铁啄子凿出硐眼后装放炸药，使岩石崩裂。

四是挖塃，发现矿苗后，用铁啄子将富含矿质的矿石挖出。

五是背塃，将挖到的塃从坑道内向外运输，挖塃后用簸箕将塃倒入塃袋。塃袋一般由麻布做成褡裢，负在肩上，每背塃约重 50 公斤，工人在坑道内蹲行或爬行。一些很小的矿硐，常用 12～14 岁的童工背塃。④

---

① 史礼心，李军注：《山海经》，中次八经，中次十一经，华夏出版社 2005 年版，第 123、135 页。

② 董华生、苏维曾整理：《个旧锡业的土法生产过程》，见《个旧市文史资料选辑》第 4 辑，1984 年，第 32-36 页。

③ 苏汝江：《云南个旧锡业调查》，国立清华大学国情普查研究所，1942 年，第 29 页。

④ 杨寿川：《云南矿业开发史》，社会科学文献出版社 2014 年版，第 435 页。

六是点灯，硐内黑暗，需要照明，以便工作。清代以前，灯具是菜油灯，民国以后开始用煤石（电石）小汽灯，煤石多系日英法国货，每磅约可供砂丁三人之用。所用之灯，初亦外国货，现为个市以洋铁皮仿制者。①

七是排水、通风，每到雨季，硐内或被水淹，需要工人用竹筒盛水出硐，或盛入水管排出硐内，亦有用手动抽水机抽水的。硐内弯曲狭小，空气流通不畅，工人呼吸困难，点灯不易，因此要利用岩石的天然缝隙通风，或在坑道的较浅处安置木制风箱进行灌风，或再打一个专门的通风硐。

(2) 草皮尖开采方法。

其分为挖明槽、草皮硐、办炼岗三种。挖明槽，即寻获露天露头的矿苗，挖去表皮的泥沙（称为“发头皮”），再由地面向下挖采形成一个大坑，此为明槽，工人将挖出的塃堆积在明槽的两边，以供洗选。挖出的塃未经别人挖掘的称为“本塃”，别人挖掘过再次挖的称为“渣子塃”，这些工作要在每年 6 月前完成，6 月后雨季来临则不再挖塃，转为洗塃。草皮硐的开采方法与硐尖基本相同，区别仅在硐之深浅。办炼岗，即在山崖的缝隙之间寻获露天矿苗后，利用地形进行采掘。

(3) 冲塃尖开采方法。

这种方法是将挖出的矿砂由高处用水力冲运至低处，挖、洗可一起完成，在每年 6 月雨季前专门挖矿，并开掘明槽，在明槽下口处挖掘龙沟，用以冲水之用，挖好的矿砂全堆放在龙沟两旁。龙沟上方再挖一个蓄水池，雨季到来时利用天然雨水蓄水洗塃。在龙沟下方挖掘坝塘，即蓄矿池，分设四个，称头坝、二坝、三坝、烂泥坝。雨季到来时将蓄水池中之水放入龙沟，再将矿砂推入龙沟，利用水力冲洗矿砂。

3. 土法选矿

在选矿之时取得的矿砂即原砂或粗砂，统称为“塃”，这样的矿砂含锡不高，要再次经过洗选，洗净泥沙，才能得到可以上炉冶炼的“净砂”。

土法选矿可分为三个步骤：

一是碎矿，即将较大的矿石用研臼或石磨推磨成较小的颗粒。

二是脱泥沙，俗称揉塃，利用塃中所含矿砂与泥沙比重不同，此工序最复杂、耗时。选矿场所称为溜口，要在溜口上依次建砖槽、平槽、陡槽等。先将原矿放

① 苏汝江：《云南个旧锡业调查》，国立清华大学国情普查研究所，1942 年，第 29 页。

置（砖）槽头陡面上，戽水工人立于站塘中用大戽瓢沿原矿下部逐层往上戽水，水头须形成强大冲力；两名持扒工站于站塘左右用扒子借水力揉搓原矿，使泥沙分离随水往下流，并不时将沉于槽尾的浮渣刮出槽外，将大块硬石推向槽顶。① 此槽工作原理是利用水的冲力将塃表面的泥沙冲走。将洗净后的矿砂再放置入平槽中，平槽后设有蓄水池，槽内分二隔，槽前又有一回形沉淀池，此槽工作原理是利用水的浮力将泥沙及细小的矿砂冲至沉淀池，将较大的矿砂直接沉入槽内，分离细砂与粗砂。再涮筛子矿，将平槽中所出含有泥沙的粗砂，用缝上细麻布的簸箕在平槽内进行搅拌，将泥水与粗砂分离。最后将平槽随水冲出之细矿放入陡槽，用戽水向槽中浇洗，同时槽旁工人用扒子用力搅拌，利用细泥比重比矿质轻的原理，使泥浆浮在表面，而稍重的矿质则沉入水底。

三是品鉴矿石，有经验的矿师用"涮碗"的方法目力鉴定。"即把碏砂放入未上釉的土碗内，以手执碗，浸入水中，细心涮出碏砂夹杂的灰分（又称黑灰，即铁质等）；再将涮出的灰分取出，放入另一碗内（或同一碗内），与涮后的碏砂比较，估计灰分占几成，涮后的碏砂占几成。一般碏砂占八成，含锡达到60%，才算合格产品。"② 涮碗后得出的碏塃按照一槽塃可得的净矿又分为大文钱（约可得净矿五桶余）、小文钱（四桶余）、大螺丝盖（三桶余）、小螺丝盖（二桶余）、大碗颠（一桶半）、小碗颠（五升至一桶）、大黄口（三升至五升）、小黄口（一升至三升）、老鼠巴嘴（一升以下）、苍蝇翅（不及一升）。③ 得到的能上炉冶炼的矿石称为"碏"。

洗砂效率为："普通洞尖之砖槽，每槽装塃二三十挑，约砂丁所背之五十背，每背约五十斤，合计约重二千五百斤。所得净矿约三、四桶，每桶重一百斤，合计约重三、四百斤，约等于塃重之五分之一。"④

4. 土法冶炼

土法冶炼的场所叫"炉房"，一般由私人经营，炉房的经营者称为炉户，据言，晚清以前，个旧炼锡一直沿用闷气炉，大约从光绪中期开始，主要采用大炉

① 杨寿川：《云南矿业开发史》，社会科学文献出版社2014年版，第438页。

② 董华生整理：《个旧锡业的土法生产过程》，见《个旧市文史资料选辑》第4辑，1984年，第46页。

③ 袁丕济：《云南个旧锡业调查报告》，第三章，内部刊行，1936年，无页码。

④ 苏汝江：《云南个旧锡业调查》，国立清华大学国情普查研究所，1942年，第34页。

熔炼。①

开炉之前先进行配硔，即将各种含锡量不同的硔根据市场要求的成色，按照一定比例掺和，这种比例视炉户的经验而定。具体的大炉炼锡步骤如下：

一是备炭烧炉，熔炼前将柴火置于大炉及炉子前的窝子内，燃烧1～2天，把炉子烧热。

二是上硔，又称打硔，由条子师傅用铁铲将硔砂铲入甑子中，硔砂离铲后先落入打硔石中，再落入甑子中，每铲称为一圈，12～15铲为一转。每小时上硔一转，有数十斤。上硔极讲经验，多则炉腔窒塞，少则硔熔炼过度而烧干。②

三是加炭，每日分四班，每班二人，每上硔一次，就加炭一次，用碳以松木碳为主，如矿质坚硬或矿砂较粗，则掺入栗木碳，如矿质较细则掺入冬瓜木炭，尾硔首硔则全用冬瓜木炭，熔炼一炉约需炭1500公斤。

四是拉风箱，即向炉腔送风，保持火力旺盛。放条子时，条子师傅用长约两米的木条捅入火门，防止炭炉渣阻塞，使甑子内熔化的锡液顺利流出沉淀于窝子内。

五是提炉渣，由火门流入窝子的锡液，混杂着未熔化的硔砂和炭渣，含锡大约50%，由条子师傅将其收集冷却后配入硔砂再炼。

六是提锡，每三小时提锡一次，把窝子内的锡液用铁勺提到大炉右边的铁锅里，用漏勺捞清浮渣，温度合宜后再倒入模子中，用小铁铲刮开锡面，使其纹路清晰可见。

七是扫飞硔，冶炼过程中会有一些未熔化的硔砂随风力和火焰飞出，落于炉边或地板上，每日清扫一次再次提炼。

民国三十一年（1942年），个旧全县约有炉号47家，每家拥有大炉一座，每出锡一块则在锡面上印上各自炉号的名称，以示区别，其炉号名称如下：丰顺炉、长源炉、双顺炉、二吉炉、庆源炉、万宝炉、水源炉、顺丰炉、宝丰炉、应兴炉、老应兴炉、老顺宝炉、新顺宝炉、大兴炉、云泰炉、品兴炉、天宝炉、永保炉、水头炉、鸿昌炉、上地宝炉、下地宝炉、马炉、向源炉、忠宝炉、正顺炉、天顺炉、天福炉、祥宝炉、天和炉、常宝炉、善宝炉、聚宝炉、天福炉、有昌炉、小新炉、老进宝炉、永昌炉、鸿宝炉、福宝炉、福德炉、恒兴炉、宝昌炉、元兴炉、

① 杨寿川：《云南矿业开发史》，社会科学文献出版社2014年版，第440页。

② 杨寿川：《云南矿业开发史》，社会科学文献出版社2014年版，第443页。

信源炉、德兴炉、宝信和炉。① 另外，个旧锡务公司有大炉四座，云南炼锡公司有大炉三座。

（二）个锡土法生产的产品质量

清朝中期以前，个旧土法炼锡都用闷气炉，清末大炉冶炼逐渐得到推广，大炉炼锡，一般 24 小时熔炼一炉，可供硔砂约 1500 公斤，产粗锡 750～800 公斤，实收效率 70%。② 炼锡工序极为复杂，所用矿砂、木炭与火力大小，既影响冶炼的效率又影响成矿的质量。炉户俗语有云："头矿二炭三扯火。"如果硔砂质量上乘，炼出的锡也为上乘，反之亦然。若是炼锡时木炭不好，则会影响到炉子的温度，进而影响到硔砂中杂质的分离与锡质的熔化。拉风箱也是影响火力的一个关键的因素，风力不够则炉腔温度必受影响。因此，冶炼师傅的经验对个锡最后产品的质量影响极大。

大炉炼出之锡产品含锡量有很大差别，这种锡也全凭有经验的矿师鉴定，鉴定的标准依据成品大锡表面的花纹，越纯净之锡其表面的花纹、纹理越清晰，按照表面花纹可将锡分为上锡、中锡、下锡三种。苏汝江将三种锡的花纹与含锡量做过详细之统计，如表 4-1 所示。

表 4-1　土法炼锡品质鉴别

品种	锡之类别	花　　口	含锡分量/（%）
上锡	上上镜面锡	满面金斑，花如核桃且大如云彩，光亮如镜，声极纯	99.7
	顶上金斑锡	满面金斑，花如芭蕉大，声音极纯正	99.5
	正上金斑锡	两头斑多，中间花少如竹叶，声音极好	99.0
	普通上锡	两头斑少，中间多大竹叶花，比正上锡稍小而薄	98.0
	二五上锡	两头有亮光，无斑，中间多大竹叶花	97.0
中锡	大竹叶花锡	满面竹叶花，有亮光，无斑彩	96.0
	中竹叶花锡	满面小竹叶花，微有光	95.0
	小竹叶花锡	满面细竹叶花，无光	90.0

① 苏汝江：《云南个旧锡业调查》，国立清华大学国情普查研究所，1942 年，第 38、39 页。

② 个旧市志编纂委员会：《个旧市志》上，云南人民出版社 1998 年版，第 361 页。

续表

品种	锡之类别	花　口	含锡分量/（%）
次锡	苍蝇翅花锡	花如苍蝇翅，较细，竹叶小	
	平面子锡	满面无花，含有铅质	
	落洞锡	满面无花，不平，含铜、铅	
	黑蚂背锡	满面无花，不平，上起无数小包	
	铜钱花锡	满面无花，有斑如铜钱，含铜质多	

（材料来源：苏汝江，《云南个旧锡业调查》，国立清华大学国情普查研究所，1942 年，第 38 页。）

个锡采用土法冶炼，有上中下之分，却无法完全根除纯锡中的杂质，所以一般的个锡只能达到约 98%的纯度，少有高于这一纯度的锡块。据调查，个旧土法炼锡的质量如表 4-2 所示。

表 4-2　土法生产个旧大锡之成分　（单位：%）

所含原质	正上锡	中锡	次中锡
锡	99.40	94.80	93.70
铁	0.10	5.20	4.90
铜	0.20	0.10	0.20
铋	0.10	0.10	0.40
铅	0.20	痕迹	0.40
锑	痕迹	痕迹	0.10
砒	痕迹	0.40	0.30

（资料来源：袁丕济，《云南个旧锡业调查报告》，1936 年，油印本，无页码。）

综上所述，个旧地区的土法炼锡已有悠久的历史，在长期的生产中个旧人总结出了一套全人工操作，行之有效的找矿、采矿、洗塃、冶炼的独特方法，并可以生产出最高含锡量达到 99%的纯锡，这在当时世界上土法炼锡业中属于最完善的技术，丁文江曾评价：

平心而论，个旧的矿冶业，的确可以算是土法的大成功。一点新式设备没有，硐尖能有几千尺远，距地面直下一千多尺深，当然不是很容易的事。在缺水的高原上面，能利用少量的水来洗很难洗净的冗矿，且工作不过半年，居然能维持八千吨上下的产额，当然是成功的表现。炼锡的手续很简单，出的粗锡平均含锡在百分之九十五以上，并不比新法所炼的粗锡坏。①

但是我们也必须看到土法生产锡矿的缺点：

第一，土法生产效率低下，无法改进。在挖矿、选洗矿各环节皆用人力，造成效率低下，如挖矿硐时为了节省开采费用，将坑道挖得只能容工人蹲行或爬行，为了随矿脉而走，坑道又非常弯曲。“工人背了五十斤的矿砂从尖子头向洞口走，每一小时走不到四千尺，所以深的洞尖，一个工人每天八小时（一班）只能往返三次”②，即每个工人每天只能背一百五十斤砂。选矿环节，开采出来的塃要经过至少六次的淘洗，多的甚至可达到十多次，“每次所用的人工极多，时间很长，极不经济”③。此外，采矿、洗矿、冶炼三个环节都受到气候因素影响，不能同时进行，根据《云南个旧锡山报告书》载：“由旧历正月至四月为采矿期，五月至八月为洗矿期，九月至十二月为炼矿期。但此起先亦非截然划断，要以矿砂、雨水多少为准。”④ 即个旧锡矿土法生产受到季节，尤其是洗矿之水资源的影响，一年中只有半年能够生产，生产效率生生缩减一半，很多年份甚至出现国际市场锡价高昂，而个旧因雨水不足不能高产，只能眼睁睁看着锡价上涨而不能获利的情况。

第二，土法生产全凭经验，极不科学。“金属矿之开采，较煤矿不同者，厥为出矿问题，盖以矿脉生成多无规律，不经钻探，实无知其多寡优劣。”⑤ 但土法寻找矿苗，只能依据露天的露头矿苗，对地底情况完全不能知晓，只能在地表“随矿脉而转移，忽东忽西，毫无规则，对矿脉之走向，及重要性质，不加注意，得遇‘闹堂’（富矿），全恃幸运”⑥。另外，个旧属于花岗岩区域，锡矿石大多含于质地坚硬的花岗岩中，土法所开坑道不过距离地面五六千步，所以并不能真正深入含锡层，只能依据地表露头的矿苗，以至于一硐开挖未能见矿则废弃再开一硐，

① 丁文江：《有名无实的山西铁矿——新旧矿冶业的比较》，见《漫游散记》，云南人民出版社2008年版，第77页。

② 丁文江：《有名无实的山西铁矿——新旧矿冶业的比较》，见《漫游散记》，云南人民出版社2008年版，第79页。

③ 丁文江：《有名无实的山西铁矿——新旧矿冶业的比较》，见《漫游散记》，云南人民出版社2008年版，第79页。

④ 钟纬、黄强：《云南个旧锡山报告书》（下），见《云南现代史料丛刊》第七辑，云南人民出版社1986年版，第212页。

⑤ 朱玉伦：《云南个旧锡矿调查简报》，载《矿冶半月刊》第2卷第1期，1939年1月，第9页。

⑥ 赵丰：《个旧锡业之概况》，载《西南边疆》，1940年第10期。

完全没有开掘计划。民国三十一年（1942 年），苏汝江调查时个旧的地表外貌情况就已经是："矿区多童山濯濯，荒凉荡目，即荆棘蓬蒿，亦未可多得，唯见丘陵错落，渠塘纵横，以及残渣断隅，幽洞深壑矣。"① 而矿硐内"顺苗掘取，或左或右或上或下，均依矿苗为准"②，硐内弯曲，既降低了挖矿效率又造成了资源的浪费和环境的破坏。选矿完成时，"涮碗"全凭经验目测锡矿的含锡量，完全没有科学依据。冶炼时炉温高低的调节、矿砂比例的搭配、送入风力的大小也全凭经验。某一环节经验不足或经验出错将直接导致锡的生产质量下降，这也是个锡土法生产质量无法提高的原因。

第三，土法生产对资源造成极大的浪费，对环境造成极大的破坏。由于大炉中不加"溶解剂"，土法冶炼对锡砂的纯净度要求非常高，只能冶炼含锡 50％以上的锡砂，这就要求在洗选的过程中多耗水资源来清洗，这对于地处高原，一年中有一半时间缺水的个旧而言无异于雪上加霜。土法冶炼完成后所余锡渣，"含锡约百分之十五，虽再碾洗，复经熔炼，然每洗一次，均有损失"③，虽然矿渣一再回收利用，但据朱玉伦所言，土法之回收率只能达到 85％，新法则可达 97％。④ 土法生产的"致命伤"在于它对木材的大量消耗，开采时用于支撑矿硐的欀木与冶炼使用的木炭是土法生产的必需物品，而且土炉炼锡所需木炭数量非常大。"初步估算每年需炭量，按常年扯炉十五座，时间八个月，旺季扯炉四十座，时间九十天计算，全年共扯炉七千二百天，以每座炉一天需炭两吨计算，每年共需木炭一万四千四百吨左右。"⑤ 为此个旧的森林遭到大量砍伐，当本地森林砍伐殆尽后，以售卖木炭为生的炭户们不得不从附近各县砍伐木材烧制木炭，"蒙自附近之山，在不久之前尚有天然林保存，后因个旧锡业发达，大量用木炭，每年炼锡用碳 1，500，000斤以上。最初取自蒙自山林，后由建水，到已用至石屏山林，而石屏山林又将砍伐殆尽矣"⑥，个旧周边各县的森林资源一起遭到破坏。由于大量砍伐，

---

① 苏汝江：《云南个旧锡业调查》，国立清华大学国情普查研究所，1942 年，第 12 页。

② 《新纂云南通志》第 7 册，卷 146，矿业考 2，锡矿，云南人民出版社 2007 年版，第 16 页。

③ 赵丰：《个旧锡业之概况》，载《西南边疆》，1940 年第 10 期。

④ 朱玉伦：《云南个旧锡矿调查简报》，载《矿冶半月刊》第 2 卷第 1 期，1939 年 1 月，第 10 页。

⑤ 王治安、魏少堂编写：《土法炼锡的主要燃料松碳》，见《个旧文史资料选辑》第 4 辑，第 62 页。

⑥ 郝景盛：《云南林业》，载《云南实业通讯》，第 1 卷第 8 期，1940 年，第 177 页。

进入民国后个旧周边的天然林破坏很严重，如表 4-3 所示。

表 4-3　个旧及周边县天然林面积变化表

县名	全县面积/亩	1939 年	占全县面积/（%）	1942 年	占全县面积/（%）
个旧县	2，156，087.43	54，980	2.55%	7，000	0.32%
蒙自县	12，800，000.00	94，720	0.74%	67，000	0.52%
建水县	13，783，333.33	49.620	0.36%	17，670	0.12%
石屏县	7，074，492.98	906，950	12.82%	903，600	12.7%

（资料来源：1. 1939 年天然林面积与占全县面积百分比来自云南省建设厅林务处：《云南省各县森林面积》，见《云南实业通讯》，第一卷第七期，1940 年 7 月，第 174 页。

2. 1942 年天然林面积来自张肖梅：《云南全省各县天然林统计表》，《云南经济》，中国国民经济研究所印，1942 年，第 M1 页。

3. 全县面积系根据《云南省各县森林面积》表中各县森林与占土地面积比例换算得出。）

如表 4-3 所示，经过长期的砍伐，1939 年个旧及周边各县的森林植被，除石屏县稍多之外破坏都很严重，与矿区距离越近的地点森林破坏越严重。至 1942 年森林资源遭到进一步破坏，其中破坏最严重的当属个旧本地，天然林覆盖率从 2.55%降低到了 0.32%。短短三年的时间，四个县的天然林共消失了 111，000 多亩，成为整个云南省森林消失较快的地区，红河地区也成为云南省除东川地区外天然林覆盖面积最少的地区。

由于木炭来源渐远、运输成本渐高，木炭的价格越来越贵，炼锡的成本也随之增加。“民国三年千斤木炭平均价目是洋二分七厘。到民国十二年一斤要卖四分五厘。民国时期年涨到一角二分。炼锡的成本从民国三年的一百六十元涨到六百余元。”① 按照丁文江的推算最多再过二十年，个旧锡业生产成本将比锡价更高，界时个旧锡业土法生产将遭到彻底的淘汰，由此个旧当地有了“锡兴林衰”、“锡兴林亡”的说法。

第四，个锡土法生产技术及产品质量落后于国际各主要产锡国。个旧锡业生产方法是中国古代劳动者智慧的结晶，中国锡业生产的方法曾随着清初下南洋谋生的华人传入了马来西亚、印度尼西亚等产锡国，直至西方殖民扩张，这些国家

① 丁文江：《有名无实的山西铁矿——新旧矿冶业的比较》，见《漫游散记》，云南人民出版社 2008 年版，第 79 页。

还使用着与个旧地区基本相同的锡矿生产方法。① 但是伴随着国际经济一体化的进程，各国之间的经济联系加强，信息沟通与技术交流更加快捷，为了顺应生产发展的需要，国际主要产锡国开始了一场摒弃旧技术，采用机械生产的技术革命，在这一过程中，个旧这个中国最大的产锡区却还在以土法生产为主，这种生产技术上的落后，使个旧锡矿业生产效率极其低下。为了满足更大的生产需求，其不得不采取扩大开采规模，增加劳动力的方式，这种粗放型的生产方式不但不能节约成本、增加利润，反而造成人力资源的浪费与环境资源的破坏，使个旧锡业生产远远落后于近代世界的技术水平。

就在个旧锡矿生产技术逐渐落后于世界潮流的时候，世界主要产锡国却在经历一次淘汰人工劳动，使用机械化生产的新技术推广过程。第一次工业革命发生后，随着国际经济一体化进程的加强，西方发达国家先进的矿业开采技术与机械机器也逐渐传入各个产锡国。“早在 1877 年，（马来西亚）霹雳州就开始使用蒸汽机和离心泵，解决了矿区的透水的问题，使得人们能够在更深的锡矿矿井里采掘。水力开采和砾石泵是另外两种经澳大利亚传入的萃取方法，而这些新技术也被（南下的）中国矿工所欣然采用。”② 至 1886 年（光绪十二年），马来西亚的华人锡矿业完全形成了砂泵采矿的格局，即完全采用蒸汽为动力的机械化生产。此后由于第二次工业革命的到来，该地锡矿工业又经历了一次淘汰蒸汽动力，使用电气机械的改革，到 1928 年，电力马达已经被该地矿山普遍使用。③ 十九世纪（印度尼西亚邦加岛）大部分矿藏是由手工开采的，20 世纪的头十年中传入了沙砾抽水法和水力开采法。1920 年后用挖掘机成为主要的方法，现在 2/3 的产品是由挖掘机得来的。④ 这些新技术的使用使当时世界上主要的锡产国如英国、澳大利亚、马来西亚、印度尼西亚等国的锡产量不断增加。反观个旧锡矿业，在个旧锡务公司和宝兴公司成立前，土法生产全凭人力，毫无机械可言，锡储量虽大，却受到生

① 据《马来西亚华人锡矿工业的发展与没落》所言，马来半岛最初的锡矿开采方法有三种：割泥沟、打洞和明湖，除最后一种为马来人原有、华工改进外，另两种都是下南洋谋生的华人矿工由中国带去的。细观其说明，不难发现，割泥沟与个旧冲塃尖开采方法极为相似，打洞与硐尖开采方法几乎一致，锡苗的选洗方法也与个旧土法大致相同。详见马来亚华人矿务总会编：《马来西亚华人锡矿工业的发展与没落》，怡宝名洙印务公司，2002 年，第 28-30 页。

② 安达娅：《马来西亚史》，中国大百科全书出版社 2010 年版，第 253、254 页。

③ 马来亚华人矿务总会编：《马来西亚华人锡矿工业的发展与没落》，怡宝名洙印务公司，2002 年，第 31、32 页。

④ 埃兰著：《印度尼西亚的采矿工业》，载《南洋问题资料译丛》，1995 年第 3 期。

产技术的限制，无法像其他各国一样迅速增加产量。

同时，更先进的锡矿冶炼技术也开始由英国向世界各主要产锡国传播开来，“反射炉炼锡是18世纪在英国康沃尔开始采用的”①，这种技术可以大大缩减炼锡的时间并得到纯度更高的纯锡。随着英国对马来半岛锡矿冶炼的控制，世界市场上销售的纯锡60%由英国及其海峡殖民地生产，而国际上也由此形成了以马来锡与荷兰锡质量最佳的思维惯例。反观个旧采用土法生产出的纯锡的质量，“当年伦敦五金交易所（国际锡市中心）的锡分三等：质量最高的叫洋条，纯净度达99.75%；中等的叫英国锡，纯净度在99.5%到99.75%；最次的叫中国锡，质量最高的纯净度也在99%以上。中国锡又分为一、二、三号三个等级。个旧所产的锡，由于含铜、铅、砒等杂质过多，其成色往往只有98%，达不到最低等级标准，港商称之为土条。”② 由此可见，由于个旧土法大炉炼锡的技术落后，锡的品质不高，个锡无法直接在世界市场上进行销售。

二、土法生产产品的销售路线

近代个旧生产的大锡绝大部分是用于出口的，《云南个旧之锡矿》称：“（个锡）除当地及本省锡匠消费极少数量，用以制造花瓶、烛台、碟盘等器皿外，则几全部运出云南，其中少数转口至国内各港埠，大部销至国外市场。”③ 但无论销往何处，个锡都遵循着由个碧石铁路运输至碧色寨，转接滇越铁路运输至越南海防，再由轮船运往香港地区的路线。土法生产的个锡成色不能达到国际市场之需求，要经由香港地区锡商进行改装提炼，因此，土法生产之个锡的销售路线大致可分为滇港贸易与出口贸易两个方面。

（一）个锡滇港贸易

“不论最后销售地在国外或国内，个旧锡块大多数均先运至香港。一方面是因为输出国外之锡须在香港与马来锡掺冶，另一方面因为香港系由滇至沪航运必经

---

① 黄位森主编：《锡》，冶金工业出版社2000年版，第5页。

② 缪云台：《缪云台回忆录》，中国文史出版社1991年版，第37页。

③ 曹立瀛、王乃樑：《云南个旧之锡矿业》，云南工矿调查报告之十六，内部发行，1940年，第八章第一节。

之地，以此香港遂为个旧锡之重要市场”①，香港是个锡重要的贸易港口，个锡无法直接在国际市场上销售，由此产生了很多以在个旧与香港之间贩卖个锡购回洋货为生的商人（又称为广帮、滇帮、湖南帮等），许多香港商号、外国洋行也在个旧设立收锡处。

表 4-4　个旧重要锡商

商号名	地址	经理人		成立时间	购销数量/张	
					1934 年	1935 年
福兴泰	下正街	李达生	广东南海	1917 年 9 月	731	599
元兴	中正街	黄之吉	广东香山	1921 年 11 月	666	628
万来祥	中正街	田灿南	云南建水	1912 年 2 月	589	967
壁雅洋行（法）	中正街	桂海山	湖北	1927 年 10 月	358	571
亿昌	中正街	庙镜威	广东南海	1919 年 7 月	121	711
鸿兴	云庙水	苏汉泉	广东头德	1923 年 8 月	119	61
龙东公司（法）	米店街	吕仲谦	云南建水	1936 年 3 月	—	—
其他					590	533
合计					3，174	4，070

（原注：民国二十五年停办之锡商如富滇新银行、祥记、原生、利恒、兴利、福泰、万丰衡、同和等未列入表内。）

表 4-5　香港重要锡商

商号名	地址	经理人		成立年数
冯登记行	毕打街	冯香泉	广东南海	64 年
志兴锡号	大道西 392 号	麦凤寿	广东南海	30 年
永康锡号	大道西 402 号	吴晓生	广东南海	30 年
利成锡号	大道西 334 号	郭荣三	广东南海	5 年

（原注：冯登记行即天兴锡号之东家，四家锡号每年共销七千吨锡。洋行有三井太古等家，自己不设炼厂。）

（资料来源：张肖梅，《云南经济》，中国国民经济研究所，1942 年，第 J17 页。）

① 袁丕济：《云南个旧锡业调查报告》，载云南省档案馆等编：《云南近代矿业档案史料选编（1890—1949）》上，内部发行，1990 年，第 313 页。

从表 4-4 和表 4-5 可以看出，在个旧设店收锡的商人以广东人最多，其次为云南人，法国商行也有两家，而在香港设立锡号的则完全没有云南人，“盖云南商人以往多不识省外贸易情形，而粤人与香港锡商联络较便，得擅其利”①。

个旧当地的大锡交易多在云庙进行，后来为了便利客商，个碧石铁路开通后，交易地点改至车站附近的“行情楼”，“每日自早八时至正午个旧锡商群集聚会所，买主卖主当面议价成交后，登记于公共账簿，凭聚会所取茶资若干招待费”②。但是所谓议价实际上是由客号，即买家决定的，“客号听命于香港电报。港价涨落剧烈，个旧亦随之波动。客号的目的在于赚钱，不赚钱不会做买卖。炉号限于采矿买矿缺乏足够的资本，没有到香港设号的能力，因此，国际市场的消息，如在鼓里，对于锡价，丝毫不能主动”③。客号在个旧收锡，一部分购买“现锡”，另一部分购买“枝花”，即期货，购买大锡后将锡运往香港。

（二）个锡出口贸易

1. 个锡在香港的提炼、改装

土法炼制的个锡无法直接出口的原因有三：

一是“个锡成色不一，抵港后不能直接销与外国洋行，概由广人经理销售”④。土法炼制的个锡由个旧不同的炉户冶炼而成，每一炉户都在锡块上印上自己的炉号名称，但由于各炉户分散经营，每一炉出产的锡块不多，且同一炉户所出之锡成色亦有高低之分，无法统一。国外厂家在收锡之时却是“用锡各厂，所需成色有高低之不同，然所用之锡，成色必块块一律，于制造上方无妨碍”⑤。这样就造成外国厂家在收购个锡时无法确定每块锡是否成色一致，不肯购买。

二是个锡装口与国际通行之锡装口样式不一致。“滇锡以块为单位，每块五十斤，成长方形，上宽下窄”⑥，而当时国外锡商在香港地区所收之锡采用的是磅作

---

① 张肖梅：《云南经济》，中国国民经济研究所，1942 年，第 J17 页。

② 缪云台：《滇锡直销外洋意见书概略》，云南开智公司代印，无出版日期，第 4 页。

③ 杨霈洲、李表东、张若谷：《个旧与锡》，见云南省社会科学院历史研究所：《云南现代史料丛刊》第八辑，1987 年，第 218 页。

④ 缪云台：《民国十年个旧锡务公司总经理缪嘉铭整理个旧锡务意见书》，载佚名：《个旧锡务概览》，附录，云南省图书馆藏手抄本，无页码。

⑤ 缪云台：《滇锡直销外洋意见书概略》，云南开智公司代印，无出版日期，第 4 页。

⑥ 缪云台：《滇锡直销外洋意见书概略》，云南开智公司代印，无出版日期，第 4 页。

为计量单位，将个锡转为以磅计算，则个锡每块重约 55.117 磅①，小数点后多出之重量在核算价格时多有不便。洋条则“每片重一百一十二磅，每二十片为一吨，外国买锡多以吨数为单位，如是计算便利，洋条形式作长方元宝形，上宽下窄，两端突出，甚便搬运、转载、堆积，其尺码上面长十八寸半，宽六寸，下面长十三寸，宽五寸，厚五寸半，两端突出处长六寸，宽二寸零四分之一，厚二寸”②。

三是个锡成色全凭目力鉴定，不经化验，无科学依据。“究之洋商买锡，专借化验，全不以花样为凭，其百分之九十九以上者为上锡，价最高，百分之九十八以上者为中锡，价次之；百分之九十七以上者为下锡，价又次之。该处锡商不知化验，不知配合，所出之锡成色不等。”③ 个锡没有经过化验，自然没有化验单，国外购买者不敢购买这种没有凭证的锡块。

个锡无法直接出口，广帮商人便在香港设立了精炼店，采用以个锡加洋条重新提炼、改装的办法，将个旧土条提高成色，改装成洋条式样，再在香港经过英国皇家化验所化验，取得化验单后转手倒卖。其改装方法实则非常简单：

以滇锡和荷兰锡少许而溶于圆形锅中，取溶液之表层，而纳之于第二锅，第二锅之中部有一圆形之铁筐，锡之溶液即由筐与锅之缝隙流入筐中，然后就此筐中将锡液之上浮者取出，而导入模中即为上锡，次层即为中锡，其下沉者为下锡，其坠底之沉重物即为锡渣。④

当时广帮商人在香港成立了六家精炼店包办个锡的提炼、改装，分别是同德、永康、志兴、天兴栈、天兴、新昌。⑤ 这些锡店中有的在个旧当地设有收锡店，如永康，其余的则在香港收购个锡。经营个锡转手的锡店中以冯登记一家的交易量最大，个锡的收购价格几乎由其一家制定。

2. 精炼后个锡的销路

个锡虽八成销往外洋，但经香港精炼后的个锡已经全无滇锡的形式与商标，精炼店将其送往英国设立的皇家化验所化验成色后出具化验单，即可分销而出，

---

① 以 1kg＝2.2046226218488 磅＝2 斤计算。

② 缪云台：《滇锡直销外洋意见书概略》，云南开智公司代印，无出版日期，第 6 页。

③ 钟纬、黄强：《云南个旧锡山报告书》（下），见《云南现代史料丛刊》第七辑，第 179 页。

④ 缪云台：《民国十年个旧修公司总经理缪嘉铭整理个旧锡务意见书》，载佚名：《个旧锡务概览》，附录，云南省图书馆藏手抄本，无页码。

⑤ 谢家荣主编：《中国第二次矿业纪要》，农商部地质调查所内部刊行，1924 年，第 211 页。

其中成色在99%以上的锡由设立在香港的专门经理精锡出口的洋行销售至英国、美国、日本等地，这样的洋行共有十家，其中重要的有如下6家，如表4-6所示。

表4-6　香港地区精锡代表洋行表

洋行名称	销往地点
Jardine，Matheson &Co.	伦敦
Botheldo Brother	伦敦
China Commercial Co.	伦敦
Union Trading Co.	美国
Fu-tang-Ki	美国
Missui Bussan Kaisha	日本

（资料来源：谢家荣主编，《中国第二次矿业纪要》，农商部地质调查所内部刊行，1924年，第211页。）

剩下的成色过低的滇锡及锡渣则掺入洋条，用来做成瓜红锡、斗锡及一些类似的副产品，运回国内销售，瓜红锡运销于绍兴、宁波、上海一带，供打锡箔和制焊锡之用，每年可有1000吨至2000吨；斗锡运销于山东一带，供制铝锡合金的器皿及焊锡之用；每年可有500吨类似瓜红锡的合金，运销于潮州、汕头一带，供制焊锡及锡品之用。① 当时个旧洋条大锡成分与销路如表4-7所示。

表4-7　20世纪20年代个旧洋条大锡之成分与销路

锡之类别	成分/（%）	销　　路
一号锡	99.7、99.6、99.0	英、美、日本
二号锡	98.5、98.0	日本
三号锡	96.0	日本
甲锡	99.5	潮州
瓜红锡	95.0	上海

（资料来源：苏汝江，《云南个旧锡业调查》，原注资料来自《个旧锡矿业演讲稿》，因此，该表应为20世纪20年代个锡的销路。）

由表4-8可知，20世纪20年代，精炼后的个锡成色最高的销往当时世界传统工业强国英、美等国，日本作为一个工业兴起的国家也是精炼锡的一个主要销售地点，中国国内因为工业落后，使用精炼锡的地方不多，反而成为杂质较多的瓜红锡、斗锡、落洞锡、黑蚂背锡的销售地点。到20世纪30年代，随着各国工业发展速度的降低，英、美、德、法等老牌工业先进国家锡的消费量都维持在一定的

① 缪云台：《缪云台回忆录》，中国文史出版社1991年版，第38页。

高度，日本、苏俄等新兴的工业国家锡的消费量却不断上升，它们成为锡的新兴消费大国，而当时正值日本为二战做准备，销往日本的个锡约占20%。

表4-8　1935年香港地区锡输出量表

输往地	输出量/长吨	所占百分比/（%）
美国	3，704	45.9
日本	1，705	20.6
中国	1，061	12.8
欧洲大陆	914	11.1
英国	875	10.6
共计	8，259	100.0

（资料来源：丁佶，《世界锡的产消与云南锡业》，载《新动向》，第一卷第五期，1938年。）

综上所述，土法炼制的个锡的销售市场主要是国外，“约八九成销国外，一二成销国内”，美国、英国等传统工业强国也是个锡的主要销售市场，随后兴起的日本等国也成为个锡的重要销售市场，个锡在国际市场上销路广泛，需求旺盛。但是由于采用土法炼制，个锡达不到国际市场的入市标准，只能经由香港锡商进行精炼，精炼以后的个锡虽还是个锡，但在装口、样式、商标上已经完全没有了出产地的印记；虽然个旧是世界上锡的主要产地，但世界市场根本无从认识个旧。事实证明，在国际经济一体化所带来的市场竞争中，只有不断改进生产、节约成本，才能在这一潮流中不被“边缘化”，个旧的土法冶炼在当时的世界中已经大大落后于这一潮流，如果再不进行改进，那么个旧这个世界锡业之都必将遭到时代的淘汰。

第二节　西方技术对个旧锡矿开发的影响

一、个旧锡务公司对西方新法的运用

前文已述，个旧锡业在1840年以后继续使用土法生产，虽然“个旧的矿冶业，的确可以算是土法的大成功”①，但是毫无新法的开采造成了矿冶业规模的局

① 丁文江：《有名无实的山西铁矿——新旧矿冶业的比较》，见《漫游散记》，云南人民出版社2008年版，第77页。

限与生产资源的浪费、生态环境的破坏，土法冶炼也造成了个锡品质差，个锡无法在世界市场上直销，无法得到世界市场的认可的局面。而当时世界主要锡生产国如马来西亚等地已经淘汰了土法生产方式，完全采用新法。随着中国参与到国际经济一体化中，中国与世界各国间的经济联系不断加强，西方的各种实时信息也不断传入我国。个旧锡矿生产者中具有先进眼光之人意识到个锡生产的落后，他们开始不断寻求生产的改革，以期适应世界锡业新技术与新变化的潮流，这些新法的改革是由个旧锡务公司揭开序幕的。

宣统元年（1909 年），个旧锡务公司成立后，开始着手采用现代化的生产方式，在成立当年，该公司就“与德商礼和洋行订约购置洗砂、制炼、化验、电机、架空铁索等机械，共值一百零八万马克，合银五十余万元。并聘德人斐劳禄为工程师”①，于次年开始施工。至民国三年（1914 年），个旧锡务公司共拥有“锅炉四具，发动机二具，气压机二具，煤气炉三座，洗砂厂机多件，内有粗砂振动台二十六具、细砂振动台六具、树胶平台二十具、瓦斯倒焰炉六座，净锡炉三座、熔锡炉二座，炼渣八卦炉一座及贴索道八千米、铁矿车一百五十具等设备”②。

（一）新法开采、运塃机械的使用及整理

第一，对矿塃运输的改革。个旧锡务公司的新法工程首先从锡矿的运输部门开始，其原意为解决个旧洗砂用水的问题，采取移塃就水的办法，将矿塃移至有水之处进行选洗。宣统二年，该公司聘请德国技师斐劳禄设计开采工程，拟“在距黄茅山四里之遥，半坡庙之南，建设空中索道，长六英里，至公司洗砂厂，拟自半坡庙之南，凿硐至黄茅山，并吞一切各大小矿”③。民国二年，该索道竣工后，相关人员却发现该索道根本不能使用，其原因有二：一是在索道架设之前，“公司于老厂西边之南蛇洞，用土法开采。既无矿苗，又未钻硐”，一意孤行的架设索道，导致“耗资三万余元，盘石道二千余步，而未见矿苗一尺，未得矿砂一升”④；二是该工程动工之初即遭到当地土法生产者和无知百姓的反对，碍于公司的官方

① 苏汝江：《云南个旧锡业调查》，国立清华大学国情普查研究所 1942 年版，第 26 页。

② 丁文江：《中国官办矿业史略》，地质调查所内部发行，1928 年，第 43 页。

③ 胡朗山：《云南个旧锡矿之回顾》，载《矿业周报》第九号，1928 年 7 月 31 日，第 3 页。

④ 丁文江：《云南个旧附近地质矿务报告》，实业部地质调查所内部刊行，1937 年，第 29 页。

背景而勉强成行，索道建设完成时清政府已经灭亡，于是“索道之起点，一律反对开采”①。

民国九年（1920年），公司请美国工程师卓柏重新设计，将蓝蛇洞的索道移至马拉格，“由马拉格矿山经老阴山而下，以达洗砂厂。全线水平距离23.264尺。索道斜距离（索道长度）22，800尺”②。共有60个塃兜来回运矿，在马拉格至老阴山之间，每兜可运塃600余斤，每小时可运40兜，一日可运170余吨，老阴山至洗砂厂之间，每兜约载1，200余斤，每小时可运十五兜，一日可运128吨，即索道每日平均可运塃约150吨。

第二，对开采技术的改革。民国十五年（1926年），公司任命美国工程师卓柏为总工程师，开始开凿马拉格竖井，以为探矿与采矿之用，向美国昌旗洋行、德国礼和洋行购买机械进行新法开采。坑内开采皆用新法及机械设备，至民国二十八年初竖坑深度已达1，130尺深③，至民国三十一年已达1，142尺深④。竖坑口宽五尺，长十一尺，分为三隔，右二个供升降机上下，左一隔装置电线。竖坑内平向开凿四道平坑，平坑内铺设有轻便轨道，以矿车运塃，再用卷扬提升至坑口，每天能出塃250吨左右。平坑内装有电灯、空气压缩机、鼓风机，可将空气送入各坑道。在开凿时如遇岩石则用凿岩机开凿，“其效率每二分钟可凿深一尺直径寸许之孔。孔中填以钢炮炸药，钢炮连以引线，将黄泥一节堵塞孔口，点燃引线，使之爆炸，则岩石崩裂”⑤。

由此可见，个旧锡务公司在开采及运塃方面已经基本实现机械化，采矿技术与原有的土法生产有了根本的变化。竖坑开凿的方法及凿岩机、炸药的使用，使矿硐能够深入地底含锡层，为探矿和开采提供了更科学的依据。平坑之中，坑道宽阔，装有电灯，空气流通良好，运塃采用轻便铁轨与矿车，彻底改变了土法原有的人工背塃的办法，解决了油灯、汽灯照明导致工人呼吸不畅，硐内空气滞涩、积水无法排出的问题，同时也大大提高了采矿运塃的效率。

---

① 胡朗山：《云南个旧锡矿之回顾》，载《矿业周报》第九号，1928年7月31日，第3页。

② 苏汝江：《云南个旧锡业调查》，国立清华大学国情普查研究所，1942年，第32页。

③ 袁丕济、曹立瀛、王乃樑：《云南之锡业》，载《资源委员会月刊》第三卷，第二、三期合刊，第34页。

④ 苏汝江：《云南个旧锡业调查》，国立清华大学国情普查研究所，1942年，第32页。

⑤ 苏汝江：《云南个旧锡业调查》，国立清华大学国情普查研究所，1942年，第32页。

（二）新法洗砂环节的改革及其局限

民国八年（1919 年），个旧洗砂厂开始投入使用："厂凡七层，成阶梯形。规模宏大、设备完全。"① 其洗砂设备共有：上砂机五具、双套圆筒钢筛洗砂机五具、木制水溜分砂尖底盒十六具、钢球碾砂机两具、石子碾砂机一具、升降机一具、圆轮大吸水机一具、小吸水机两具、水流澄砂机二十八具、椭圆分砂机八具、斜式上砂斗一具、分粗砂振动台二十六具、分细砂树胶平台二十六具。② 民国十四年，该厂又将各种机械的运用进行整理，并完成了以电力替代蒸汽为动力的改革，使每天的计划洗砂量由 50 吨增长到了 250 吨，大大提高了效率。

其洗砂原理如下：将马拉格矿硐所挖之塃，用索道运输至洗砂厂最上一层的格子筛上，将塃分为二寸以上及以下者。大于二寸者落入第二层进行碎矿，小于二寸的塃落入第三层的钢棒磨矿机中，与水混合研磨，磨细者送入第四层，粗者再回到矿床内经过研磨后落入第四层。第四层中装有斯代尔氏分级器，将塃分级滤匀，粗绒再经过石球碾矿机碾成细绒落入第五层。第五层为洗塃层，将水与细绒送入细管道中，通过矿床的振动，将矿分为毛矿、中矿与矿渣三种，将含锡量最高之毛矿输送入第七层沉淀池中，中矿送入第六层。第六层之原理与第五层基本相同，都采用震动的原理分离矿塃与矿渣，分离好的中矿仍入第七层沉淀，矿渣则送出厂外再次由土法洗选。

锡务公司洗砂厂规模宏大，完全采用机械化生产，确实达到了提高洗砂效率及节省工费的目的。据缪云台计算，洗砂厂每日淘洗锡砂 200 吨则每吨需要 1.5 元，如能洗砂 400 吨则每吨需要 1 元，洗砂数量越多则费用越低，而人工洗砂每吨至少需要 3 元。③ 由此可见，洗砂机械的使用可使成本降低。洗砂厂计划洗砂量为每日 250 吨，由于抽水机时常出故障，实际上至民国二十六年（1937 年）每日只能处理矿塃 170 吨，得到毛矿 14.8 石，净矿 5.11 石。④ 但是洗砂厂能全年开工，并不受季节限制，因此，洗砂效率至少比土法提升一倍。但其洗出的净矿含锡量只有 35%，还不及土法洗矿所得的矿精良，毛矿洗出之后仍需继续用土法再次洗选（又称为整碛），才能得到含锡量约 50%的可上炉的净矿，是为新法之不足。

① 苏汝江：《云南个旧锡业调查》，国立清华大学国情普查研究所，1942 年，第 34 页。

② 丁文江：《云南个旧附近地质矿务报告》，实业部地质调查所，1937 年，第 23 页。

③ 缪云台：《民国十年个旧锡务公司总经理缪嘉铭整理个旧锡务意见书》，载佚名：《个旧锡务概览》，附录，云南省图书馆藏手抄本，无页码。

④ 《个旧锡务公司二十六年度营业报告书》，见苏汝江：《云南个旧锡业调查》，第 36 页。

（三）锡务公司之新法大锡冶炼的改良

个旧锡务公司最初之炼锡厂拥有“大煤气炉二座、桥形瓦斯熔锡倒焰炉六座、净矿炉三座、融锡炉两座、炼渣八卦炉一座”①，这些设备均购自德国，是当时世界上最先进的炼锡设备。

锡务公司开始冶炼大锡之初，聘请的是德国专家斐劳禄，此人以为煤气炉燃烧能去除锡砂中的铁、铅杂质，“以杂质中含有铅者，与良矿之不含者合冶，所得结果竟大不然”②。然后他又采用第二次入倒焰炉熔炼的方法，以利用铅熔点比锡高的原理得到纯锡，去除铅质，结果仍然失败，经过反复试验，仍不见效，民国二年，斐劳禄辞职回国。后炼锡厂经熔锡师可奈克多方改良后，才“屏弃杂质”。

但至民国十年（1921年），锡务公司之炼锡厂仍然存在“净锡炉以无人经理久置不用，倒焰炉现虽使用，每炉以座上矿砂三吨有余，出锡约一吨四五，约二十小时方能出锡一次，统计各项费用每吨需约一百五十元，其费用与土法等。惟因不能用净锡炉，故所出之锡，亦不能较土法之锡为优”③。

二、云南炼锡公司锡矿冶炼技术的改良

（一）云南炼锡公司改良技术的原因

1. 个锡不能直销国际市场造成的损失

个锡土法冶炼品质不高，不能直接在国际市场上销售，个旧锡务公司新法所炼之锡品质仍然达不到国际市场的要求，个旧之锡一直需要经过香港商人的精炼及转手，无法直销国际市场，这种转手贸易使云南锡业损失颇大。

第一，个锡不能直销国际市场，个旧锡商对国际市场行情、价格等一无所知，其贸易全凭港商操纵。个旧一般锡商在大锡产出后大多就地售卖，锡出售后即不再过问，“客号听命于香港电报。港价涨落剧烈，个旧亦随之波动。……因此，国际市场的消息，如在鼓里，对于锡价，丝毫不能主动”④。而香港锡号在收锡之后

① 丁文江：《云南个旧附近地质矿务报告》，实业部地质调查所，1937年，第24页。

② 钟纬、黄强：《云南个旧锡山报告书》（下），见《云南现代史料丛刊》第七辑，第180页。

③ 缪云台：《民国十年个旧锡务公司总经理缪嘉铭整理个旧锡务意见书》，载佚名：《个旧锡务概览》，附录，云南省图书馆藏，手抄本，无页码。

④ 杨霈洲、李表东、张若谷：《个旧与锡》，见云南省社会科学院历史研究所：《云南现代史料丛刊》第八辑，1987年，第218页。

则“按香港行情随时放锡”，因此，个旧当地对国际锡业行情一无所知，全凭港商操纵，“滇商既不明外情，滇锡又不能直运外洋，粤商于是得以左右其词，操纵其间，或屯或放，滇商不知所应付”①。

第二，个锡几经转手，利润损失巨大。个锡运至香港，在出洋之前至少还要经过五次转手，驻港锡商转手给广人经纪，广人经纪再转手给香港锡店进行精炼，精炼后锡店再转手给洋行经纪人，洋行经纪人将锡卖给香港坐地洋行（代收及运输锡块进入国际市场的洋行），最后再由坐地经纪运输入国际市场。“每一居间者至少得佣金百分之二五，并五者而计之已在百分之二十以上”，加之香港精炼店提纯锡中间所获得的差价，“是得利者六人，而吾滇只居其一”。② 按照《云南行政纪实》的计算，民国二十五年（1936 年）伦敦每吨标准锡价格为 207.0 镑，香港每吨洋条锡价为 199.0 镑，香港每吨云南锡的价格却只有 181.6 镑，每公吨土法熔炼之个锡在香港的售价与伦敦标准锡价比较已差 25.4 英镑，其中还须减去由香港至伦敦的运输、保险、杂费项等，约 4.5 英镑，每公吨实合损失 20.9 英镑。③ 损失 20.9 镑也只是个锡在香港之价格，如按个锡在个旧当地的售价，加上滇越铁路之运输费，越南之过境税，及中间人之佣金等，个锡损失当在 20.9 镑以上。

第三，个锡不能直销国外，个锡产量虽大，在国际上却不得认可，久之便失去了国际竞争力。个锡因为土法炼制品质与装口不合国际要求，必须在香港进行精炼，香港精炼店使个锡掺和马来锡冶炼后，重新铸模，划一成色，印上该锡店之商标，并取得香港皇家化验所之化验单。货到国外，锡条已非原本模样，“厂家用惯，但认商标收锡”④，不知道其原产地是云南个旧，是以个旧锡业虽为全国矿产品出口之大宗，在国际市场上却全无知名度，以至于炼锡公司成立后，个锡直销国际市场时，国外市场并不认可，个锡为了树立信誉及知名度颇费了一番周折。

第四，港币汇水的大幅波动对个旧锡业影响严重。蒙自关开埠以后，香港一直是土法生产个锡的重要转口地点，虽说个旧锡价“视世界市场价格之涨跌，与夫中国汇价之高低而定”⑤，但土法生产个锡只能出口至香港改炼，因此，滇币与港币的汇率对于个旧锡价的影响比英镑、美元更大。近代香港地区属于英国的殖

① 缪云台：《滇锡直销外洋意见书概略》，云南开智公司代印，无出版日期，第 3 页。

② 缪云台：《民国十年个旧锡务公司总经理缪嘉铭整理个旧锡务意见书》，见佚名：《个旧锡务概览》，附录，云南省图书馆藏，手抄本，无页码。

③ 《经济一》，见《云南行政纪实》第 13 册，云南省财政厅印刷局，内部刊行，1943 年。

④ 缪云台：《滇锡直销外洋意见书概略》，云南开智公司代印，无出版日期，第 5 页。

⑤ 张肖梅：《云南经济》，中国国民经济研究所，1942 年，第 J24 页。

民统治范围，同时也是亚洲当时的一个重要贸易港口，成为各资本主义势力交汇的地方，其地方金融的稳定性受到各方因素影响，上下波动极大。以1939年为例，港币与滇币的汇率在1月为2.21，2月降低到了本年最低2.15，到9月突然上升至4.82，11月又下降到3.71，一年内汇率最高与最低相差一倍多。① 这种不稳定性对个锡的生产影响极大，个旧兴文银行分号曾应焘该年七月陈之："查个旧锡价在过去两个星期以前每千斤价为一万七千左右，至本日竟跌至一万三千五百以内，每张锡以二千六百斤计算，合少万元之谱。此处一落千丈之价，在民十八年以后，此为第一次之变化，考其跌落之原因，纯为港汇由一万跌至八千六之影响。至于外埠价值，闻炼锡公司人云，该公司标准锡每担仍系一百七十元，香港板锡每百斤仍系一百五十余元，是外埠锡价未见十分涨跌，且销路畅旺。"② 由此可见，在港汇波动较大，个旧土法生产大锡价格大受影响之时，英国、美国等资本主义国家由于经济发达，社会稳定，其汇率波动不如香港大，炼锡公司直销国际市场的精炼锡价格因而完全未受影响。③ 由此可以得出结论，如果个锡可以实现直接外销，与伦敦、纽约市场直接对接，则所受汇率的影响将会大幅度减小。

2. 个旧锡务公司炼锡的成本过高

原个旧锡务公司的炼锡效率，按照工程师斐劳禄的设计："每燃煤气炉一座，开炼炉两座，约能上矿砂六吨五六，可炼出锡三吨四五，平均需四十小时方能出锡一次，以现在炼厂之预算比较，每吨已需银二百五六十元，较之土法几增一倍。"斐劳禄辞职后，经过炼锡师可奈克的改良后的炼锡效率是："计自今年（1915年）开工起，每上前教之砂一次，平均二十四小时即可出锡。统计各项费用，每吨已减至一百五十余元，较之土法费尚相当。"④

再将这样的炼锡成绩与土法炼锡相比，"大炉一般24小时炼锡一炉，可炼硔砂约1500公斤，产粗锡750～800公斤"⑤。我们可以发现，就每炉的所耗时间和

---

① 昆明中国银行：《昆明外汇：每月平均》，载《云南实业通讯》第一卷第二期，1940年，第44页。

② 云南省档案馆：《云南近代金融档案史料选编（1908—1949年）》上，1992年7月出版，第222页。

③ 参见《云南实业通讯》各期之滇币与英镑、美元之汇率表。

④ 钟纬、黄强：《云南个旧锡山报告书》（下），见《云南现代史料丛刊》第七辑，第202页。

⑤ 个旧市志编纂委员会编纂：《个旧市志》上，云南人民出版社1998年版，第359-361页。

炼锡成本而言，锡务公司新法基本与土法相同，就炼锡的质量而言，在可奈克改良之后，炼锡质量也基本与土法相同，因此，新法的优越性并不突出。然而公司反射炉所用的燃料乃是煤气，煤气之好坏对于炼锡的影响非常大，“煤气佳，则每十二小时即可出锡。否则且有迟至三十余小时者”，该公司反射炉对煤气要求非常高，个旧附近区域只有阿迷州的鸟格煤矿之出产适合，但该煤矿用土法开采，“煤质至不一律。佳者灰分在十分以上，气质在三十分以下；劣者则灰分三十，气质不足二十”。① 再加之当时鸟格煤矿为私营矿业，矿主常以加价相要挟，锡务公司不能常年开工，因此，本该由于效率高、成本低而得到推广的新法炼锡反不如土法方便快捷，新法的优势完全无法得到体现，新法炼锡遭到了个旧许多矿主的抵制。

（二）炼锡公司的技术改良

要彻底改变个锡在国际市场上得不到认可、个锡不能直接销往国外的局面，关键在于改良个锡冶炼技术，提高个锡成色。民国十九年（1930 年），为了改变个锡土法炼制品质不高，不能直接销往国际市场，须经香港加工精炼，受制于欧美市场，每吨损失 30 英镑左右的状况，云南省政府派缪云台负责改良个锡冶炼技术。民国二十年（1931 年），缪云台聘用新加坡退休炼锡技师亚迟迪氏到个旧考察并改良个锡冶炼。

该工程师针对公司原有设备进行详细研究，经过对个旧一万多件锡矿石标本的化验、分析，了解其天然成色，最终出具了一份改良炼锡公司的建议书。他发现个旧锡矿中含有大量的铁、铜、铅、砒等杂质，而公司原有的德国反射炉对于杂质的去除只能利用各种金属熔点不同的物理特性来进行分离。这种方法对去除铁杂质有效，但因炉中铅合金与锡合金之熔点相似，并不能去除铅杂质，反而易将本该留下的锡一并分离出去，造成矿渣含锡量过高，而纯锡杂质过多。于是他提出建议采用“氯化亚铁淋滤法”，在矿墇入炉之前就对其进行一次去除杂质的处理。针对德国反射炉使用煤气，生产成本过高，影响生产效率的情况，他提出将原有的反射炉进行拆改，改良后的反射炉采用柴油作为燃料，提高了生产效率。

公司当时尽量采取就地取材，减少购办物资，尽量利用德制炼厂设备的办法进行处理。当时共有大炉三座，精炼炉一座，溶化池二个，汽水锅炉二座，汽水

① 丁文江：《云南个旧附近地质矿务报告》，实业部地质调查所，1937 年，第 29-30 页。

池一个，碎矿机二具，钢制大锅二口，化验室一间，设备极其简陋。①

经过改良后的个锡冶炼方法是：

(1) 净矿。利用锡矿砂属酸类不易侵蚀的特点，在矿砂未入炉前先去杂质。其方法是将三氯化铁溶液与矿砂同置于净矿塘中，用橡胶管导入蒸汽冲动、加热，三氯化铁热解后即发生氯化氢，矿砂中的杂质为氯化氢侵蚀分界。这样经过 8 至 10 余小时，即可除去若干杂质，锡矿砂质量因之提高。

(2) 粗炼。把加有无烟煤的锡矿砂放入粗炼炉内摊平，将柴油用油泵喷入炉内燃烧，炉中废气用抽风机经很长的烟道抽走，由烟囱放出，使锡砂充分熔化，即先后从炉中放出锡渣与锡液。锡液铸成毛条供精炼，渣尚含锡 10%左右，也需再提炼。

(3) 精炼。精炼炉是一座规模不大的反射炉，每次进毛条 7 吨左右。毛条熔化后，因锡的熔点较低，锡出锡液。流入大锡锅，而锡渣留在炉中，使锡液放完，再从炉中取出锡渣。流入大锡锅的锡液，含杂质已不到 1%。将直径 3 公寸左右的活树一段按入锅底，使活树的水分受热成汽，而与锡液中杂质起氧化作用，然后除去浮在锅面的氧化物。此时锡液的含锡量，一般已达 99.5%左右，可以铸条外运了。②

三、私营锡业中的近代技术改良

个旧厂每年产锡约七八千吨，其中 90%以上是由私营矿业生产者以土法生产的，其产额之高、土法技术流传之久，连丁文江都感到惊叹，他认为这是成功的表现，然而在长期的生产中个旧锡业的土法生产技术并未得到多大改良。近代随着西方技术的传入与个旧锡业生产的繁荣，在使用新法生产的个旧锡务公司的带动下，个旧土法生产也出现了极少数的改良，只是这种改良由于资金、观念等的限制，只出现于采矿与洗塃环节，冶炼环节却毫无进展。且这些改良都是在土法原有基础上的改进，虽说或改进了原来生产中的不便利环节，或节约了生产成本，但总的来说其改进程度不深，节约成本不多，技术也并未真正得到推广，更不用说如同马来矿区一样实现生产的全面的现代化。

第一，采矿环节的技术改进。随着蒙自关的开辟和滇越铁路的通车，大量西

---

① 苏汝江：《云南个旧锡业调查》，国立清华大学国情普查研究所，1942 年，第 39 页。

② 李珪：《云南地方官僚资本简史》，云南民族出版社 1991 年版，第 83-84 页。

方工业制造品涌入个旧，土法生产的采矿工序中开始逐渐使用西方的一些廉价工业品作为替代，如硐内照明时“以前用铁制菜油灯瓢，现通用煤石小汽灯，煤石多系日英法国货，每磅约可供砂丁三人之用。所用之灯，初亦外国货，现为个市以洋铁皮仿制者”，这种灯易燃，且“光亮而无煤烟，用于洞中，颇为简便”。① 据《个旧锡业“鼎盛时期”出现的原因和状况》调查：“1914 年前后，煤石灯逐渐代替了‘油亮子’。黑色和黄色的炸药（个旧叫水雷）广泛使用起来，使过去为铁镐不能采出的夹在石头里地质地坚硬的矿石都能够开采出来。碎矿过去用锤敲，这时普遍改用杵碓，从而提高了净矿的回收率，使过去被抛弃的含锡成分较低的矿石得到利用。”②

第二，运埫环节的改良。随着个旧锡务公司在马拉格矿区进行的大规模架设索道、开挖竖坑、平坑工程的开展，个旧许多私营矿主认识到机械开采的省时节约，一些资金规模较大的私营矿主开始效仿锡务公司开挖土平坑，以减少将矿砂从尖子中运输到地面的劳动力耗费。如 1932 年，当时较大的企业“义利丰”在瓦房冲开凿土平坑，1935 年在松树脚的格蚤冲也开了土平坑，稍后，松树脚大成硐开凿的土平坑都取得了较好的成效。③

第三，洗埫环节的技术改进。个旧私营锡矿生产中真正使用西方机械的只有宝兴公司。宝兴公司成立于宣统元年（1909 年），是粤商所办，主要经营锡矿的开采和洗选，因此设于个旧古山，古山在个蒙山脉东边，与大屯海相距不过数里，但由于矿脉高出湖面百余尺，缺水最严重。公司采矿仍然使用土法，为实现全年洗埫，公司向香港富昌洋行订购了打水洗埫采矿的机器，但被该行所骗，“迁延数年，无货可交”，宝兴公司为此损失了三万多元，后又另行订购抽税机，在民国二十六年（1937 年）丁文江调查时，该公司的机器已安装完毕，“计有水管一万四千余尺，每小时能吸水六十吨，升高十八丈”④。这是除几家官商合办公司外唯一的引进西方机械进行生产的个旧私营矿业，但其只是单纯引进使用抽水机以便洗埫，在开采及运埫环节并未采用机械，也未对技术进行改进。

对洗埫环节的真正技术改造当属倪桐材发明的匀分槽。匀分槽亦称放槽，外

---

① 苏汝江：《云南个旧锡业调查》，国立清华大学国情普查研究所，1942 年，第 29 页。

② 陈吕范：《个旧锡业“鼎盛时期”出现的原因和状况》，见《云南矿冶史论文集》，云南省历史研究所印，1965 年，第 184 页。

③ 施义：《锡都今古纵横探》，云南省金属学会个旧分会印刷，1987 年，第 97 页。

④ 丁文江：《云南个旧附近地质矿务报告》，实业部地质调查所，1937 年，第 32 页。

形与抱槽相似，在槽头顶部增加匀分板一块。匀分板用木板或水泥制成，呈三角形，底部宽度与槽面一致，高约40厘米，板面有若干小槽道，给矿为30%～40%浓度绒矿浆，矿浆从三角顶部流下，越往下匀分板槽道越多。板下端与槽头连接处为生铁制成的细齿板，矿浆经细齿板均匀地顺槽面流下，代替人工戽水。其工作原理就是利用水与矿的比重不同，在给矿浆后，水与细泥沙在经过细铁齿板时会自然流下，而颗粒较大的矿砂会被挡住，留在细齿板上，由于细齿板数量越往下越多，可进行多次水矿分离，因此得到的矿砂含量比人工的高。

表4-9　人工戽水法与匀分槽技术指标对比表

类别	槽头/（%）		槽腰/（%）		槽尾/（%）		浓度	矿	洗选时间
	产率	含锡	产率	含锡	产率	含锡	/（%）	/（%）	（时：分）
人工戽水法	10.8	5.4	49.2	2.85	40	0.69	43.8	0.33	6：05
矿浆匀分法	11.7	11.01	28.2	2.26	59.1	0.51	46.5	0.48	4：07
±比较 2：1	+0.9	+5.61	−21	−0.59	+19.1	−0.18	+2.7	+0.15	−1：58

（资料来源：个旧市志编纂委员会编纂，《个旧市志》上，云南人民出版社1998年版，第349页。）

从表4-9中可以看出，匀分槽在洗矿时间上较人工戽水节约了约1/3的时间，最后获得的矿浆含锡量也较人工有了少量提高，根据试验，4张匀分槽可代替9张抱槽，且1人可以管理数张槽，这样的设计节约了时间和人力，适应大规模的生产需要。①

个旧私营锡业厂矿数量及锡矿年产额都占整个个旧厂的90%，是整个个旧锡矿业的支柱，但为何在长期的生产劳动中不能形成有效的技术改进，而是一直沿用古老的开凿冶炼方式，造成这个问题的原因是值得后人深思的。

第一，土法生产要求投入的资金不多，私营矿业中资本有机构成极低，无法负担机械引进所需的资金。许多尖子往往"几个人凑一点大米、黄豆、坮包、煤石等物，就能开矿挖坮。即使大一点的尖子，也没有多少资本，往往靠借贷进行生产"②。据民国二十年（1931年）《云南矿产调查统计表》统计，个旧锡矿生产

① 个旧市志编纂委员会编纂：《个旧市志》上，云南人民出版社1998年版，第349页。

② 陈吕范：《个旧锡业私矿调查》，云南省历史研究所，内部资料，1979年，第7、8页。

者中资本额在一万至五万的有两家，五万至十万的有两家，二百万至五百万元的有一家。① 这一统计并不完整，但可以反映个旧锡矿业当时的一些情况，资本最多的这家企业应当是官商合办的个旧锡务公司，换言之，许多个旧私营矿业资本都在十万元以下。这样有限的资本对于购置西方新式机器而言根本是杯水车薪，以锡务公司为例，宣统元年（1909 年），为购置洗砂、制炼、化验、电机、架空铁索等设备，共花费一百零八万马克，合银五十余万元。② 粤商所办宝兴公司同时向富昌洋行购买机器时被骗就达到了三万元，这种巨额花费是一般独资或合伙集资的私营矿主根本无法负担的。

第二，私营矿主自身眼光有限，只关注利润，对新技术的发展持怀疑甚至反对态度。据陈吕范调查，在新中国成立前，厂主、老板办的尖子在整个个旧私矿的总人数和总产量中约占 60%，这些厂主、老板有的是由劳动者发财后转化而来，有的是商人或地主，还有军阀、官僚等。这些人中缺乏有远见卓识之人，其投资具有很大的盲目性，打了“旺硐”发了财后，主要回乡买田造屋③，而不会真正投资于机械的改进，更不可能组织专业的科研队伍进行技术改进，因此，近代个旧私营锡业中的技术改良可谓少之又少。更有甚者认为新式机械的使用，会侵害个旧原有的生产方式，从而反对改良。如个旧锡务公司建立之初，虽然新法“与土炉比炼，有较强百分之六七，或百分之十几者，以洗砂机，洗净之砂，较土法工资，廉价三倍”④，但是个旧私营土法矿主们仍然“反对之声，不遗余力”，原因在于锡务公司刚成立时，“个旧的若干矿商出于怕与新法竞争、迷信土法和仇视洋人等各种心态，联络本地绅商出面反对使用新法采矿。……决定将所有新设备都废置起来，全部恢复土法生产”⑤。新法炼锡成功后，“比较开通的炉户，颇觉得新法炼锡比土法高明。但是因为旧有设备和利益的关系不肯放弃旧业”⑥。

第三，个旧矿区的私营矿业中大多数采取“具有极浓厚的封建制或奴隶制残

---

① 云南省档案馆等编：《云南近代矿业档案史料选编（1890—1949）》上，内部发行，1990 年，第 358 页。

② 苏汝江：《云南个旧锡业调查》，国立清华大学国情普查研究所，1942 年，第 26 页。

③ 陈吕范：《个旧锡业私矿调查》，云南省历史研究所，内部资料，1979 年，第 6、7 页。

④ 胡朗山：《云南个旧锡矿之回顾》，载《矿业周报》，1928 年 7 月 31 日，第 4 页。

⑤ 缪云台：《缪云台回忆录》，中国文史出版社 1991 年版，第 18 页。

⑥ 丁文江：《有名无实的山西铁矿——新旧矿冶业的比较》，见《漫游散记》，云南人民出版社 2008 年版，第 77 页。

余的色彩"① 的管理方式，对矿工极尽剥削之能，使矿工完全丧失了进行技术改良的积极性。众所周知，英国第一次工业革命中的技术革命如飞梭、珍妮纺纱机的发明，蒸汽机的改良，都是由处于生产第一线的工匠们完成的，他们熟悉生产的每一道工序，不断寻求节省时间、成本与人力资源的最佳方式，最终推动了技术的进步。个旧矿主们却为最大限度地压榨剩余价值，采取规定工作量的方式，如老硐的背塃工"每日背正塃既需八小时，复因欲多得额外工资需背私塃，则每日工作时间在八小时以上。以如此消耗体力之工作，每日支持至如许长之时间，其疲劳辛苦之情形，可想而知"②。而且矿主将工人的工资压得极低，"总起来看，矿工平均工资每人每月只有五、六元。按照最低生活标准，也很难吃饱穿暖，要想养家活口，就更不可能了"③。在这样的长时间劳动与低收入的情况下，劳资双方矛盾突出，矿工们所关注的焦点问题只能是如何改善自身的生产生活条件，而不会思考如何进行技术改良。

第三节　锡品成色提高带来的销路变化和利润增收

一、炼锡公司锡品成色提高的情形

云南炼锡公司主要从事锡砂的熔炼与精炼，该公司或向锡务公司购买锡砂，或向个旧私营厂尖购买锡砂，有时也向富滇新银行购买其跟单押汇制度下私人厂尖所抵押的土条进行精炼。经过总工程师亚迟迪氏的改良，1933 年 3 月，炼锡公司成功试炼出了三种精锡：标准锡，含锡 99.75％以上；甲种普通锡，含锡 99.5％以上；乙种普通锡，含锡 99.3％以上。然后他依照国际市场的习惯，将锡条制成 102 磅一条，25 吨一堆，在锡上印铸了 YTC 作为炼锡公司精炼锡的商标。④

这三种锡均达到了伦敦及纽约五金交易所的入市标准，是中国当时最优良的纯锡，其品质甚至超过了香港用个旧土条掺入马来锡后所冶炼的洋条。

---

① 林晓星：《关于解放前个旧锡业中私人资本的几个问题》，载《经济史探索》，1983 年第 2 期，第 58 页。

② 苏汝江：《云南个旧锡业调查》，国立清华大学国情普查研究所，1942 年，第 67 页。

③ 云南大学历史系、云南省历史研究所云南地方史研究室编：《云南冶金史》，云南人民出版社 1980 年版，第 153 页。

④ 缪云台：《缪云台回忆录》，中国文史出版社 1991 年版，第 40 页。

表 4-10 香港永康锡与炼锡公司 YTC 精炼锡所含矿物成分比较表

（单位：%）

	锡	锑	砒	铅	铋	铜	铁	银	硫	钴
香港永康锡第一种	99.343	0.31	0.40	0.343	0.007	0.052	0.010	微	0.011	0.072
香港永康锡第二种	98.662	0.039	0.035	1.035	0.012	0.134	0.014	微	0.011	0.058
香港永康锡第三种	95.280	0.381	0.050	3.995	0.020	0.106	0.026	0.018	0.008	0.116
炼锡公司标准锡	99.87	微	0.056	0.044	0.006	0.010	0.014	0.004	微	微
炼锡公司甲种普通锡	99.55	0.004	0.054	0.189	0.002	0.178	0.023	0.003	微	微
炼锡公司乙种普通锡	99.30	0.004	0.016	0.372	0.004	0.240	0.040	微	0.010	微

（资料来源：《经济一》，《云南行政纪实》第 13 册，云南省财政厅印刷局，内部刊行，1943 年。）

由表 4-10 可见，炼锡公司精炼锡品质优良，甚至比在香港精炼店精炼之洋条所含杂质还要少，但国际市场对个锡的认知还停留在原先土条的质量不达标上，因此，炼锡公司完成锡品质的提升后所做的第二项工作就是建立 YTC 品牌的国际信誉。

要取得国际信誉必须先取得国际认可的锡金属化验单，如在香港生产的洋条就必须在香港的英国皇家化验所取得化验单后方可入市伦敦及纽约的五金交易所。但如果炼锡公司的 YTC 精炼锡也在香港化验将造成以下两点不便：第一，香港地区的化验所受英国政府控制，“这不仅耽搁时间，而且化验且化验、过磅也需要一笔费用”①，此外还有被英国政府限制出口的危险。早在 1918 年，英国就曾以香港地区是个锡的重要转运港口而限制个锡出口，想以此为要挟进而达到控制整个个旧锡业生产的目的。② 第二，精炼锡已经完全达到国际标准，不必再经由香港精炼，可直接由滇越铁路运输至越南海防出口，如再绕道香港则势必增加运输费用，

① 缪云台：《缪云台回忆录》，中国文史出版社 1991 年版，第 41 页。

② 云南省档案馆等编：《云南近代矿业档案史料选编（1890—1949）》上，内部发行，1990 年，第 217 页。

造成不必要的损失。

为此炼锡公司专门从美国购置了精确的电子秤，以保证过磅的准确度，然后又购置了一大批的化验器材，成立了公司化验室，出具化验单，并采取试销的方式，先将锡运销至伦敦，找到买主后再由买主在信誉良好之化验室进行化验，化验费用买卖双方各出一半。由于质量良好，炼锡公司出具的化验单获得了买主的认可，“从此云南锡条做到了‘就地冶炼就地外销’，凭着 YTC 在每条锡商的印记，即可在国际市场行销，不必经过任何中间人”①。这种直接销售的方式，使香港精炼店失去了作用，很快香港的六家精炼店先后停止营业。

二、个锡直销欧美市场的路线变化

炼锡公司精炼大锡成功后，个锡的出口路线发生了很大的变化，精炼锡出口时间较土法炼锡大大缩短，此后个锡的出口路线开始分为两条。土法炼制大锡，由于产品达不到 99%的国际标准，需由个旧运输至香港精炼，再出口伦敦等地。炼锡公司出产之锡则可以直接出口，其运输路线如下：“由个旧经个碧石铁路至碧色寨，由碧色寨经滇越铁路至海防，由海防输运至英国之伦敦或其他各口岸，由个旧运锡至碧色寨需六七小时。由碧色寨运锡至海防约需一两日之时间。”② 即精炼锡由个旧出发至出口国外仅需 3 天左右时间，传统土法所炼个锡运输至海防后还必须经过 4 天轮船运输至香港，个锡出口时间至少节省一半。

与以往土法炼锡，锡只能运至香港不同，炼锡公司的精炼锡可以直销海外，销售范围颇广，以西方工业发达国家为主要销售市场。《云南行政纪实》载，由民国二十二年（1933 年）四月至二十四年（1935 年）十二月，炼锡公司共生产精炼锡 2，513，364 长吨，其销售目的地多为国外，分别是英国伦敦（占 58.78%）、利物浦（占 4.98%）、美国纽约（占 15.36%）、法国马赛（占 0.84%）、德国（占 0.69%）、越南海防（占 9.25%）。而在土法炼锡最大的销售地香港，在该期间，精炼锡只销售了 140，640 吨，占总量的 5.6%，余下上海销售了 110，591 吨，占 4.4%，云南本地销售了 16，449 吨，占 0.65%。③ 土法炼制个锡一改以往“二成销四川，八成销香港”的销售路线，真正实现了与国际接轨。

① 缪云台：《缪云台回忆录》，中国文史出版社 1991 年版，第 42 页。

② 袁丕济、曹立瀛、王乃樑：《云南之锡业》，载《资源委员会月刊》第三卷，第二、三期合刊，第 52 页。

③ 《经济一》，见《云南行政纪实》第 13 册，云南省财政厅印刷局，内部刊行，1943 年。

三、个锡直销欧美市场带来的利润增加

由于采取了新式的生产技术，炼锡公司生产精炼锡的生产成本有所减少，产品质量良好，能够直销欧美市场，免去了经由香港的精炼过程，减少了至少六次的中间环节及经手人佣金，由海防直达伦敦只需缴纳越南过境税及伦敦进口税，减少了香港锡商的盘剥，节省了大量的资金。按照袁丕济等的调查与计算，以民国二十五年（1936 年）为例，以个旧一般土炉计算，一桶砂炼制费用为 6 元，以 30 桶砂可炼以吨纯锡计算，则土炉炼锡成本为每吨 180 元，而炼锡公司精炼锡每吨成本则为 150 元，即土条比精炼锡成本价高 30 元。①

精炼锡与土条的伦敦售价、中途所需费用及个旧售价如表 4-10 和表 4-11 所示。

表 4-10　云南炼锡公司大锡价格计算表

	民国二十五年	民国二十七年	备注
伦敦标准锡价每吨	£205	£188	
减伦敦海防间费用	£	£	
伦敦佣金关税	£3　10s	£3　10s	
海防至伦敦水脚	£3　17.5s	£5　10s	
海防至伦敦保险费	6.5s　£7　14s	15.2s　£9　7.2s	
	£197　6s	£178　12.8s	
英镑折合国币元	3294.91 国币元	4378.46 国币元	一英镑合国币：廿五年为 16.7 元，廿七年为 24.5 元
减碧防间运杂费	58.21 国币元	118.15 国币元	一元越币合国币：廿五年为 1.55 元，廿七年为 1.7 元
	3236.70 国币元	4260.31 国币元	
减个碧间杂费运费	10.97 国币元	11.59 国币元	
	3225.73 国币元	4248.72 国币元	
减捐税	237.19 国币元	250.15 国币元	
个旧锡价	2988.54 国币元	3998.57 国币元	

① 袁丕济、曹立因、王乃樑：《云南之锡业》，载《资源委员会月刊》第三卷，第二、三期合刊，1941 年，第 43、47 页。

表 4-11　个旧土炉大锡运港精炼价格计算表

	民国二十五年	民国二十七年	备注
伦敦标准锡价每吨	£205	£188	
减伦敦间运费关税及成色扣款	£8	£12	
洋条在香港售价	£197	£176	
折合港币	3152 港币元	2816 港币元	每英镑按 16 元港币计算
折合每百斤价格	187.6 港币元	167.6 港币元	一长吨合 1680 斤
减在香港之精炼及化验费	25.0 港币元	30.0 港币元	
香港每百斤个旧锡价	162.6 港币元	137.6 港币元	
减个港间运费及捐税	23.0 港币元	15.0 港币元	
纯锡在个旧每百斤价格	139.6 港币元	122.6 港币元	
折合国币元	146.08 国币元	153.25 国币元	
每长吨值国币元	2462.54 国币元	2575.60 国币元	

（资料来源：袁丕济、曹立瀛、王乃樑，《云南之锡业》，载《资源委员会月刊》第三卷，第二、三期合刊，1941 年，第 63-65 页。）

由上表可知，民国二十五年（1936 年），云南炼锡公司每吨精炼锡在个旧之售价为国币 2988.54 元，在伦敦的售价折合成国币应为 3423.5 元，即由个旧至伦敦之运费、化验费、杂费等每吨共计 434.96 元；土炉所炼土条售价为 2462.54 元，由个旧至伦敦之运费、化验费、香港精炼费、杂费等每吨共计 960.96 元，是直销的两倍多。

以上两表的计算是由伦敦售价减去各项运费、杂费、化验费等而得出精炼锡与土条在当地的售价，因此，我们再将这一售价直接减去其生产成本价，即可得出精炼锡与土条的生产纯利润，它们分别为：精炼锡个旧售价 2988.54 元减去成本 150 元等于 2838.54 元，土条个旧售价 2462.54 元减去成本 180 元等于 2282.54 元，即民国二十五年（1936 年）云南炼锡公司每生产一吨精炼锡将比土炉炉户生产一吨土条纯利润高 556 元。

基于这种利润的增加，炼锡公司总经理缪云台等人将在个旧收购锡砂的价格提高了 10%左右，调动了矿商的积极性，这种价格的提升，使炼锡公司能够更顺利地收购到锡砂，而化验、过磅等方法由于比土法的目测、手量更具有科学性，也逐渐为个旧矿商所接受，推动了个旧土法的革新。

综上所述，近代随着中国国际经济一体化进程的加强，中国与世界各国经济联系加强，信息沟通及技术交流也越来越多，为适应国际锡业发展的潮流及减少个锡的生产成本，增加销售利润，一些先进的个锡生产者开始了新法生产的改革，揭开了云南矿冶业的现代化进程序幕。新法生产提高了个锡的生产工艺水平，使个锡的冶炼加工水平达到了国际标准，从而大大提高了个锡出口的附加价值，取得了较好的经济效益，同时也带动了少数私营土法生产者进行改革。然而由于私营矿业占绝大多数，新法的改革遭到了许多私营矿主的反对，形成了个旧矿区官营矿业使用新法，私营矿业使用土法的格局，个旧矿业未能实现完全的变革。

第五章　近代国际经济一体化下个锡开发的规模及经济效益

1840年的鸦片战争，打开了中国的大门，西方资本主义国家纷纷入侵中国，云南虽地处边疆，也同样受到了外来资本主义的冲击。战前由于中国缺乏现代工业，金属锡在国内的消耗量非常小，而且云南不通舟楫，交通不便，锡产品运输困难，所以外销有限。因此，在整个云南矿业中，无论从开发规模还是对地方经济的效益而言，个旧锡矿显得并不重要。鸦片战争后，中国逐渐参与到国际经济一体化的过程中，特别是在蒙自开关后，个旧锡矿开始大量外销。个锡产量在利益的刺激下迅速发展，由清代中期的年产约917.5吨①，上升至蒙自开关后平均年产5，384吨，最高年度（民国九年（1920年））产量达到10，900吨②。个旧锡业开发规模迅速扩大，成为云南省工业的支柱产业。锡矿大量出口，成为云南省对外贸易的最大宗商品，为平衡云南省对外贸易逆差，推动全省经济的发展做出了重要贡献。

第一节　近代个锡开发规模变化与地区开放程度的关联

一、近代个锡开发产量及规模

（一）近代个锡的开发产量

近代个旧锡矿业大多采取私营的方式，生产极不稳定，也没有形成进行各项

---

①　刘锦藻：《清朝续文献通考》，卷43，《征榷十五·坑冶》，第7976页载：“（嘉庆十七年）云南蒙自个旧县锡厂，每年额课银三千一百八十六两。”按照每块90老斤，每合24块抽课银4.5两，该年产量为152.9万斤。再按照1老斤=0.6公斤计算，该年产量约为917吨。计算的标准见袁丕济等编：《云南个旧锡业调查》附录页，下文同。

②　个旧市志编纂委员会：《个旧市志》上，云南人民出版社1998年版，第378页。

生产统计的习惯，个锡历年的产量一直没有一个很准确的数据。就目前各种对个锡产量的记载而言，有的资料采用个旧税局（特种消费税局）之统计作为个旧全厂之产量，有的资料采用个旧锡务公司历年之统计，大多将蒙自关个锡出口数量作为个旧全厂产量，这些数据的使用各有依据，却又都不准确，下文将进行详细分析。

由于个锡大都用于出口，许多论者即认可个锡出口之数量可以代表个锡产量。如《现代中国实业志》就认为："蒙自关出口量，足以代表个旧之产量，约占（全国）总产量百分之九十以上。"① 袁丕济等人亦认为："蒙自关出口统计能表示产量情形者，因大锡之最大部分皆供输出，省内销用仅占极小部分。"② 这些学者的论点依据在于，过蒙自关由滇越铁路运输为个锡最佳出口路线，且云南其他海关几乎没有个锡出口的记录③，蒙自关之出口数量应该是个锡出口的全部数量，在无确切之个锡产量记载的情况下，采用蒙自关出口数量作为个锡生产情况的反应已是最好的选择。但是影响蒙自关个锡出口数量的因素颇多。经常出现香港锡价高涨时，个锡商人将往年积存之锡一年出售，导致出口数额突然增高，锡价跌落时则将锡贮存，以待价而沽，导致出口量骤减的情况，另外，铁路运输的畅通与否也是影响出口数额的一个重要因素。此外，个锡虽然大量出口至香港，但本省用于制作锡器、冥纸用品及转销四川等地的也有一部分，因此，若以蒙自关出口数额表示个旧全厂锡之产量变化实际上不够准确。

以个旧税局统计作为产量的依据在于个锡每次交易都要经由该局监督、过秤，登记重量，并加盖印章，然后从价值百抽五进行缴税。尽管消费税局管理严格，仍然有小部分锡商为了逃避缴税，私下进行交易，并且当时受到军阀混战、币制混乱、汇率不稳、管理机构变更的影响，个旧税收统计资料也存在不完整的情况。"若以消费税局统计代表产量，以蒙自关统计作为输出量时，则自 1932 年至 1937 年间，除 1932 年及 1934 年两年外，输出均超过产量，且其超过之数，远高于

① 杨大金主编：《现代中国实业志》下册，商务印书馆 1938 年版，第 380 页。

② 袁丕济、曹立瀛、王乃樑：《云南之锡业》，载《资源委员会月刊》，第三卷，第二、三期合刊，1941 年，第 24 页。

③ 钟崇敏：《云南历年大锡出口关别表》，载《云南之贸易》，云南经济研究报告之二十，内部发行，第 180 页。抗战爆发前个锡出口的记录，除 1898、1904 年在思茅关分别有 4 吨、1 吨出口记录，1934 年、1935 年、1936 年在腾越关分别有 6 吨、7 吨、23 吨出口记录以外，其余年份锡全由蒙自关出口。

1932 及 1934 年产量超过输出之数；可见以消费税局统计代表产量实嫌过小也。”①

以个旧锡务公司历年之统计作为产量亦存在同样之问题，《中国第四次矿业纪要》记录了 1922—1928 年个锡产量②，苏汝江的《云南个旧锡业调查》记录了 1925—1937 年个锡产量③，将其进行统计求和，可知 1922—1937 年个锡产量为 120，156 吨，而同时期蒙自关出口个锡数量为 123，368 吨，产量反而比出口量少了 3，212 吨，这是不可能出现的，因此个旧锡务公司之产量统计也偏小。

表 5-1　1890—1949 年个旧锡矿产量表

年　度	产量/吨	年　度	产量/吨	年　度	产量/吨
1890	1315	1910	6000	1930	7218
1891	1740	1911	6347	1931	6025
1892	2060	1912	5802	1932	7566
1893	1930	1913	6580	1933	8349
1984	2340	1914	6660	1934	8350
1895	2440	1915	7360	1935	8534
1896	2010	1916	6850	1936	9796
1897	2480	1917	11070	1937	9187
1898	2740	1918	7900	1938	10731
1899	2560	1919	8330	1939	10050
1900	2900	1920	10900	1940	9094
1901	3020	1921	5880	1941	5094
1902	3320	1922	8980	1942	4641
1903	2317	1923	7810	1943	3096
1904	3413	1924	6850	1944	1613
1905	3627	1925	7119	1945	1600
1906	3790	1926	5586	1946	2200

① 袁丕济、曹立瀛、王乃樑：《云南之锡业》，载《资源委员会月刊》，第三卷，第二、三期合刊，1941 年，第 24 页。

② 侯德封主编：《中国第四次矿业纪要》，实业部地质调查所、国立北平研究院地质调查所，内部刊行，1932 年，第 397 页，该书注明数据来源为个旧锡务公司营业报告。

③ 苏汝江：《云南个旧锡业调查》，国立清华大学国情普查研究所，1942 年，第 41 页，该书注明数据来源为个旧锡务公司二十六年度营业报告。

续表

年　　度	产量/吨	年　　度	产量/吨	年　　度	产量/吨
1907	3450	1927	5466	1947	3500
1908	3675	1928	6000	1948	4000
1909	4743	1929	5738	1949	3300

（资料来源：个旧市志编纂委员会，《个旧市志》上，云南人民出版社 1998 年版，第 378 页。）

1. 原注：表中数字 1890—1944 年出自云南锡业股份有限公司《云锡纪实》，其中 1929 年数字依据《个旧锡务公司十八年度业务报告书》改正，1936 年数字依据张肖梅《云南经济》改正；1945—1949 年数字摘自云南省档案馆记载数字。

2. 注：《云锡纪实》并未将数据出处标明，笔者查阅相关资料认为《云锡纪实》中数据来源如下：(1) 1909—1913 年数据系个锡厂务局税收数据，见丁文江的《云南个旧附近地质矿务报告》第 19—20 页。(2) 1914—1924 年数据系根据《中国旧海关史料（1859—1948）》所载蒙自关个锡各年出口数按照 1 吨＝16.8 担计算。(3) 1925—1937 年数据系根据个旧锡务公司各年营业报告编。其余年份数据来源不详。

表 5-1 大体依据《云锡纪实》所载数据整理，由各种数据综合整理而成，并不是完全正确的个锡产量统计资料，但陈吕范认为，"《云锡纪实》产量表还是粗略地反映了个旧锡业发展变化的总趋势，可以作为分析个旧锡业发展变化的一个参考"①。在没有确切的个锡产量统计表的情况下，该表数据已与个锡真实产量最为接近，本书也将其作为个锡产量变化情况的参考。从上表中可以看出，自蒙自关开关后，由于可以直接与国际市场相连，个锡的产量迅速增加，增长最快的时期出现在一次世界大战前后，从年产不到 3，000 余吨增长到年产约 6，000 吨，在二战爆发前个旧锡业的产量基本保持在这一水平。二战爆发后，1939 年，国民政府为了战略需要开始对锡矿实行"统制"，这对个旧锡业生产开发影响颇大，在交通中断、物价飞涨、成本不敷的情况，个锡产量迅速下降。但总体而言，近代个旧锡业由于外部市场的需求，开发规模迅速扩大，大大超越了清代时"年产数十张"的产量。

（二）近代个旧矿区开发规模的变化

个旧锡矿"厂区均在老阴山老阳山及其支脉与矿王山，雷打山，期白山，大

① 陈吕范、邹启宇：《关于个旧大锡的产量和出口量问题——解放前个旧锡业研究之一》，见云南省历史研究所地方史研究室、云南大学历史系编：《云南矿冶史论文集》，云南省历史研究所，内部刊印，1965 年，第 164 页。

花山，小花山，及其附近，故厂往往在山谷，山腰，山麓，山尾，及其附近，地势较之县城，高出甚多”①。矿区的开发规模、厂尖数量的变化与产量的变化情况基本一致。清末个锡开始大规模开发，开发的矿区与厂尖的数量明显增加，民国初期至1939年特矿统制之前，开发规模达到了最大，开采区域遍及个旧东、南、西三面，有矿地区几乎都已包含在内，厂尖数量也达到了顶峰，但由于受到土法生产技术的限制，生产规模虽大，开采却只能集中于地表层，矿石的含锡量不高。1939年特矿统制开始后，个锡开办厂户数量大幅降低，生产规模迅速缩小，95%以上的私人矿尖被迫关闭，个锡生产受到极为严重的打击。

1. 近代个旧地区锡矿矿区开发规模的变化

个旧锡厂最初的开办者相传为康熙时期的云南通海人赵天爵，他至个旧后开办了麦雨冲的闵家老硐，几经周折发家致富，“继后各厂如花扎口之连发硐，银硐厂之银硐，黄茅山之红塃硐，老城门硐等相继兴旺。清末厂情愈旺，湾子街厂之湾子硐、观音硐、郑兴硐，小城门硐、白牛硐，花扎口之财神硐、天元硐、坪子硐，长冲之张姓硐，瓦房冲之瓦房冲硐，尹家硐之蒋姓硐，马拉格之新硐、老硐等皆逐渐开发。”② 由此可见，清末个旧开采矿区约计二十余个，按照个旧矿区因袭相沿的老厂、新厂、古山区、西厂区的四大矿区划分法，这时的矿区开发已经由老厂区逐渐向新厂区扩张。

随着蒙自关的开埠及滇越铁路的通车，个旧厂“渐次开发，厂务渐繁”。民国四年余焕东调查个旧县锡矿时，记录的矿硐增多至34个，上文已分析，这个时期是个锡开发崛起的时期，古山区与西厂区也逐渐开始开发，如表5-2所示。

表5-2 民国四年（1915年）云南个旧锡矿一览表

产　地	年产额	承办商民	开采年月	现时状况
县东十五里马拉格		锡务公司	清光绪三十一年	
县南二十里黄茅山				
县南二十里野猪塘				
县南三十里花扎口				
县南二十五里银硐		李文山		

① 苏汝江：《云南个旧锡业调查》，国立清华大学国情普查研究所，1942年，第12页。

② 曹立瀛、王乃樑：《云南个旧之锡矿》，载《云南工矿调查报告》之十六，资源委员会经济调查室，内部刊行，1940年，第7页。

续表

产　地	年产额	承办商民	开采年月	现时状况
县南二十三里耗子厂				
县南三十五里上中下竹林山		杨涌泉、王镇东		
县南二十五里矿王山				
县南二十五里晒鱼坝				
县南二十五里破山槽		李光翰	清光绪三十一年	
小箐口				现正畅旺
石耗硐		何干臣		
龙头寨				现正畅旺
龙树脚街				现正畅旺
马道子				现正畅旺
上竹林山	十余吨	王筱东	清光绪十九年	
三台坡	十余吨	王筱东	清光绪十九年	
蜂子硐	十余吨	王筱东	清光绪十九年	
牛屎坡	十余吨	钧文星、黄育齐	清同治三年	
龙潭头	十余吨	钧文星、黄育齐	清同治三年	
梅雨村	十余吨	钧文星、黄育齐	清同治三年	
二转弯	十余吨	钧文星、黄育齐	清同治三年	
银硐厂	三吨余	叶翰、源兴昌	清光绪二十一年	
湾子厂	三吨余			
棱白厂	三吨余			
花扎口	三十吨	朱朝文、恒泰号	清光绪二十二年	
花扎口	三吨	孔镜光、裕昌号	民国二年十月	
黄茅山	三吨	孔镜光、裕昌号	民国二年十月	
竹林山	七吨	杨王春、五吉昌	清光绪二十八年	
黄泥洞	七吨	杨王春、五吉昌	清光绪二十八年	
二台坡	七吨	杨王春、五吉昌	清光绪二十八年	
银硐	七吨	杨王春、五吉昌	清光绪二十八年	
个蒙交界鼓山地		缪国钧、李承汉，华兴公司		现正扩充
仙人硐	三十万斤			现正畅旺

续表

产　　地	年产额	承办商民	开采年月	现时状况
新山	十余万斤			现正畅旺
县南二十五里泥浆塘		陈升阶		
卡房		马用卿		

（资料来源：云南省档案馆等编，《云南近代矿业档案史料选编（1890—1949）》上，内部发行，1990年，第174-176页。）

之后随着个旧锡矿开采量的进一步扩大，开发的矿区发展到了40个，民国十一年（1922年），《个旧县志稿》以县城为中心，将矿区依方位划分为五大矿区，分别是：

上八厂位于县城东南部，包括黄茅山、松子坪、长冲、野猪塘、塘子凹、硔王山，晒鱼坝、白泥塘。中八厂位于东南部，包括耗子厂、梅雨冲、银硐、湾子、花扎口、天生塘、小城门硐，大坪子。下八厂位于南部，包括蜂子硐、头台坡、二台坡、三台坡、上竹林山、中竹林山、下竹林山、黑蟆井。外八厂位于南部，包括上濛子、下濛子、白石岩冲、黑明槽、黄泥硐、老铅山、凉山、上锁扣。新八厂位于南部，包括大冲、石丫口、老寨坪、前山、后山、老熊硐冲、美女山、烂泥湾。①

民国二十七年（1938年）是个锡发展的鼎盛时期，为了适应国际市场的需求，个旧锡矿开发规模继续扩大，除前述五大矿区继续开发外，又出现了一些新开发的矿区，其分布如下：

县城之东，荷叶坝、破山槽、古山、半坡、大竹叶、马拉格、瓦房冲、野鸡硐、各蚤冲、新地盘、麒麟山。

县城之南，白岩子、老象冲、金钗破、红㼆硐、马扒井、打洞脑、鸡心脑、百花草、龙潭头、老硐坡、头石门、芭蕉箐、大沟、田心、水箐、龙树脚、猪头山。

县城之西，牛屎坡、贯石龙、白马寨冲、茶园、炉房寨、陡岩。

县城之东南：狮子山、老银硐、菜园、朱衣马、左簸兮、乌得簸、小长冲、大花山、小花山、田坝、小坡头、木花果、大夹石、泥浆塘、白沙冲、仙人洞、马道子、狮子口、期白山、干巴坡、羊角箐、雷打山、马鹿塘、老山硐、通风口、

① 《个旧县志稿》，云南省图书馆藏残本。

彭家丫口、大明槽、兰蛇洞、黑鱼冲、竜树坝、马吃水、木登洞、风筝山、干儿子冲。①

前述五大矿区连同新开发的矿区共计110多处，据调查，“矿区北起鸡街李海寨，南至红河沿岸，东迄甲界山，西到洗马塘”②，遍及个旧县的东、西、南三面。民国二十六年（1937年）至民国二十八年（1939年）三月，即国民政府个锡统制开始前（统制开始于民国二十八年九月），云南省建设厅驻个办事处对个蒙地区矿区进行矿地测绘，共有2156户矿主完成测绘发给照图，共开采矿区面积为2，263，800亩③，可见当时个旧矿业开发之盛。

民国三十年（1939年），国民政府的个锡统制政策开始后，个旧“矿洞倾覆，鲜有人迹。于市则蔓草颓垣，满目惨状”④；“往昔在城区内的四十多户炼锡大矿，最近只剩十多数了。十几万的工人，而今也只剩下五千余人。厂商们都是典当尽罄，寅吃卯粮的在挣扎着”⑤。厂商户数急剧减少，“矿商大小户数由二十七年的五千户，二十八年的四千余户，二十九年的二千七百户，三十年的一千八百五十二户，三十一年的一千二百五十四户，三十二年年关前调查有六百七十三户，到今天（三十三年）恐怕得减去三分之一。七十多座公私大炉，到三十二年度终年不断熔炼的根本没有，时断时续的不过六七座而已”⑥。

2. 近代个旧锡矿开发厂户的变化

民国时期个旧锡矿企业众多，大小不一，开办时间有长有短，在极盛时期甚至出现数千家企业，平时“据言不下一千二百余家”⑦，衰落时也有百来家。

个旧锡矿业之数量依照统计方法与调查手段的不同，历年没有一个非常确切的数据统计，其原因主要在于个旧私营锡矿业占整个锡矿业的90%以上，许多小矿由于资本投入较小，生产无法保证，矿主更迭频繁。且呈请矿业执照等“负担

---

① 苏汝江：《云南个旧锡业调查》，国立清华大学国情普查研究所，1942年，第19页。

② 云锡志编委会编：《云锡志》，云南人民出版社1992年版，第44页。

③ 云南省档案馆等编：《云南近代矿业档案史料选编（1890—1949）》下，内部发行，1990年，第548页。

④ 云南省档案馆等编：《云南近代矿业档案史料选编（1890—1949）》下，内部发行，1990年，第433页。

⑤ 《从农林工矿展览中看本省矿冶事业》，载《云南日报》，1945年5月12日。

⑥ 建初：《个旧的过去与现在》，载《云南日报》，1944年3月17日。

⑦ 云南省档案馆等编：《云南近代矿业档案史料选编（1890—1949）》上，内部发行，1990年，第3页。

较重，手续较繁，怯懦者不免畏难苟安，遽尔中止，狡黠者则不顾违悖法令，擅行才窃。其能遵照指示备具手续者或因手续错误往返驳诘，尝有经年屡月办理，未能适合，不克领获执照”①。

个旧锡矿“商人现已有一百八十余家”②，但民国初年统计手段不完整，许多矿区只有厂尖地点，无厂尖名称及承办人姓名，其产量统计更是残缺不全，很多矿区是从清朝末年开采的，但是这些矿区普遍产量都很低，规模较大的矿硐年产量不过矿砂十余吨，小的甚至只有一吨左右，该表还只是有产量统计的矿区，许多较小矿区工人人数少、产量也少，根本无法统计入内。

民国十一年（1922 年）之统计厂尖共计 94 家③，除锡务公司外，全为私营矿业；民国二十年（1931 年）个旧县已有未注册锡矿区共 95 家④，以上统计皆不能完全反应当时个旧锡矿的所有厂尖数，其统计方法主要是根据矿业部门的相关登记进行统计。

对于个旧县厂尖之统计最详细、最完整的当属个旧厂业同业公会的调查，民国二十二年（1933 年）、二十三年（1934 年），同业公会进行了两次厂户统计，第一次统计显示从事锡业开采的厂尖共 2341 户，第二次为 4180 户。⑤ 据苏汝江分析，两次结果以第二次更准确，更能全面地反映出个旧锡矿私营厂尖的数量，其调查结果如表 5-3 所示。

表 5-3　民国二十三年九月各厂尖户数登记表　（单位：户）

区	乡　镇	硐尖	草皮尖	买塃尖	其他职业	合计
第一区	古山镇	—	100	50	—	150
	牛屎坡、独立甲	28	73	5	—	106
	共计	28	173	55		256

① 《建设二——矿业》，见《云南行政纪实》第 11 册，云南省财政厅印局，内部刊行，1943 年。

② 云南省档案馆等编：《云南近代矿业档案史料选编（1890—1949）》上，内部发行，1990 年，第 174-177 页。

③ 云南省档案馆等编：《云南近代矿业档案史料选编（1890—1949）》上，内部发行，1990 年，第 363-370 页。

④ 云南省档案馆等编：《云南近代矿业档案史料选编（1890—1949）》上，内部发行，1990 年，第 357-360 页。

⑤ 苏汝江：《云南个旧锡业调查》，国立清华大学国情普查研究所，1942 年，第 21 页。

续表

区	乡镇	硐尖	草皮尖	买塃尖	其他职业	合计
第二区	好自乡	590	71	78	11	750
	湾子镇	335	65	90	79	569
	黄华镇	492	85	96	51	724
	银洞乡	203	112	19	4	338
	花扎口	172	47	79	68	266
	朦子厂	80	114	8	—	202
	松树镇	318	17	74	14	423
	马拉格镇	57	13	3	—	73
	共计	2247	524	447	227	3445
第三区	上方镇、独立甲	29	108	17	—	154
	宝丰镇	208	79	19	14	320
	新山乡	188	46	12	4	250
	共计	425	233	48	18	724
	各乡镇总计	2700	930	550	245	4425
	占厂尖总数/（%）	64.6	22.2	13.2		

（资料来源：苏汝江，《云南个旧锡业调查》，国立清华大学国情普查研究所，1942 年，第 20、21 页。）

抗日战争爆发后，国际锡价下跌，国内通货膨胀严重，不久铁路运输中断，国民政府开始实施大锡统制，这导致个锡开发衰落，厂尖数量减少。据云南省建设厅统计，民国二十六年（1937 年）个旧共有厂尖 5330 户，民国二十七年为 4494 户，民国二十八年为 3474 户。①

二、个锡开发规模变化与地区开放程度的关联

个旧位于云南省的南部，是云贵高原上滇东高原的一个组成部分。该地的海拔比滇东高原北部低了许多，但又高踞于南部之上。地形使个旧同省内政治、经济、文化中心昆明，以及内地和沿海的各大城市的距离被大大拉长。另外，复杂的地形条件，也给交通运输造成了很大的困难，然而这样一个地处偏僻的小山村现在发展成为云南省的一大城市，个旧兴起的原因就在于锡矿开发的发展。

① 曹立瀛、王乃樑：《云南个旧之锡矿》，第七章第一节，载《云南省工矿调查报告》之六，1940 年，页码不清。

个旧相传原名为“古臼”，是一个古老的小村落，两汉时这里属益州郡贲古县，三国时属兴古郡贲古县，东晋至南朝梁时属宁州梁水郡贲古县，北朝周时属南宁州，隋时隶南宁州总管府，唐初时属剑南道黎州，唐南昭国时属通海都督，宋大理国时隶秀山郡。元朝至元十三年（1276），政府设蒙自县，其属临安路。明代正德时“蒙自个旧村”产锡，个旧之名第一次出现在官修史书中。清康熙四十四年（1705），云贵总督贝和诺奏大规模开发云南铜矿，同时，因当时个旧有铜、银、锡矿出产，请在个旧设厂（称“个旧厂”），设厂员专收锡、银课税和管理铜务，由于矿业的开采，个旧逐渐由一个荒僻的小村落发展成为一个人口聚集的地区。史称：“四方来采者不下数万人，楚居其七，江右居其三，山陕次之，别省又次之。”① 但直到此时“个旧厂”仍是蒙自县下辖的一个地区，厂员除管理与矿业有关的一切征课、生产外，也负责调解一些由开矿引起的简单争讼案件。

鸦片战争后，随着当地锡矿产量激增，采矿导致的人口的不断涌入，经济的不断发展以及随之而来的治安案件的频发，清政府不得不重视该地区的发展，以便于对矿区进行专门管理。光绪十一年（1885 年），清政府将个旧从蒙自县中独立出来，设立个旧厅，使其与蒙自同属临安府管辖，设同知专管厂务、监督课税，但民事仍归蒙自县管辖。民国二年（1913 年），云南省政府“以个旧厂务枉繁，诉讼点多归蒙自管辖殊多不便，乃决定另划县治，派员至个，与蒙自及个旧两房代表协议，结果决定将冲门口外之古山厂、麒麟山一带地以西所有矿厂全划归个旧”②。

个旧地区的开发得益于矿业的发展，从明朝时的封闭小村庄，发展到民国时期的“个旧为工业社会，出产屏以锡为大宗，绝少农田美圃。……一切生活必需品皆仰给外来，加以厂主资本家云集，物质享用素奢故商业颇形发达”③ 的拥有繁荣经济的城市，个旧完全得益于锡矿的开发与生产，而近代锡矿业的发展又是与云南地区的不断对外开放分不开，蒙自口岸的开放与滇越铁路、个碧石铁路的通车是云南历史上对外开放的转折点。

鸦片战争后，清政府在外国殖民势力的压迫下被迫开放国内市场，艰难地适

---

① 李焜纂修：《乾隆蒙自县志》，载《中国地方志集成·云南府县志辑》第 48 册，凤凰出版社 2009 年版，第 243 页。

② 曹立瀛、王乃樑：《云南个旧之锡矿》，载《云南省工矿调查报告》之六，1940 年，第 8 页。

③ 曾鲁光：《个旧观光日记》，载《云南日报》，1935 年 6 月 20 日。

应国际经济的发展方向，在开放的地域上经历了由沿海到内地的过程。云南地处内陆边疆，经济落后，交通不便，中法战争后才开始了对外开放的过程。云南的开放源于蒙自关的开埠，开埠后云南对外贸易日趋繁荣，大量外国商品涌入蒙自，“云南省际之途径……迤南一带则与两广、上海交易，而蒙自、个旧为货物聚散之中心”①，蒙自县一跃成为云南商品贸易的集散地，云南省的贸易中心由滇西地区向滇南转移，其周边各县，尤其是个旧的经济也因此得到迅速发展。个锡出口由以前的走北海关出口，开始由蒙自报关出口，走蒙自关出口大大缩短了走广西线的运输周期，降低了运输成本，个锡迅速成为蒙自关出口货物中价值最高的货物，占出口总值的80%以上。《新纂云南通志》评价：“大锡为云南主要之国际贸易品，云南在全国对外贸易中为出超省份，实因大锡大量输出所致，其产出额，自蒙自通关后大量激增，至宣统末年，每年达一零二四六六担之巨。”② 1889—1909年蒙自关出口个锡数量如表5-4所示。

表5-4 1889—1909年蒙自关出口个锡数量表 （单位：担）

年　份	出口个锡数量	年　份	出口个锡数量	年　份	出口个锡数量
1889	4232.57	1896	33827.00	1903	41044.00
1890	22121.06	1897	41602.00	1904	50043.00
1891	29167.79	1898	45914.00	1905	74972.00
1892	34665.74	1899	43146.00	1906	66946.00
1893	32306.11	1900	48710.00	1907	58464.00
1894	39354.64	1901	50831.00	1908	76572.00
1895	40801.28	1902	63636.00	1909	70824.00

（资料来源：《中国旧海关史料（1859—1948）》，第16～50册，各年蒙自关出口贸易回报册。）

1911年，滇越铁路建成通车，交通条件的改善缩短了云南与外界经济交流的时空距离，使云南地区的开放程度大大增加。“交通为国家之命脉，举凡政策之推进，国防之巩固，经济之发展，文化之传播，人口之移动，及产物之运输，莫不赖有便利之交通”③，工业发展到了一定程度，为了进一步扩大商品交换，“使市场的扩张成为可能”，改善交通条件成为国家的必然选择。然而，“无论何处的工业，

① 《新纂云南通志》第7册，卷144，商业考二，云南人民出版社2007年版，第108页。

② 《新纂云南通志》第7册，卷144，商业考二，云南人民出版社2007年版，第109页。

③ 曹立瀛：《云南之交通》，载《经济建设季刊》第1卷第4期，1943年4月，第1页。

首先带动的总是河流、公路、铁路等运输工具的改进，这是使农业方面、文化方面获得进展的基本要素”①。现代化的交通条件的改善需要大量的资金与技术支持，工业的不断发展与近代科学技术的进步为交通的发展提供了改善的基础。这种相互联系、依赖的关系在云南近代个旧锡业的发展与滇越铁路、个碧石铁路的修筑中表现得尤为明显，正如翁文灏所言“矿业待铁路为运输，铁路亦未尝不赖矿业为发展。”②

滇越铁路是法国人在云南境内修筑的铁路，该铁路在筑成后不但成为个锡输出的“主动脉”，而且使云南成为西南各省份的交通转运中心。“清宣统年间，滇越铁路筑成，（云南）以丛山僻远之省，一变而为国际交通路线，匪但两粤、江浙各省之物品，由香港而海防，海防而昆明，数程可达，即欧美之舶来品，无不纷至还来，炫耀夺目，陈列于市肆矣。”③ 云南传统的运输方式与运输路线都得到了改善，其成为云南连接国际市场的通道，借助这条铁路，个锡出口量大大增加，个旧矿业经济发展迅速。

第一，铁路稳定的运输条件与运量，为个旧大锡出口提供了比红河航道更安全、快捷的运输渠道，改变了个锡传统的出口运输方式。个锡由铁路运输更加省时。滇越铁路通车之前，由海防至蒙自所需时间如下：“海防至河内，汽船一日；河内至老街，舢板运十二日；老街至蛮耗，舢板运七日；蛮耗至蒙自，牲口运三日。”④ 蒙自至个旧需要二十多天至一个月时间，但由于运输工具的不同，个锡出口之路至少要经过四至五次装卸，因此“此种运输所费之时间，最少在两月以上”⑤。由此看来，红河航道运输耗时过多是诸多问题之一，而多次装卸的装卸费用自然要计算入运费之中，且多次装卸还存在损坏与遗失货物的问题。铁路通车后，由越南海防港口至老街里程 389 公里，需时一天；由云南河口至昆明里程 465 公里，需时两天；其中河口至蒙自碧色寨 178 公里⑥，据此推算，个锡由蒙自碧色寨装车运至海防，仅需一天半时间；由个旧至香港整个过程只需八至九天，耗时

① 李斯特著，陈万煦译，蔡受百校：《政治经济学的国民体系》，商务印书馆 1983 年版，第 100 页。

② 翁文灏：《路矿关系论》，见《翁文灏论经济建设》，团结出版社 1989 年版，第 21 页。

③ 云南省志编纂委员会办公室：《续云南通志长编》下册，卷 73，工业，云南民族出版社 1986 年版，第 339 页。

④ 《新纂云南通志》第 7 册，卷 144，商业考二，云南人民出版社 2007 年版，第 108 页。

⑤ 张肖梅：《云南经济》，中国国民经济研究所，1942 年，第 G15 页。

⑥ 万湘澄：《云南对外贸易概观》，新云南丛书社 1946 年版，第 22、23 页。

仅是未开通铁路时的 1/6。

与传统的驮运和航运之运输量相比较，铁路的运输量具有不可比拟的优势。前文已述，传统驮运一般一头骡子载重量为 72 千克，此为两块大锡重量，为了保证个锡的出口，每年运输大锡的牲畜需求量非常大，在运输繁忙的时候甚至出现骡子、马匹不够而要改用牛车装运的情况，由于水流量的限制，红河上帆船的载重量最大的船只也只有 4 吨①，而铁路机车的运输负荷能力要比帆船强得多，滇越铁路一开始只能载重 7 吨，在铁路开通当年就有 1，286 辆货车通过②，后不断引进、改用新式机车，最大的机车可载重 20 吨③，运输能力较以前翻了数倍。

铁路运输的安全性比航运更有保障，前文已述红河航道上的治安并不乐观，经常发生抢劫、盗窃，甚至绑架案件，滇越铁路开通后，货物由铁路运输时，由于时间缩短，货物不需时常装卸，运输的安全性提高不少。正是由于铁路运输的快捷、安全，滇越铁路在开通之后很快就获得了广大商家的认可，“实则铁路运价，当较水运为高……不过多数商家，仍均放弃水道运输而利用铁路，良以铁路运输，一则节省时间，再则比较安全，三则路程中不至失漏也”④。

滇越铁路的通车使个锡传统的运输路线与运输方式产生了巨大的变化。随着铁路的开通，传统的驮马运输与红河航运都骤然减少，铁路开通以前，个锡出口陆路运输部分全由驮马完成。前文已述，经蒙自出入的骡马匹数最高为光绪三十二年（1906 年），共计 67，072 匹，这固然与滇越铁路修筑需要驮运大量铁路材料及生活物资有关，也可表明当时的主要运输力量及其运输量上限。而宣统二年（1910 年）铁路通车后，出入口货运之骡马迅速减少，仅有 270 只。⑤ 1914 年后，出入口货运之骡马统计在很多年份都显示为 0，这种运输方式被淘汰净尽。红河航运也因铁路的开通而衰落下去，最明显的证据莫过于红河航运船只的减少。据蒙自海关资料记载：“（宣统二年）载运外洋进出口贸易多由铁道运来，惟煤油进口

① 《光绪二十六年蒙自口华洋贸易情形论略》，载《中国旧海关史料（1859—1948）》第 32 册，京华出版社 2001 年版，第 286 页。

② 《宣统二年蒙自口华洋贸易情形论略》，载《中国旧海关史料（1859—1948）》第 54 册，京华出版社 2001 年版，第 490 页。

③ 张肖梅：《云南经济》，中国国民经济研究所，1942 年，第 G7 页。

④ 张肖梅：《云南经济》，中国国民经济研究所，1942 年，第 G15 页。

⑤ 《Mengtzu Trade Statistics，for the year 1910》，载《中国旧海关史料（1859—1948）》第 53 册，京华出版社 2001 年版，第 283 页。

或有小数仍从蛮耗旧水路者，自铁路开通后，本关册内船只渐次减少”①，而后更到了“自滇越铁路告成，即无人顾问矣”② 的程度。

第二，滇越铁路开通后个锡的出口量骤增。滇越铁路开通前后个锡出口数量如表 5-5 所示。

表 5-5 滇越铁路开通前后个锡出口数量表

年份		数量/担	价值/关平两	占全国锡输出量/（%）	占全省出口贸易值/（%）
光绪二十五年	1899	43，146	1，510，893	—	80.18
二十六	1900	48，710	1，939，471	—	70.52
二十七	1901	50，332	2，457，545	—	80.13
二十八	1902	63，635	3，317，808	98.47	89.96
二十九	1903	41，064	2，023，060	98.00	80.32
三十	1904	50，044	3，187，214	99.10	68.55
三十一	1905	74，972	3，426，892	99.51	71.52
三十二	1906	66，947	3，429，668	98.21	66.67
三十三	1907	58，464	3，236，907	97.43	90.84
三十四	1908	76，872	4，314，150	91.89	82.36
宣统元年	1909	70，821	3，939，738	93.77	92.77
二年	1910	102，466	5，992，052	94.25	93.81
三年	1911	95，625	6，219，940	94.03	92.14
民国元年	1912	138，331	11，390，198	93.00	96.14
民国二年	1913	128，238	10，484，902	90.82	94.75
民国三年	1914	112，753	7，648，910	91.93	91.27
民国四年	1915	124，401	8，399，564	92.27	90.63
民国五年	1916	115，293	8，046，973	89.70	85.72
民国六年	1917	185，664	11，579，028	93.57	90.00
民国七年	1918	130，670	10，039，391	89.09	88.07
民国八年	1919	199，977	8，038，933	95.31	81.31

（资料来源：张肖梅，《云南经济》中国国民经济研究所，1942 年，第 J18 页。）

① 《宣统二年蒙自口华洋贸易情形论略》，载《中国旧海关史料（1859—1948）》第 54 册，京华出版社 2001 年版，第 590 页。

② 蒋用庄：《滇越铁路与云南交通》，载《交通杂志》，1934 年第 6 期。

在滇越铁路开通之前，个锡年平均出口五千余担；在滇越铁路开通之后，出口量骤然增长到平均一万余担，个锡出口占全国之数量也由年均 70%左右，上升到了 90%左右。

第三，铁路的通车为现代化锡矿设备的输入提供了便利，加速了个锡产业现代化的步伐。滇越铁路开通以前，云南交通不便，现代化的重型采矿机械运输困难。滇越铁路的通车，为云南经济建设所需的现代化设备的运输提供了可能性，从此之后，云南各业生产所需之中型机械设备，全由该铁路运输入滇。至于锡业生产方面，1909 年，个旧锡务公司“向德国礼和洋行订购洗砂、制炼、化验、电机、架空铁索等机械，共值一百零八万马克合银五十余万元”①。个碧石铁路的修筑过程中，其铁轨、水泥、炸药、通信设备、车厢等也都由滇越铁路运输。

滇越铁路在通车后成为个锡运输的主要干线，个锡及矿区所需物资由该铁路离个旧矿区最近的车站碧色寨车站转运。但是个旧仍未与现代化的交通线路直接连接，“个旧的大锡用牛马运到大屯，装上木船，从大屯海、长桥海水运至长桥海北岸的马街哨，然后又用牛马搬运到碧色寨，装上火车外运”②。矿区所需各种生产、生活物资也要这样运入个旧，这种畜运与水运相结合的方式运输量小，耗时费力，这种由于缺乏现代化的交通条件而导致的开放程度不够的问题与个锡蓬勃的发展速度之间形成了巨大的矛盾。有识之士开始意识到这一问题，“自法帝国主义经营的滇越铁路通车，一般厂商受到了刺激，深知道牛马运输货物较之火车运输货物，相差何止百倍，于是乃倡议修建由碧色寨至个旧的个碧石铁路，以便利矿区的运输”③。1915 年，在个旧乡绅的倡导下个碧石铁路开始修筑，1921 年 11 月个碧石铁路通车，个旧开放程度有了极大的提升，史载：1910 年滇越铁路建成，1921 年个碧石铁路通车，为大锡的生产和交易提供了条件，开采规模日益扩大。④

总之，个旧地区现代化交通条件的改善，推动了个旧锡业的发展。在滇越铁路及个碧石铁路修筑之前，云南的交通主要依靠畜力运输及红河航运。畜力运输存在运量无法适应个锡大规模输出需要及运输成本过高的问题，红河航运则因适

① 苏汝江：《云南个旧锡业调查》，国立清华大学国情普查研究所，1942 年，第 26 页。

② 李增耀编著：《蒙自史话》，民族出版社 2003 年版，第 70 页。

③ 杨霈洲：《修建个碧石铁路的起因经过和结果》，载《蒙自文史资料选辑》，第 1 辑，第 118 页。

④ 云南省地方志编纂委员会：《云南省志・商业志》，卷 14，云南民族出版社 1993 年版，第 498 页。

航段不多及受到季节性影响而限制了运量，造成个锡对外贸易长期受到限制，生产举步不前。滇越铁路与个碧石铁路的修筑不但改善了云南的交通条件，促进了云南商品经济的发展，也为个锡的大量出口及个旧地区生产的进步提供了契机。

第二节 锡矿开发对云南就业的吸纳及影响

一、各时期个旧锡矿工人的数量及其变化

个旧锡业自清末大规模开发以来，一直以土法生产为主，由于生产技术条件的落后，其属于劳动密集型的生产方式。随着个锡产量的不断提高，个旧地区聚集的劳动力也逐渐增多。

关于个旧矿工人数记载的材料非常丰富，但多为估计数额且相差甚巨，以民国三年（1914 年）的矿工记录为例：六月筹办个旧砂丁局总办称，“查个旧为产锡著名之区，近年产额益增，销数日旺，炉厂火房栉比林立，砂丁人数竟逾十四五万，此可为矿业发达之证”①；七月，个旧县知事为恳请政府拨款救济个旧厂商时称，“若果坐视穷迫，不思设法救济，则自顾不了，私相逃匿，十余万之砂丁，住无餐飧，回无旅费，势必纷然瓦解，全体溃散”②；八月，《云南巡按使署政务厅稿》称，个旧“砂丁十五六万，均以矿为业”③；同月，个旧锡业人士在《请拨巨款救济个旧锡业电》中称，“乃银根断绝，米路复绝，二十万人生机尽矣”④；同月十六日，余焕东向农商总长请求给个旧救济电中称，“个旧锡价落滞销，金融奇窘。前虽由财厅接济，力已难支。近愈银尽米绝，砂丁二十万，颇形不稳”⑤。以上材料均是在民国三年（1914 年）对个旧矿工人数的记载，数据却由 10 万～20 万

① 云南省档案馆等编：《云南近代矿业档案史料选编 1890—1949》上，内部发行，1990 年，第 216 页。

② 云南省档案馆等编：《云南近代矿业档案史料选编 1890—1949》上，内部发行，1990 年，第 221 页。

③ 云南省档案馆等编：《云南近代矿业档案史料选编 1890—1949》上，内部发行，1990 年，第 215 页。

④ 云南省档案馆等编：《云南近代矿业档案史料选编 1890—1949》上，内部发行，1990 年，第 226 页。

⑤ 云南省档案馆等编：《云南近代矿业档案史料选编 1890—1949》上，内部发行，1990 年，第 227 页。

不等，相差巨大。

从上文可以看出，这些数据都是大约数，个旧矿工究竟有没有那么多？以个旧县人口数量统计作为参照依据来分析，据苏汝江调查，民国十一年（1922 年）个旧全县人口数为 68，961 人①，二十一年（1932 年）民政厅调查结果为 93，780 人②，全县总人口也不到 10 万，何来 20 万之多的矿工，以上材料大多是对当时个旧锡矿开发盛况的描述，多有夸张之嫌。按照《个旧县志稿》的估计，个旧县人口职业分配概况为办厂者（采锡者）约占 30%，炉户占 5%，经商者（买卖矿砂大锡及开店铺者）占 30%，工人（其中砂丁最多）占 30%，余者如炭业者，及军政教育界者与无业者合计约占 5%。③ 个旧地区将从事锡矿开采及背塃的工人称为砂丁，下文分析的矿工人数以砂丁为主，不包括矿主等人。

单纯地以民国时期个旧砂丁人数为目标进行调查也并非易事，苏汝江在民国二十九年（1940 年）调查时发现："个旧矿工究有若干，历年均无精确值统计。兼以矿工移动频繁，厂主又多隐匿虚报，故调查亦非易事。"④ 现将国民政府个锡统制之前关于个旧矿工人数之记载进行统计分析，结果如表 5-6 所示。

表 5-6　个旧矿工人数表　（单位：人）

年　份	洞尖	草皮尖	冲塃尖	买塃尖	溜口工人	合计	附　注
民国十二年八月调查	12178	11100	1000		13660	37，938	均系约数，炉房溜口工人除外，见曾鲁光锡业概观
民国十九年						22，500	林樑成之报告（见云南日报廿四年六月廿日）
民国二十年						30，000	
民国廿一年						35，000	
民国廿二年（八月廿日登记）						36，109	厂业同业公会之调查
民国廿三年（九月十九日登记）						51，407	

① 苏汝江：《云南个旧锡业调查》，国立清华大学国情普查研究所，1942 年，第 12 页。

② 郭垣：《云南省经济问题》，正中书局 1940 年版，第 14 页。

③ 苏汝江：《云南个旧锡业调查》，国立清华大学国情普查研究所，1942 年，第 13 页。

④ 苏汝江：《云南个旧锡业调查》，国立清华大学国情普查研究所，1942 年，第 60 页。

续表

年　份	洞尖	草皮尖	冲塃尖	买塃尖	溜口工人	合计	附　注
民国廿六年②						37，314	建设厅个旧办事处之登记
民国廿七年③						31，880	
民国廿八年						31，709	

（注：1. 资料来源：苏汝江，《云南个旧锡业调查》，国立清华大学国情普查研究所，1942 年，第 59-60 页。

2. ②③资料来自袁丕济、曹立瀛、王乃樑《云南之锡业》，载《资源委员会月刊》第三卷第二、三期合刊，第 70 页。

3. 另据《云南之锡业》载，个旧厂业同业公会调查，民国二十二年矿工人数为 39，147 人，二十三年为 52，169 人。）

苏汝江认为，“此等数字必较实际数目为少，盖厂户类多隐匿不报，矿工之登记者，即有少无多”，因此，在平常年份矿工人数应该在五万至六万之间。袁丕济等人也认为就民国二十七年（1938 年）而言，个旧采矿、洗砂、炼锡均无机械运用的增加，但产量比民国二十三年为高，因此该年工人数量肯定不会比民国二十三年少，三万多的矿工数量应该偏小，该年矿工人数应在七万左右。① 就国民政府资源委员会对个锡进行统制之前的矿工数而言，普通年份矿工数量应在五至七万，而“十万”、“二十万”矿工应包含了以锡矿生产为生的矿工及各种为矿业服务的人员，诸如炭户或运输人员等，甚至包括了全县其他商业、教育、公职人员。

民国二十八年（1939 年）个锡统制开始后，个锡工业迅速衰落，个旧 90％的私营锡矿业倒闭，大量工人失业，矿工人数逐年减少。据《云南日报》记者建初的统计，民国二十七年（1938 年），个旧锡矿工人有 101，130 人，二十八年有 84，808 人，二十九年有 51，863 人，三十年有 25，707 人，三十二年（1943 年）1 月至 6 月有 17，596 人，6 月至 9 月有 5，100 人，10 月至 12 月初有 2，230。②尽管这一调查中民国二十七年的矿工人数与苏汝江等人的调查相差较大，且该数据应当是将个旧所有直接从事锡业生产及依靠锡业为生的人员都包含进去了，数据偏大，但我们依然可以从中看出，个旧矿工人数在 1939 年之后确实逐年减少，这与个锡产量减少的趋势是相同的。

---

① 袁丕济、曹立瀛、王乃樑：《云南之锡业》，载《资源委员会月刊》，第三卷，第二、三期合刊，1941 年，第 59 页。

② 建初：《个旧的过去与现在》，载《云南日报》，1943 年 3 月 17 日。

二、锡矿开发对云南就业市场的影响

近代个旧90%以上的锡矿尖子使用土法生产，它属于完全依赖人力生产的劳动密集型产业，余下少有的如锡务公司、炼锡公司等使用新法的企业也需要不少人工，这就注定了个旧锡矿的开发需要大量的劳动力，可以说，近代个旧锡矿开发规模的不断扩大和产量的不断提升，是劳动力投入不断增加的结果。

清代以前，据《续文献通考》等史料记载："个旧矿区多以罪人充当矿夫"，"征派徭役充当矿夫"，"抽派雇农当工役"。清末个锡产量迅速提升，光依靠这些"罪人"与向本地农民征派徭役是远远不够的，来自外地的劳动力补充到矿工队伍中，保证了个锡开发对于劳动力的需求。

鸦片战争后，中国自然经济在西方资本主义经济的冲击下开始瓦解，大量的破产农民与手工业者成为个旧锡矿矿工的主要来源。民国二十七年（1938年），对百名矿工进行调查的结果表明，这百名矿工中农民占80%，其中无田者占20%。矿工入厂原因调查结果表明，因生活困难到矿山谋生的占59%。① 在矿山工作收入不高，劳动条件又十分艰苦，安全还不能得到保障，但对于生活困苦的破产农民来说仍不失为一条谋生之道。

近代个旧最早的矿工多来自外省，曹立瀛等人在民国二十九年（1940年）的调查显示，"最初办厂者中，湖广人居十分之六七，江西人居十分之二三，山陕人次之，他省人又次之"，这种情况"六十年前犹然"。②

中法战争后，帝国主义侵略势力进一步深入云南，在认识到西方工业文明的先进之处的同时，云南原有的自然经济也遭到严重破坏。天灾与严重的土地兼并，使本地破产农民增多，这些人必须寻求务农之外的谋生之道。由于距离矿区较近，个旧附近的石屏、建水籍矿工逐渐取代了湖广籍矿工，他们成为矿区砂丁的主要来源。民国初期个旧矿区就流行着"临安人专打老硐，石屏人多盘炼岗，蒙自人多开大号，个旧人多卖甜浆"的俗语，这说明这时的矿区已经是云南本省人居多。1909年，滇越铁路的通车为个锡的出口提供了一个便捷的通道，同时也加快了铁路沿线地区人口的流动。1909—1937年，个旧矿区招工范围已扩大到陆良、曲靖、

---

① 苏汝江：《云南个旧锡业调查》，国立清华大学国情普查研究所，1942年，第61页。

② 曹立瀛、王乃樑：《云南个旧之锡矿》，载《云南省工矿业调查》之六，1940年，第8页。

宣威、平彝（今富源县）、昭通及滇西一带。①

在个旧矿工中，云南籍者占90%以上，个旧矿业的发展为云南农村剩余劳动力的转移提供了一大途径。如表5-7所示，民国时期，个旧矿工绝大多数来自云南本省，以建水、石屏两县的人数居多，此外还有部分来自贵州各地。基于个旧矿山巨大的劳动力需求，无业者很容易在此地找到就业机会，史载："矿工恒不招自来，每届上厂之际，三五十成群到厂寻觅相当工作。"② 按照个旧矿山平常年份有矿工5万人，99%为云南籍计算，个旧矿区至少为云南破产农民及手工业者提供了4万余个就业岗位。

表5-7 1938年个旧县第二区金钟镇1498名矿工籍贯构成表

籍贯/县	矿工数/人	占总人数/（%）	籍贯/县	矿工数/人	占总人数/（%）
建水	577	38.51	威宁	25	1.67
石屏	241	16.08	曲靖	24	1.60
元江	81	5.40	通海	24	1.60
宣威	65	4.33	弥勒	16	1.07
陆良	58	3.86	龙武	15	1.00
江川	46	6.06	会泽	14	0.93
沾益	39	2.60	个旧	14	0.93
昆阳	37	2.55	泸西	10	0.67
易门	32	2.13	蒙自	9	0.60
昭通	30	2.00	开远	9	0.60
河西	27	1.80	峨山	8	0.53
玉溪	26	1.74	路南	7	0.47
澄江	26	1.74	曲溪	7	0.47

（资料来源：个旧市志编纂委员会，《个旧市志》下册，云南人民出版社1992年，第392页。）

（原注：1. 各县省别除威宁为贵州省外，其余均为云南省。

2. 1498名矿工中有31名缺统计。）

个旧矿区对劳动力的吸纳造成了该地区在人口分布上有别于周边地区的一些

① 陈吕范、邹启宇：《个旧锡业"鼎盛时期"出现的原因和状况——解放前个旧锡业研究之二》，载云南省历史研究所云南地方史研究室、云南大学历史系编：《云南矿业史论文集》，云南历史研究所，内部资料，1965年，第176页。

② 云南省图书馆藏《个旧锡务公司十八年度业务概况报告书》，1930年，第5页。

特点：

第一，近代以来，个旧地区人口迅速增加，个旧县是周边各县中人口密度增长最快的区域，如表 5-8 所示。

表 5-8　个旧及周边部分城市人口密度统计表

县　别		个旧县	蒙自县	建水县	石屏县	阿迷县
全县面积/方里		4，000	23，600	25，800	13，100	10，800
1919 年	人口数/人	59199	81453	272180	149856	80240
	人口密度（人/方里）	14.8	3.5	9.4	11.4	7.4
1924 年	人口数/人	68961	94482	259375	215699	83630
	人口密度（人/方里）	17.2	4.0	10.1	16.5	7.7
1932 年	人口数/人	93780	131587	198165	155969	96048
	人口密度（人/方里）	23.4	5.6	7.7	11.9	8.8

（资料来源：1. 全县面积见《云南实业通讯》，第一卷，第七期，1940 年 7 月，第 174 页。

2. 各年人口数见《续云南通志长编》，第 88-103 页，由民国八年（1919 年）政务厅汇编云南省各属户口统计表，民国十三年（1924 年）内务司汇编云南省各属户口统计表，民国二十一年（1932 年）民政厅汇编云南省户口调查表整理而成。

3. 人口密度为平均每方里土地的人口数。）

从表 5-8 中可以看出，近代以来随着社会经济的不断发展，红河地区人口整体呈现增长趋势，但从人口密度角度考察，个旧县不但是红河地区人口密度最大的地区，密度还由民国八年（1919 年）的每方里土地平均 15 人，增加到民国二十一年（1932 年）的 24 人，增长率达到 60%。同一时期，只有作为云南省重要的对外贸易口岸的蒙自县的人口密度增长速度（增长率 60%）稍快于个旧，而建水、石屏等县的人口虽稍有增长，密度却几乎没有变化。这说明随着个锡开发规模的不断扩大，劳动力的投入也越来越多，大量的劳动力涌入该地，个旧成为劳动力密集型地区。

第二，个旧矿区劳动力的不断增加，是个锡产业发展的动力，劳动力主要集中于锡矿业的开发，使该地区在行业人口比例上有别于其他地区。

表 5-9　1932 年云南及相关区域人口就业的行业分布表

域别	总从业人员		农业		工业		商业	
	人数/人	百分比/（%）	人数/人	百分比/（%）	人数/人	百分比/（%）	人数/人	百分比/（%）
全省	5148786	100	2437784	43.75	709397	29.10	169602	3.30
昆明市	65470	100	2342	3.58	24010	36.67	9429	14.40
昆明县	82631	100	54773	66.29	5234	6.34	4872	5.90
个旧	49226	100	9557	19.41	22940	46.60	1146	2.33
蒙自	58360	100	21072	36.11	6152	10.54	2416	4.14

（资料来源：张肖梅：《云南经济》，中国国民经济研究所，1942 年，第 E17—24 页。）

从表 5-9 中可以看出，从农、工、商总体就业水平上而言，个旧比省城昆明与蒙自等地低，但是其工业就业人口比例最高。全省从事工业的人口比例不到 30%，个旧地区形成了以锡矿业为主的工业发展格局，这使从事工业的人口比例达到了 46.60%，将近全县从业人口总数的一半，比全省高出 17.50%，甚至比省城昆明这样的全省工业种类最多、工业最发达的地区还要高出 9.93%。这主要源于个旧锡矿开采需要大量劳动力，它吸引周边甚至外省大量农村破产农民到个旧谋生，而私营锡矿属于机械使用率低下的行业，工人数量的多少与锡矿产量成正比。

第三，相对云南全省就业市场而言，个旧男性就业的比例要远远高于女性。由于开采锡矿属于高劳动强度作业，矿山也流传着女人上矿山则会“踩断矿脉”的迷信说法，因此，在个旧从事矿山工作的人员以男性为主。

表 5-10　个旧及周边部分城市人口性别统计表

时　间	县别	户数/户	男丁数/人	女丁数/人	丁口合计/人
民国八年（1919 年）	蒙自县	14922	41515	39938	81453
	个旧县	8893	33965	25234	59199
	建水县	44760	137630	134550	272180
	石屏县	28548	78189	71667	149856
	阿迷县	16184	41315	38925	80240

续表

时　　间	县别	户数/户	男丁数/人	女丁数/人	丁口合计/人
民国十三年（1924 年）	蒙自县	16020	47601	46881	94482
	个旧县	10669	39763	29198	68961
	建水县	44242	134108	125267	259375
	石屏县	28666	113707	101992	215699
	阿迷县	15211	44427	39203	83630
民国二十一年（1932 年）	蒙自县	26699	66451	65136	131587
	个旧县	16496	65689	28091	93780
	建水县	44150	95890	102275	198165
	石屏县	32218	78943	77026	155969
	阿迷县	19636	47641	48407	96048

（资料来源：《续云南通志长编》，第 88-103 页。民国八年数据由政务厅汇编云南省各属户口统计表整理而成，民国十三年数据由内务司汇编云南省各属户口统计表整理而成，民国二十一年民政厅汇编云南省户口调查表整理而成。）

从表 5-10 中我们可以看出，除个旧外其他几个城市的男女人数比例相差不大。而个旧地区 1919 年男女人数比例为 1.33：1，1924 年为 1.36：1，到了 1932 年，这一比例上升至 2.33：1，男性人数明显多于女性。造成这种现象的原因正是个旧锡矿开发需要大量男性劳动力，其对女性劳动力的吸纳作用明显不如男性劳动力，这导致当地人口性别比例失衡。

第三节　锡矿带来的收益成为云南地方财政的有力支撑

一、个锡成为云南出口商品之大宗

（一）近代以前云南出口商品结构

云南地处中国的西南边疆地区、云贵高原的西南部，与国家传统的政治、文化、经济中心都相距甚远。由于交通运输困难，云南地区与中原地区的商品交换受到限制，自古以来都被中原王朝认为是偏远、蛮荒之地。但是云南在地理位置上又与缅甸、老挝、越南三国接壤，与印度、泰国、孟加拉国等国相距不远，且地跨温、热两带，气候条件多样，地广山多，拥有丰富的物产。特殊的地理位置与丰富的物产使云南自春秋时期开始就与周边各国有贸易联系。随着中原内地王朝对西南边疆开发治理的深化，云南社会经济逐步发展和生产力水平的提高，对外贸易的地域范围也进一步拓展。①

秦汉以前，云南的对外贸易就已经有史籍记载，"至迟在公元前 4 世纪就开通了一条由中国南部、西南部经昆明达于缅甸、印度等地的南方陆上'丝绸之路'"②，这条"南方丝绸之路"，甚至比"北方丝绸之路"开通时间更早。到秦汉时期，这条路线开始见于正史，《史记·西南夷列传》记载："及元狩元年，博望侯张骞使大夏来，言居大夏时，见蜀布、邛竹杖，使问所从来，曰：'从东南身毒国，可数千里，得蜀贾人市。'或闻邛西可二千里有身毒国。"③ 此后，云南的各种土产都曾经过此道贩运至缅甸、越南、印度等国。到唐朝时随着社会经济的进一步发展，供交换的商品品种也多起来，《蛮书》记载："（骠国）有移信使到蛮界河赕，则以江猪、白叠毛及琉璃、罂为贸易。"④ 这也就是说，除手工制造的布匹、丝绸外，猪鬃等物也成为对外贸易的物品。

元明时期，云南被纳入了中央王朝的统治，为了加强与边疆地区的联系，元朝大修驿路，对外交通条件的改善和社会生活的安定使云南社会经济有了极大的发展，促进了云南对外贸易的繁荣。元朝时缅甸与云南之间的交往路线已经有三条："一由天部马，一由骠甸，一由阿郭缔结，俱会于缅之江头城。"⑤ 为了加强与越南的交往与联系，至元二十年（1283 年），元政府在唐宋滇越驿路的基础上特意于安南设置驿站。相较于元朝，明朝与安南的交往更加密切。明朝时期云南对外贸易商品明显增加，输入的大宗商品有缅棉、海贝、珠宝、玉石，输出的大宗商品有丝、丝绸织品、食盐、杂货及其他土产。⑥ 史载，从永昌至勃固的南方丝绸之

① 吴兴南：《历史上的云南对外贸易》，载《云南社会科学》，1998 年第 3 期。

② 吴兴南：《云南对外贸易——从传统到现代化的历程》，云南民族出版社 1997 年版，第 1 页。

③ 司马迁：《史记·西南夷列传》，载方国瑜主编：《云南史料丛刊》第 1 卷，云南大学出版社 1998 年版，第 4 页。

④ 樊绰，向达撰：《蛮书》卷 10，中华书局 1962 年版，第 233 页。

⑤ 宋濂：《元史》第 15 册，卷 210，《缅》条，中华书局 1976 年版，第 4655 页。

⑥ 吴兴南：《云南对外贸易——从传统到近代化的历程》，云南民族出版社 1997 年版，第 57 页。

路，把中国的丝绸、杂货源源不断地运抵勃固。① 另外，滇缅两国之间边境人民互通有无的互市贸易也有了很大发展，《徐霞客游记》曾记述腾越关外"野人"入关市易的情形："滇滩关道已茅塞不通，惟茶山野人间从此出入，负茶、蜡、红藤、飞松、黑鱼，与松山、固栋诸土人交易盐布。中国亦间有出者……"② 到了明代，云南与安南的对外贸易也很发达，安南商人经云南进行蜀丝、蜀锦的转输贸易，另外，商人还将云南的铜矿私自贩卖到安南。《明宪宗实录》载："云南路南州铜坑，往往为奸民窃法煎卖，以资交趾兵器。请移文所司封闭，免其税课……有犯者发烟瘴地面充军。"③ 这说明当时铜矿也是云南对外贸易的商品之一。

清代前期是云南传统对外贸易的最后一个发展时期。清朝在平定了三藩之乱后进一步加强了对云南地区的政治控制，加快了边疆开发的步伐。在政府的推动与云南人民的共同努力下，清代前期，云南的农业、手工业、矿冶业都得到了巨大的发展，社会经济的进步促进了对外贸易的发展，具体表现为对外贸易中输出的商品种类不断增多，商品交换的规模也扩大了许多。据史料记载滇缅间的贸易商品："查缅夷仰给者，钢铁、锣锅、绸缎、毡布、磁器、烟茶等物，至黄丝、针线之类；需用尤亟。彼处所产珀玉、棉花、牙角、盐鱼，为内地商民所取资，往来俱有税口。"④ 另外，清朝在与缅甸交战时曾下谕："野人来市，除牛、马、铜、铁、硝磺等项，恐资贼用者，不准换给外，其余绸布各件无关紧要之物，按值与之交易。"⑤ 这是在战时实行的特殊禁运政策，这说明在非战时至少牛、马、铜、铁、硝磺等都属于对缅的出口物品。滇越之间的贸易也以双边山货土产互易为主，虽然清政府曾一度要求滇越之间所有陆路贸易必须经由广西出关，但两国之间的互市贸易没有被完全禁止。据新中国成立后修纂的《江城县志》记载：清代输出商品主要有茶叶、食盐、紫胶、大米、糖、肥猪、水牛、黄牛、白银；输入商品为鸦片、染料、布匹、鹿茸、鹿筋、虎骨、象牙、皮张等。⑥

综上所述，自秦汉以来，云南已经与周边的各国建立了贸易联系。就云南出口的商品而言，其大多属于国内土产，其中丝绸出口历史最悠久，食盐、茶叶、

---

① 蓝勇：《南方丝绸之路》，重庆大学出版社 1992 年版，第 148 页。

② 朱惠荣：《徐霞客游记校注》（下），云南人民出版社 1985 年版，第 1080 页。

③ 《明宪宗实录》卷 220，《明实录》第 48 册，第 3804 页。

④ 《〈清实录〉越南老挝缅甸史料摘抄》，云南人民出版社 1986 年版，第 687 页。

⑤ 《清高宗实录》卷 818，《清实录》第 18 册，中华书局 1986 年版，第 1093 页。

⑥ 云南省江城哈尼族彝族自治县志编纂委员会：《江城哈尼族彝族自治县志》，云南人民出版社 1989 年版，第 203 页。

土布等为数也不少，铜、铁、金、银等矿业产品也有少量输出，但矿产品不是出口的主要商品，锡块及锡产品的出口更是不见记载。就贸易范围而言，传统的对外贸易多与云南周边各国，如缅甸、越南、老挝进行，商品的流向也不超过这个范围。除官方贸易外，边民之间的互市贸易也非常多。但是清代以前的这种对外贸易是建立在封建社会农业经济发展基础上的，贸易双方互相交往的这种贸易行为，目的在于补充双方缺少的物品，商品大多为奢侈品或土特产。换句话说，它是存在于地域性物质生产差异基础上的一种国际经济行为。①

（二）近代以来云南对外贸易商品结构的变化

18世纪末19世纪初，西方发达资本主义国家不断向东方扩张，与云南有传统对外贸易关系的周边各国纷纷遭到了侵略，相继沦为殖民地，殖民者的扩张脚步也逐渐向云南地区推进。19世纪末，通过一系列的不平等条约，英、法殖民者打开了通往云南的大门，1889年蒙自关开埠后，云南有了第一个通商口岸，随后1897年思茅关开埠，1902年腾越关开埠，云南三关形成后，传统的对外贸易随之向近代对外贸易转化。通过不平等条约，英、法等国获取了许多商业特权，云南的对外贸易由与缅甸、越南、老挝等周边国家进行互通有无的平等交换，成为主要与发达资本主义进行商品交换，以大量出口初级原料来换取大量工业品的交换，云南也沦为这些国家倾销工业品与掠夺原料的市场。由于地理位置的不同，云南三关进出口贸易的商品结构也各有特点，但总体而言，云南出口贸易的大宗商品已经由传统贸易时期的以生丝、茶叶为主，变为以出口个锡、生丝、皮革、茶叶、药材，甚至是鸦片为主，特别是为了适应国际市场对矿产品的需求，以个锡为主的云南矿产品出口成为云南出口商品中的最大宗货值。

表5-11　个锡占云南历年出口大宗货值百分比表（三关合计）

年份	占百分比/（%）	年份	占百分比/（%）	年份	占百分比/（%）
1889	81.75	1906	62.98	1922	76.59
1890	84.93	1907	79.28	1923	73.17
1891	86.01	1908	74.81	1924	74.35

① 吴兴南：《云南对外贸易——从传统到近代化的历程》，云南民族出版社1997年版，第94页。

续表

年份	占百分比/（%）	年份	占百分比/（%）	年份	占百分比/（%）
1892	84.66	1909	82.92	1925	77.70
1893	81.75	1910	85.81	1926	73.99
1894	80.73	1911	86.05	1927	68.24
1895	78.68	1912	90.59	1928	74.72
1896	79.69	1913	88.59	1929	71.48
1897	76.42	1914	85.18	1930	70.48
1898	76.83	1915	83.95	1931	74.66
1899	78.46	1916	80.13	1932	79.24
1900	78.40	1917	84.58	1933	79.59
1901	79.24	1918	78.09	1934	75.92
1902	85.68	1919	67.28	1935	78.41
1903	72.29	1920	76.37	1936	76.37
1904	62.90	1921	63.14	1937	75.98
1905	67.58				

（资料来源：钟崇敏，《云南之贸易》，云南省经济研究报告之二十，内部发行，第69-70页。）

据钟崇敏调查，近代云南三关历年出口大宗物品，共有大锡、特货（鸦片）、生丝、生牛皮、未硝山羊皮、茶叶、猪鬃、药材、钨砂及桐油等十种。其中大锡的出口货值居出口商品之首位，在1889至1937年的近半个世纪时间里，最高时占全省出口总值的90.59%（民国元年，1912年），最低时占62.90%（光绪三十年，1904年），年平均占77.69%，如表5-11所示。出口值最多的年份为云南省带来了3049.5万元的出口值（民国二十六年，1937年），平常年份也有1600余万元至2000余万元的出口值，其他货物出口值相加还不到锡的1/3。尤其是在特货出口贸易被禁止后，个锡更是云南整个对外贸易的最主要商品，故有“本省大锡出口，实关系本省贸易之荣枯”之言①，换言之，个锡是近代云南对外贸易的支柱商品。

① 钟崇敏：《云南之贸易》，云南经济调查报告之二十，内部发行，1939年，第171页。

二、个锡成为平衡云南进出口货值的重要商品

近代以来，由于受到国际经济一体化的影响，云南对外贸易逐渐发展起来，尤其在光绪十五年（1889 年）蒙自关开埠与宣统元年（1909 年）滇越铁路通车后，云南的对外贸易进入了迅速发展时期，到抗日战争爆发前，整个贸易一直呈现出不断增长的趋势，董孟雄认为，这段时期云南对外贸易的特点是自由贸易，不论哪届地方政府对民间贸易经营业务都不进行干涉，因此，此时民间的对外贸易有较大的发展。① 国际市场的旺盛需求与地方政府对对外贸易的不加干涉，使个锡出口量持续增加，使之成为云南省对外贸易出口商品中的最大宗。

个旧大锡是近代云南对外贸易的主要商品，每年为云南省赚回大量外汇，正如海关贸易报告所指出的那样，“若考云南之利权，似乎全赖矿产”②，“其能拯助云南者，厥惟出口贸易，而此项贸易尤与个旧出产有密切关系”③。个锡大多由锡商从蒙自关出口，运至香港销售后，再就地购回洋货，由于个锡在对外贸易中的独特地位，云南进口贸易的数量起伏也常常视其出口情况而定。蒙自海关官员有言：“蒙自所出土货无多，惟有将大锡运至香港卖银采办洋货，除此别无他计，无论或赢或歉，均难舍此别图。”④ 缪云台也认为：“滇省地大物博，所恃以为立足之根基者，不外农矿，而农矿之中，就现在情形，足以畅销外洋以谋本省福利者，厥为个锡。滇锡产额年达六七千吨，价值在千万以上，国家收入税课年可达四五十万元，销售之途遍于欧美，业锡者不下数十万人，是个锡之盛衰消长，关系于我滇经济实力者实非浅鲜。”⑤ 由此可见，个锡对于平衡近代云南进出口贸易起到了至关重要的作用。

1889—1937 年云南出口个锡货值与三关进口净值如表 5-12 所示。将两组数据用曲线图表示，可以更直接地看出二者之间的关系，如图 5-1 所示。

① 董孟雄、郭亚非：《云南地区对外贸易史》，云南人民出版社 1998 年版，第 58 页。

② 《光绪三十四年蒙自口华洋贸易情形论略》，载《中国旧海关史料（1859—1948）》第 47 册，京华出版社 2001 年版，第 439 页。

③ 《中华民国六年蒙自口华洋贸易情形论略》，载《中国旧海关史料（1859—1948）》第 78 册，京华出版社 2001 年版，第 222 页。

④ 《光绪二十一年蒙自口华洋贸易情形论略》，载《中国旧海关史料（1859—1948）》第 23 册，京华出版社 2001 年版，第 247 页。

⑤ 云南省档案馆等编：《云南近代矿业档案史料选编（1890—1949）》上，内部发行，1990 年，第 317 页。

表 5-12 1889—1937 年云南出口个锡货值与三关进口净值比较表

（单位：国币千元）

年份	出口个锡货值	三关进口净值	年份	出口个锡货值	三关进口净值
1889	112	148	1914	11，916	15，594
1890	620	990	1915	13，850	12，071
1891	781	1，464	1916	12，537	11，619
1892	971	1，789	1917	18，041	13，000
1893	936	2，374	1918	15，641	19，023
1894	1，186	1，933	1919	12，525	19，893
1895	1，266	2，818	1920	16，561	22，285
1896	1，055	2，535	1921	8，979	22，499
1897	1，296	3，972	1922	12，896	25，195
1898	1，502	4，175	1923	12，110	26，206
1899	2，353	5，523	1924	14，004	28，055
1900	3，022	4，850	1925	18，672	32，983
1901	3，829	6，165	1926	13，562	34，855
1902	5，169	6，772	1927	12，716	31，351
1903	3，152	8，659	1928	14，266	30，475
1904	4，966	12，517	1929	13，625	26，693
1905	5，339	10，047	1930	13，513	32，450
1906	5，343	10，912	1931	14，068	27，271
1907	5，043	11，607	1932	15，551	29，820
1908	6，721	9，767	1933	22，189	31，355
1909	6，138	12，403	1934	14，262	26，425
1910	9，306	10，414	1935	18，636	29，076
1911	9，691	9，482	1936	23，913	28，287
1912	17，746	15，217	1937	30，495	31，945
1913	16，335	17，447			

（资料来源：出口个锡货值见钟崇敏，《云南历年出口大宗货值比较表》，见《云南之贸易》第 71 页；三关进口净值见钟崇敏，《云南三关进口总值分析表》，见《云南之贸易》第 22-24 页。）

从图 5-1 中可以看出，一战结束以前，个锡出口值与云南三关进口净值波动基本保持一致，在个锡出口值较高的年份，进口货物价值也随之增高。一战之后，云南进口货物价值持续增加，锡的出口价值却因为国际锡价的波动、国内生产环

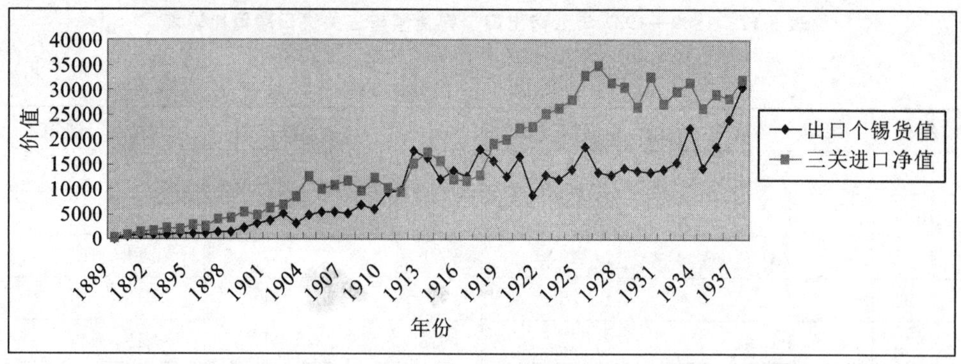

图 5-1　1889—1937 年云南出口个锡货值与三关进口净值比较图

境与土法生产之个锡不能直销欧美，波动较大。但总体而言，云南对外贸易处于入超状态，的确是由个锡出口带来的货值抵消大半。正如郭垣所言："滇之出口锡，向占其对洋贸易出口货物中之第一位；近年来之输出总值，皆在二千万以上；所有其对外贸易之差额，皆由此项出口值弥补之。就其出口值在云南对外贸易之总输出言之，每年皆在百分之八十以上。人皆谓个锡为滇省经济命脉者，盖以此也。"① 王福明也曾总结道："可以得出结论，早期云南对外贸易逆差主要由鸦片售值来平衡，随着大锡出口的增长，在清末，云南转为对外出超，这在全国各省中是不多见的。大量白银的流入，使其经济实力加强，有清一代，靠邻省协饷的云南，民国后不仅自力，而且雄踞西南，在民国初年的政治风云中起到一定的作用。"②

三、个锡收益成为云南地方财政的有力支撑

自古以来云南就是一个边远落后的边疆省份，农业经济并不发达。清朝时云南的财政向来入不敷出，云南往往要依赖其他经济发达各省的接济。近代以来随着个锡出口贸易的发展，个锡成为云南最主要的出口商品，个旧成为云南最重要的工业区，个旧锡业的税收亦成为云南省重要的财政收入来源，政府每年从锡业中征收的锡税"历来为云南财政收入之大宗，所有全省军政建设等费之支出均利赖之"③。

---

① 郭垣：《云南省之自然富源》，正中书局 1940 年版，第 136 页。

② 王福明：《近代云南区域市场初探 1875—1911》，载彭泽益主编：《中国社会经济变迁》，中国财政经济出版社 1990 年版，第 414 页。

③ 苏汝江：《云南个旧锡业调查》，国立清华大学国情普查研究所，1942 年，第 79 页。

政府对个锡的税捐大致可分为国税、云南省税两块，民国二十五年（1936年）征收的国税有海关正税、海关附税与水灾赈捐，征收额占锡税捐的27.8%，其中以海关正税征收额度最高，每公担需抽国币5.9元。① 省税是锡税的重要组成部分，分为矿区税与矿产税，矿区税由建设厅征收，每年数额有限，矿产税由财政厅征收，民国二十年（1931年）以前称为大锡捐，厘金废除后改在特种消费税下征收锡消费税，由云南省政府消费税局征收。② 据袁丕济等人调查，民国二十五年，锡消费税占锡税捐的53.122%，民国二十七年达到60.44%，是所有税捐中比重最大的一项。③ 由于个锡产量巨大，财政厅征收的锡消费税成为云南省财政收入主要来源之一。

表5-13 锡税收入占云南省财政收入比例表

年　　份	单位	云南省财政收入	锡　　税	占百分比/（%）
民国十一年1922年	旧滇币元	3，604，642.89	460，249.98	12.8
民国十二年1923年		4，413，875.39	574，411.57	13.0
民国十三年1924年		3，674，221.29	524，239.92	14.2
民国十四年1925年		5，275，136.17	1，310，339.21	24.8
民国十五年1926年		2，766，522.53	708，678.84	25.6
民国二十年1931年	新滇币元	520，662.94	419，135.74	8.1
民国二十一年1932年		7，373，713.68	1，036，348.61	14.1
民国二十五年1936年		14，748，298.04	2，500，640.13	16.9
民国二十六年1937年		14，584，622.10	2，961，615.43	20.3

（资料来源：1. 民国十一年至十五年数据来自《自民国十一年至十五年云南岁入详细表》，见张肖梅：《云南经济》，第U28页，该表中将云南财政收入分为经常收入和特别收入，上表所录入的云南财政收入只列入经常收入。原注：1922年收入系自3月16日起截至12月底计算，1926年锡自该年1月起截至5月底计算。

2. 民国二十、二十一、二十五、二十六年数据来自赓仁严：《云南之财政》，云南经济研究报告之二十一，内部发行，1939年，第一章。该文中云南省财政收入包括禁烟罚金，上表所列之财政收入数据系减去禁烟罚金之数。）

由表5-13可知，在民国二十九年（1940年）国民政府大锡统制以前，云南省

① 袁丕济、曹立瀛、王乃樑：《云南之锡》，载《资源委员会月刊》，第三卷，第二、三期合刊，1941年，第59页。

② 张肖梅：《云南经济》，中国国民经济研究所，1942年，第U41页。

③ 袁丕济、曹立瀛、王乃樑：《云南之锡》，载《资源委员会月刊》，第三卷，第二、三期合刊，1941年，第59页。

政府每年财政收入的10%～25%是对个锡的征税，废除厘金后，锡税是按照从价征收的原则，以每长吨价值是否超过7500元为标准，征收价值的5%或6%。① 随着个锡产量的不断增加及价格的不断提高，锡消费税的征收数额也不断增加，它与特种消费税、盐税一起成为云南省三大财政收入之一。②

总之，在鸦片战争后，中国逐渐参与到国际经济一体化的进程中，蒙自关的开放及滇越铁路的通车加快了个旧地区的开放速度，个旧锡矿的生产规模迅速扩大，矿工人数不断增多，个旧锡矿成为云南省工业的支柱产业。在国际市场的影响下，个锡成为云南省对外贸易的最大宗商品，为平衡云南省对外贸易逆差、推动全省经济的发展做出了重要贡献。个锡所创造的经济效益正如当时的分析者杨德惠所言："我国锡的输出在前清光绪末年每年价值不过三百万两左右；宣统二三年时，增加至六百余万两，而至民国后，历年以来，少则七八百万两，多至一千一二百万两，较之前清，增加了三四倍，在全国金属类出口贸易上，几乎占三分之一。"③

① 张肖梅：《云南经济》，中国国民经济研究所，1942年，第U42页。

② 赓仁严：《云南之财政》，云南经济研究报告之二十一，内部发行，1939年，第一章。

③ 杨德惠：《中国锡业与世界现状》，载《钱业月报》，1935年第4期。

第六章　近代个旧锡矿开发以国际市场为导向的弊端

综合前两章所述，在国际经济一体化的推动作用下，蒙自口岸的开放成为近代个锡大开发的契机，滇越铁路的通车解决了个锡出口国外的交通运输困难问题。个旧锡业生产者利用这两次发展机遇不断扩大生产规模，有识的生产者努力引进国外生产技术、管理经验，将个锡企业打造成了云南省工业企业中的模范代表企业，生产出符合国际市场需求的高质量产品，增强了个锡在国际市场中的竞争力，促进了云南经济更好地参与国际经济一体化，使个锡没有在国际经济一体化的过程中被“边缘化”，反而成为世界知名的锡矿品牌。个锡的出口值无论在本省贸易还是全国金属矿产品出口中都占有重要地位，个锡成为平衡云南省对外贸易的重要产品，税收也成为云南省财政收入的主要来源。

然而，近代个锡是在中国沦为半殖民地半封建社会的过程中发展起来的。国内近代工业落后，锡的用途比较单一，国内对金属锡的需求量也不大，因此，推动其发展的主要动力并不是国内工业的发展，而是国际锡业市场对锡矿的需求，这就造成了近代个旧锡矿开发以国际市场为导向的状况。国际锡业市场实际是操纵在以英美为首的资本主义工业强国手中的，因此，近代个锡的大规模开发具有强烈的殖民依附特征，无论开发规模如何扩大，个锡都无法摆脱生产初级矿业产品，主要为资本主义国家的需求服务的发展格局，也无法带动国内其他工业部门的发展。基于对国际市场的依赖性，货运通道受阻、外汇波动或世界性经济危机爆发，都将使个锡产量缩减或遭受严重的损失。

第一节　个锡出口运输半殖民地特征明显

1840 年的鸦片战争打开了中国的大门，西方资本主义国家纷纷侵入中国，从此中国封建社会逐渐解体，中国一步步沦为一个半殖民地半封建社会的国家。正如毛泽东所言：“近代中国历史帝国主义和中国封建主义相结合，把中国变成半殖民地和殖民地的过程。”① 个旧锡矿就是在这个过程中走出国门的，因此，它的发展带有强烈的半殖民地化特征。个锡的主要运输道路——滇越铁路，是由法国殖民者修筑的，这就注定了近代个锡的出口运输将受到残酷的剥削和压迫。

一、货运通道为法国殖民者所垄断

“交通为国家之命脉，举凡政策之推进，国防之巩固，经济之发展，文化之传播，人口之移动，及产物之运输，莫不赖有便利之交通。”② 从近代云南各交通路线对本省经济发展的贡献而言，滇越铁路最重要，云南省进出口贸易净值70%以上的货物由滇越铁路运输、由蒙自关进出口。③ 尤其在抗战初期，该路线更是抗战后方运输的主干线，地位不言而喻。前文已分析过，云南出口贸易中的最大宗货品为个锡，1909年滇越铁路开通后，个锡皆由铁路运输至越南海防，可以说，滇越铁路不仅是云南进口物资运输的主干线，亦是个锡运输的生命线。

这条运输生命线却是由法国人修筑的，被殖民者所掌握。张肖梅曾言：“铁路为交通之主要工具，交通管制于国家，恰如人体中之血脉，关系甚重；故凡政治自主之国，对于铁路，无论国有或民有，均有最后之支配权。至于外国在本国境内修筑铁路，而管理权则不属铁路所在国者，此在欧美绝未经见!”④ 换言之，法国人拥有该路的一切权利，个锡出口运输的重要路线掌握在殖民者之手。

法国殖民者对该铁路权利的垄断在修筑铁路之初就非常明显地体现出来了。首先，这条铁路完全由法国政府及四大财团出资修筑，清政府只协助铁路的修筑，因此该铁路筑成后，法国殖民者享有该铁路的产权。滇越铁路原预算约为10，100万法郎，最终耗资16，545万法郎，合银5，379余万两。⑤ 原计划由滇越铁路公司自行筹集资金与法国政府发行铁路债券及股票进行投资，最终铁路公司的资金是由法国“东方汇理银行、巴黎国家贴现局、法国工商业协助发展总公司和工商

---

① 人民出版社编：《毛泽东选集》，人民出版社1964年版，第595页。

② 曹立瀛：《云南之交通》，绪言，载《经济建设季刊》第一卷第四期，1943年。

③ 张永帅：《1903—1930年三关进出口占全省总进出口比重表》，见《近代云南的开埠与口岸贸易研究（1889—1937）》，复旦大学博士毕业论文，2011年4月，第55页。

④ 张肖梅：《云南经济》，中国国民经济研究所，1942年，第G1页。

⑤ 金士宣、徐文述：《中国铁路发展史（1876—1949）》，中国铁道出版社1986年版，第73页。

业信用总公司”① 四家财团共同组成的公司筹集的，铁路通车后也由该公司负责经营管理。而清政府的责任则是“中国国家应所备者惟有该路所经过之地与路旁应用地段而已”，所经路段任由铁路监工查看，并规定“若所用地段属官地，应即交给铁路公司收领；若系民业，应由滇省大吏购买。每次于至多六个月期限内拨交公司”②。

在订约之前法使还提议：“借给二百万法郎，以备滇省购地之需，不取利息，俟十五年后由路利归还本款。”③ 但清政府唯恐法国殖民者借题发挥，攫取更多利益，将来后患无穷，将其改为“公司股票中国也可任便购买，与各股东均分利息”④ 的议定。而清政府则在八十年后方能收回路权，即在八十年的时间内法国殖民者享有铁路及路旁应用地段的产权，在收回路权时还要“偿还所造花费并专门各色手工之资及法国所保代为给发公司股本利息。凡所有此项铁路各色经费，俟到期限均在此路进款内归清，则铁路及一切产业自可归还滇省大吏收管，无庸给价。如欲核算各项制造等费，当以彼此时开议法国所结历年出入账目为凭，则预知中国应否给费，以收回此项铁路既一切产业”⑤。收回产权的前提是清政府偿还铁路修筑及运行所支出的所有费用，虽然这些费用可以用滇越铁路每年经营的盈余冲抵，但算账的依据是法方滇越铁路公司所提供的历年支出账目，所有权利均被殖民者控制。

其次，滇越铁路运行的所有利润均归法国殖民者所得。该铁路是近代云南最早的现代化交通工具，铁路运输无论是在安全性还是货运能力方面比之传统的驮运有较大改善，铁路运输比驮运价格贵，但还是很快改变了货物的运输方式。同时，该铁路是云南地区当时唯一的一条铁路，其终点海防是离西南地区距离最近的一个出海口，因此，法国殖民者完全垄断了云南的高效运输方式，这条铁路为

---

① 潘家骍、阮克炎：《滇越铁路——史驻一》，载《南洋问题资料译丛》，1957年第2期，第64页。

② 《中法会订滇越铁路章程》，载庄兴成等纂：《滇越铁路史料汇编》上，云南人民出版社2014年版，第5页。

③ 云南省志编纂委员会办公室：《续云南通志长编》中册，卷55，交通二，云南民族出版社1986年版，第999页。

④ 《中法会订滇越铁路章程》，载庄兴成等纂：《滇越铁路史料汇编》上，云南人民出版社2014年版，第5页。

⑤ 《中法会订滇越铁路章程》，载庄兴成等纂：《滇越铁路史料汇编》上，云南人民出版社2014年版，第9页。

他们创造了高额的垄断利润。据记载，宣统元年（1909年），海防—腊哈地—婆兮段，收入3，774，395法郎，支出3，142，985法郎，盈余631，410法郎，次年4月铁路全线开通后，当年收入5，150，520.88法郎，支出4，464，442.94法郎，盈余686，077.94法郎。① 由上文可知，铁路公司的经营利润是由股东按股份分红的，在签订铁路章程时，法国政府也承诺清政府可以公平地购买股票，但事实是这种股票是在巴黎的股票市场上出售的，法国政府也不保证清政府能够买到股票。这样做的最终的结果是，这些经营所得利润由铁路公司获得盈余的七分之三，法国殖民政府获得七分之四。如民国二十五年（1936年），在扣除所有支出后，铁路公司与法国殖民政府分别获得1，471，613.01法郎和1，962，150.67法郎的利润②，以结果反推，清政府并没有在巴黎的股票市场上购买到该铁路股票。

最后，在经营管理方面，为垄断经营权，铁路公司竭尽全力地排斥中国方面人员的参与。殖民者在铁路修筑之时采取工程发包的办法，承包者大都为意大利人，技术人员为欧洲人，基层技术人员有经过培训的广东人、广西人和云南人，但为数很少。③ 而在铁路约章中规定设立的“以资镇抚（路工），非以供法人之驱使”的铁路委员，却成为“惟伏法人鼻息之下，任彼苛虐我路工而不稍顾惜”的殖民者的傀儡。④ 铁路建成通车后，铁路公司最高行政机关设于巴黎，委派一名总管驻扎河内，管理铁路的一切事务。总管下设秘书处、交通、营业、购置、管理等科及修理厂一所。铁路职员有六百余人，其中高级职员一百一十九人，全为法籍人员，滇段境内的中级职员中滇籍人员也占少数，多为越籍人员，只有低级职员中较多采用滇籍人员。⑤ 这样的人员设置杜绝了中方人员，尤其是云南地方当局了解铁路的建设技术、运营管理方式和营业状况，使整个铁路的运营完全依赖于法方人员，中国无法培养自己的铁路人才。

欧维拉在其著作《外国财政支配下之中国》中，将滇越铁路与俄国在中国东三省修筑的铁路作比较道：“中国并无投资或经营该路（滇越铁路）之任何权利，

---

① 日本外务省通上局：《云南事情》，转引自车辚：《滇越铁路的成本与收益分析》，《云南民族大学学报（哲学与社会科学版）》，2010年第2期，第127页。

② 张肖梅：《云南经济》，中国国民经济研究所，1942年，第G31页。

③ 翁大昭：《抗日战争中的滇越铁路》，载《云南文史资料》第37辑，第329页。

④ 志复：《滇越边务及铁道之实况》，载中国社会科学院近代史研究所、《近代史资料》编译室主编：《云南杂志》，知识产权出版社2013年版，第472页。

⑤ 云南省志编纂委员会办公室：《续云南通志长编》中册，卷55，交通二，云南民族出版社1986年版，第999-1014页。

亦无分红或管理铁路之权。就后者而言，法国在华之铁路权，与俄国在东山省所享有者迥异。盖俄国尚承认中国有参与投资甚至管理铁路之权——至少名义上若此。”① 所以说，滇越铁路是一条完全由法国人控制的铁路。作为近代个锡出口运输的生命线，它的通畅与否全凭法国政府的对外政策及铁路公司的经营管理，因此，个锡的运输受到极大的限制。

二、货运长期受法越铁路公司的加价苛扰

通过资本输出，控制云南的交通命脉，掠夺更多的利润，是法国人修筑滇越铁路的目的。1910 年 3 月滇越铁路通车后，全省对外贸易 70%以上经蒙自关出入，由于该铁路的经营运行完全被法帝国主义所控制，滇越铁路成为他们在云南攫取垄断利润的一个重要工具。据言，铁路公司每年收入约 6720 余万法郎，可得纯利润 1000 万法郎。② 铁路公司的这些垄断利润主要依靠各种不合理的运费加价与不断增加各种铁路手续费。

（一）滇越铁路公司对于货运的长期不合理加价

中法双方当时签订的《中法会订滇越铁路章程》中第二十三条规定：“客位、货物运送价值均系公司自行核定。”③ 这成为滇越铁路公司历次加价的依据，殖民者们经常利用汇水、物价等借口任意提高运费，运费在滇越铁路由法国铁路公司运营的短短 33 年内翻了近百倍，其不合理加价的方式如下：

第一，将滇越铁路分段收取费用，云南境内费用普遍高于越南境内。以民国九年（1920 年）滇越铁路公司公布的货运价格为例，货物不满五吨者，每吨每公里头等与五等货物由海防至安拜法元一角一仙与四仙，由安拜至河口法元一角二仙与四仙五厘，由河口至碧色寨云元二角六仙与九仙五厘，碧色寨至云南府云元一角三仙与五仙，同时公司还规定了云元与法元的兑换比例为一云元兑换三法元，并且全线征收云元。④ 照此计算，海防至安拜每吨每公里头等与五等货物分别为

① 张肖梅：《云南经济》，中国国民经济研究所，1942 年，第 G38 页。

② 《河口县交通志·交通》第 242 页，载庄兴成、吴强、李昆编纂：《滇越铁路史料汇编》下，云南人民出版社 2014 年版，第 44 页。

③ 外务部《中法会订滇越铁路章程》奏折，载庄兴成、吴强、李昆编纂：《滇越铁路史料汇编》上，云南人民出版社 2014 年版，第 8 页。

④ 昆明市档案馆藏：《滇越铁路公司慢车特别章程广告》，全宗号 32，目录号 25，1920 年。

0.036与0.013云元，安拜至河口为0.04与0.015云元，河口至碧色寨为0.26与0.095云元，碧色寨至云南府为0.13与0.05云元。由此可以看出，云南境内的运费比越南境内高出五倍多，其中河口至碧色寨的价格又比碧色寨至昆明的价格高出一倍，此路段恰为平衡云南进出口货值的个锡出口的重要路线，这样的收费方式使个锡出口蒙受了巨大损失，也对云南的进出口贸易产生了严重影响。将法国铁路公司所定价格与中国国营铁路所定价格作比较可知：中国政府在民国三十二年（1943年）八月一日收回路权时，法国公司所定的二、三等货运价格为48.30、37.80元，路权收回后第二年开始遵照国营铁路的章则，将二、三等货运价格降低为38.56、33.52元。① 由此可见，法国铁路公司所定运价比中国一般国营铁路要高出许多，这样的价格甚至比俄国人修筑在中国东北的南满铁路的运价还要高。

第二，按照哪种货币汇率高则车费收哪种货币的方式抬高运价。滇越铁路公司运费章程第一条规定："（运费）在东京境内用法元，云南境内用云元。"② 法元是法国东方汇理银行在越南发行的一种纸币，其发行与贬值完全操纵在该银行手中，滇元（也称为云元）则是当时云南省政府发行的一种货币，虽然章程中规定了按照这两种货币为收费标准，但实际上公司经常更换收费货币，进行复杂的单位换算，以此作为涨价的一种手段。

宣统元年（1909年）铁路刚开通时，当时法元汇价较高，而滇省普遍使用龙元，铁路公司突然宣布"无论是客是货，凡载车者概用法元。若龙元，每元须补水五仙"③，若照此执行，龙元将在云南市场上受到法元的排斥，铁路公司也等于变相提高了运费，中国商民将遭受巨大的损失。云南省总商会将此事呈报劝业道后，经该道与铁路公司协商后公司同意取消云南龙元五仙、湖北龙元七仙的补水，但华商方面也被迫做出了让步，"愿将由东京各站运至云南之货在该处用法洋付纳车脚"④，即将龙元限定在支付云南境内运输商品车费时使用，商品在出口至越南

① 云南省志编纂委员会办公室：《续云南通志长编》中册，卷55，交通二，云南民族出版社1986年版，第1006页。

② 《云南民众联合救济金融协进会宣言》，载庄兴成、吴强、李昆编纂：《滇越铁路史料汇编》下，云南人民出版社2014年版，第76页。

③ 昆明市工商联存：《云南商务总会禀护院折呈司道抵制法公司火车站费定收龙元以保利权》档案，宣统元年四月二十二日，载庄兴成、吴强、李昆编纂：《滇越铁路史料汇编》下，云南人民出版社2014年版，第92页。

④ 云南省档案馆藏：《云南临安开广道为滇越铁路公司收入中国银币加增补水事致云南劝业道》，宣统元年九月二十五日，全宗号77，目录号4，卷号605，第11页。

时及由越南进口时皆用汇价较高的法元。这是在法元价值较高时收法元的情况，反之，当滇元价值较高时，公司又改收滇元。

民国九年（1920年）八月十五日，滇越公司突然照会云南商民，宣布改定收费章程全线使用滇银元收费，“以后每元银洋之市价，当固定为三弗朗，所有车费，即照此计算”，其改定收费货币的原因在于当时银元的价值升高，“每法洋一元约值十弗朗左右，每滇洋一元约值七弗朗左右”。① 若按照该公司的规定，在滇境内每收一银元公司隐性增收四弗朗，越南境内隐性增收七弗朗，车费提高一倍半到两倍。此次涨价引起了云南商民的广泛抗议，云南总商会甚至提出了筹资修筑云南至广西百色的道路，改用驮运的方式，并向提出公司“如十五日内不能取消，立即进行”② 的严正抗议。但此次事件仅仅维持了一个多月，就因有进口商人违反约定将货物交托给铁路公司由海防运至昆明，与沿途商人反对抽收修蒙剥路路捐而告终。这件事情使法国殖民者看穿了中国商民对该铁路的依赖，此后铁路公司的加价就更加肆无忌惮了。

第三，按照运费只随汇水涨、不随汇水落的方式抬高运费。利用汇水也是公司抬价的一种方式，按照分段收费的原则，滇段的车费应该按照当时的汇水由越币计算为金佛朗，再换算为滇币，汇水的高低对车费有很大的影响。但是汇率升高时，公司规定按照固定的汇水计算运费，“（民国十五年）越南之汇水已低至二百二十元，而滇越铁路公司所收客车价仍照法币百元，需滇币三百余十元之旧例”③，运费并不随汇水降低。按照这种算法，在云南境内运费每支付一百滇币将比原来多支付给铁路公司九十法元，相当于隐性涨价29%。反之，当法元汇率高昂时，“（民国二十二年）各货运费即以法纸为本位；任意加水，始由百分之几渐增至百分之一千四百八”④。这种只随汇水涨价、不随汇水降价的方式，就是一种变相、隐性的加价，使云南对外贸易蒙受了巨大损失。

第四，除这些抬高运费的手段之外，公司有针对性的野蛮涨价也为数不少。

---

① 万湘澄：《云南对外贸易概观》，新云南丛书社1946年版，第82页。

② 昆明市档案馆藏：《云南省总商会会长杨春辉抗议滇越铁路加价，改走百色路文件》，全宗号32，目录号25。

③ 昆明市档案馆藏：《1926年滇越铁路加车脚及兑换银元卷》，全宗号32，目录号25。

④ 《云南民众联合救济金融协进会宣言》，见庄兴成、吴强、李昆编纂：《滇越铁路史料汇编》下，云南人民出版社2014年版，第76页。

“物价上涨，云南出口大锡增多，公司就着重提高大锡运费。个碧石铁路要进口器材，它又着重提高铁路器材的运费。”①

从各种零星记载中可得知，在法国铁路公司控制下的滇越铁路上个锡的运输费用一直在上涨，涨幅还非常大，铁路刚开通时碧色寨至海防每吨个锡的运费为旧滇币16元②，民国十三年（1924年）上涨到旧滇币25元③，至民国二十五年（1936年）涨到国币54.64元，民国二十七年更涨到国币110.50元④。如按照“旧滇币1元等于0.10国币元”⑤ 计算，在约三十年的时间里，车费上涨近七十倍，但由于铁路运输的各种便利，个锡商人明知受损严重却不得不受制于法国殖民者。

（二）滇越铁路公司的各种杂费使云南商民不堪苛扰

滇越铁路公司不但对货物运输收取高额的运费，而且在货物过越南时要征收各种杂费。《续云南通志长编》中详细列举了货物通过越南时应缴纳的各种杂费，费用之多，收费之高，对于“输出贸易，受害尤为重大”，直接影响云南对外贸易的发展，间接影响着云南省的经济发展：

一、海关方面：货物通过越境时，越南海关征收之各项费用如下：

（一）过境税：货物通过越境须纳过境税百分之一至百分之四。（二）过关税：无论何项货物经过海关者，不分等级，每吨概收越币2角。（三）统计税：越海关设有统计室，进出货物不分等级，每吨概收越币2角。（四）手续费：除上列各费外，尚须照货值缴纳手续费千分之一。

二、车站方面：车站方面尚有下列各项费用

（一）登记费：各货装车，必须经车站方面派员登记，不论货别，每吨概收越币一角。（二）过站费：仅限于起货及卸货二站，不论货别，前者每吨收越币2

---

① 《云南历史大事纪要》，见庄兴成、吴强、李昆编纂：《滇越铁路史料汇编》下，云南人民出版社2014年版，第73页。

② 张肖梅：《云南经济》，中国国民经济研究所，1942年，第G15页。

③ 谢家荣主编：《中国第二次矿业纪要》，农商部地质调查所内部刊行，1924年，第210页。

④ 袁丕济、曹立瀛、王乃樑：《云南之锡业》，载《资源委员会月刊》，第三卷，第二、三期合刊，1941年，第53页。

⑤ 袁丕济：《云南个旧锡业调查报告》，前言，1936年油印本。

角，后者收 1 角。（三）过称费：货物在装车之前，均须过称。不分货别，每吨概收越币 5 分。（四）打印费：各货装讫，车站方面即用火漆加封。零货每件收越币 1 角，但载满一兜，每兜收越币 1 元。（五）搬运费：即夫力费，每吨因货而异，由越币 2 角至 4 角，上下均同。

三、码头方面：海防码头直接属于政府，派有专员管理，其应纳费用如次：

（一）卸货费：由火车将货物搬上船，应纳码头费每吨越币 3 角 3 分。由轮船搬运上车费与此相同。（二）进栈：卸下货物，如不及时搬运上船或上车，即由码头派工移入栈房，每吨夫力费及 15 日栈租费，出口货每吨越币 4 角，入口货 5 角 5 分。（三）栈租费：如 15 日仍不能将货物运出，则每 15 日每吨收栈租费越币 1 角 5 分。（四）借路费：如于装船或装车时，自雇工人将货物由栈房取出，每吨须收借路费越币 1 角。

四、保险方面：昆明海防间保险费，普通商品每 1000 元收越币 2 角至 4 角，油类约在 5 角以上。①

以上是该铁路的各项运输杂费，将其与个碧石铁路所收杂费作对比，以民国二十五年（1936 年）为例，滇越铁路上每吨个锡在碧色寨搬运上车时各项杂费为 1.38 元，到达海防后码头接锡等各项杂费 3.57 元，共计 4.95 元；而个碧石铁路的搬运费与接锡费分别为 0.87 元、0.31 元，共计 1.18 元，只是滇越铁路杂费的四分之一。② 由此可见其收费之高，这对于个锡的出口运输影响尤为巨大。

第二节　国际市场行情变化极易对锡矿生产造成影响

一、近代不同时期国际市场行情的变化

（一）19 世纪英国资本对国际锡业生产的垄断，使伦敦五金交易所成为世界锡业交易的中心

锡矿在各类金属中本就是一种生产投入不高但利润非常丰厚的产品，“在二战

① 云南省志编纂委员会办公室：《续云南通志长编》中册，云南民族出版社，1986 年，第 1014 页。

② 袁丕济编：《云南个旧锡业调查报告》，第四章，1936 年。

前，纽约的锡价约等于铝价的两倍半，铜价的四倍余，锌价的八倍，铅价的九倍余，生铁价的四十八倍”①。19 世纪，随着资本主义国家工业水平的不断发展，对锡的需求量也不断增加，在 19 世纪上半叶之前，英国康沃尔、德文等地所产的锡还能够满足整个欧洲的需求，但随着工业需求的不断增加和资源的过度开发，开采锡矿所需投入的资本越来越多，产量却一再降低。当资本投入与利润比例不再平衡时，英国的资本家们开始将目光投向世界其他富饶的锡矿产区，以实现资本的转移。资本的扩张和对利润的追求驱使英国资产阶级奔走全球各地，正如列宁所言：“资本主义愈发达，原料愈缺乏，竞争和追逐世界原料来源的斗争愈紧张，那末占据殖民地的斗争就愈激烈。”②

19 世纪末 20 世纪初，英国凭借强大的垄断资本进行全球扩张，控制着全球 85%以上的锡业生产。英国资本首先控制的是亚洲马来西亚的锡矿产区：1795 年英国人取代了荷兰人成为马来西亚锡业贸易的实际控制者③，虽然锡的初级原料锡砂的开采大多数仍然掌握在华人矿工手中，但是采矿所用机械及冶炼工厂几乎都掌握在了英国资本家手中。1887 年，英国海峡贸易公司在今新加坡设立炼锡厂，名为斯沃德·摩林毫斯炼锡公司，该公司是当时世界上规模最大的炼锡公司，拥有最先进的技术，到 1896 年，该公司炼锡总量已占世界总量的 20%。1907 年，英国垄断资本又吞并了华商开在槟城的炼锡厂，将其改名为益东炼锡公司，一战以后，马来西亚的全部炼锡工业都已被这两家公司所垄断。④ 1929 年，由四家公司合并组成了“固本炼锡公司”，这家大型托拉斯的年产量占全英国炼锡总量的 75%，在资本主义世界的锡冶金生产能力中占有一半比例，不仅如此，它在马来亚、尼日利亚和泰国还拥有五十家采锡企业⑤。

除控制马来地区的锡矿冶炼外，自 1851 年尼日利亚成为英国的殖民地后，1904 年，英国资本开始开采乔斯高原的锡矿石，在英国的锡矿输入中，尼日利亚锡占到了 20%的比重。⑥ 另外，英国的炼锡厂还冶炼了来自尼日利亚和玻利维亚

---

① 吴纪先：《东南亚经济概观》，三联书店 1951 年版，第 182 页。

② 人民出版社编：《列宁全集》，第 22 卷，人民出版社 1958 年版，第 253 页。

③ 马来亚华人矿务总会编：《马来西亚华人锡矿工业的发展与没落》，怡宝名洙印务公司，2002 年，第 11 页。

④ 维·尼·库尔扎诺夫著，施纯谋译，张乃坚校：《新加坡的工业发展》，暨南大学东南亚研究所，第 81 页。

⑤ A. C. 道布罗夫：《英国经济地理》，商务印书馆 1959 年版，第 252 页。

⑥ 董正修编著：《尼日利亚概况》，上海人民出版社 1959 年版，第 12 页。

的四分之三的锡矿，因此，到20世纪20年代，英国及海峡殖民地成为世界炼锡工业之中心，世界炼锡量为272，000吨，其中190，000吨或约百分之七十之炼锡工业，均在英国管制之下。① 据统计，至二战爆发时除苏联外，世界上85%的锡是由英国资本冶炼的，其他国家在锡业生产方面都无法与英国资本相抗衡，“所以世界锡业大权，完全由英人把持”②，尽管当时世界上还有纽约、新加坡等著名的金属锡交易市场，但英国的伦敦五金交易所还是成为当时世界上最大的锡业交易市场。在二战结束前，它的库存量反映着整个世界的锡业生产及消费情况，它的交易价格成为世界各锡业市场的基准，其他国际锡业市场视其行情变化为风向标。

近代个旧生产的锡块无论是要经过香港精炼的土条还是炼锡公司生产的精炼锡，皆多数出口伦敦。以民国二十三年（1934年）的精炼锡为例，出口英国的产量占总量的58.13%③，超过了总量的一半，因此，个旧锡业的生产变化当然也不能例外地随着伦敦五金交易所的行情变化而起伏。

（二）近代国际锡业市场的行情变化对个旧锡业生产的影响

近代国际锡业市场行情主要围绕着工业发达国家对金属锡的需求量而变化。以民国二十七年（1938年）为例，英、美、法、俄、德、意、日七个国家每年所消费的锡占世界锡消费总量的72%，美国年消六七万吨，约占总额的一半；英国消二万多吨，占14%；德、法、俄各消一万吨左右，各占6%；意大利、日本各消五六千吨。④ 所以国际锡业市场的消费行情实际上是围绕以英、美为首的资本主义国家的经济发展情况和锡消费量而变化的，这种变化最直观的表现就是伦敦五金交易所的价格变化。近代国际锡业市场行情变化大致可分为三个时期：

第一个时期，一战前。从19世纪初开始，为了适应工业革命所带来的工业化大生产的需要，世界锡业的产量与价格在英国垄断资本的操控下不断上涨。19世纪50年代平均年产1，800长吨，20世纪头十年增长到平均年产7，700长吨，五十多年的时间增长了四倍多；世界锡价也由1904年的每长吨126.7英镑，上涨到1913年的209.4英镑，价值上涨近一倍。其中增长幅度最大的阶段是在一战爆发

① 苏汝江：《云南个旧锡业调查》，国立清华大学国情普查研究所，1942年，第11页。

② 杨德惠：《中国锡业与世界市场的现状》，载《钱业月报》，1935年第4期，第112页。

③ 根据袁丕济、曹立瀛、王乃樑：《云南之锡业》，载《资源委员会月刊》，第三卷，第二、三期合刊，第55页表十二计算。

④ 丁佶：《世界锡的产消与云南锡业》，载《新动向》，1938年，第一卷第五期。

前，各帝国主义国家为了备战，争相储备金属锡，消费量的猛增刺激了锡价的陡然上涨，1910 年 155.3 英镑每长吨的锡，1911 年增长到 192.4 英镑。① 中国的锡业生产也由于国际市场对锡的需求增加而不断增长，个旧锡的产量“光绪戊子每岁出锡不过数十张，供省内及川赣之用”②，增长到一战前的最高出口额（民国元年）138，331 担，价值 11，390.198 关平两③。

第二个时期，一战爆发至二战爆发前。1914 年一战爆发，这次战争虽是帝国主义国家之间的战争，却也严重影响到了殖民地与半殖民地国家的社会经济。一战时，除了头两年由于战前各资本主义国家争相储备金属锡和战争导致的生产受损及运输不畅，国际锡业产量和价格都有所下降，个旧矿区也因“外国人打起仗来了。大锡卖不掉，许多厂都歇了工”④ 而生产下降，但这种影响只持续了不到两年的时间。从 1916 年开始，国际锡价开始回升，各国对锡的消费量重新增加，到 1917 年，个旧锡业产量甚至达到了万吨。一战后，英国等帝国主义国家重新建立了世界殖民秩序，英国殖民者对世界锡矿主要产区的控制更加严密，随着各国对锡消费的旺盛，锡价也不断攀升，1922—1926 年甚至出现了供不应求的状况。为保持供求平衡，国际锡矿的产量也不断上升，1929 年世界锡业年产量达到了 171，000长吨（1 长吨=1.016 吨）⑤，成为此前最高峰值。

1929 年，世界性的经济危机开始显现，各国经济皆不景气，锡的需求量随着经济的衰退而消减，1929 年世界锡的消费量还是 184，000 长吨，1930 年下降到 163，000 长吨，1931 年继续下降到 141，000 长吨，1932 年下降到最低点105，000 长吨。⑥ 锡价也随之下降，1931 年下跌到了 118.5 英镑每长吨，约为此前的最高值的一半。然而在英国垄断资本操控下的主要产锡国的锡业仍在盲目生产，企图以量多来挽回价低的损失，产量并未随之下降。1929 年，世界产锡量甚至超过上

---

① 马来亚华人矿务总会编：《马来西亚华人锡矿工业的发展与没落》，怡宝名洙印务公司，2002 年，第 137、141 页。

② 缪云台：《整理个旧锡务意见书》，载佚名：《个旧锡务概览》附录，云南省图书馆藏手抄本，无页码。

③ 张肖梅：《云南经济》，中国国民经济研究所，1942 年，第 J19 页。

④ 丁文江：《漫游散记》，云南人民出版社 2008 年版，第 83 页。

⑤ 马来亚华人矿务总会编：《马来西亚华人锡矿工业的发展与没落》，怡宝名洙印务公司，2002 年，第 137 页。

⑥ 马来亚华人矿务总会编：《马来西亚华人锡矿工业的发展与没落》，怡宝名洙印务公司，2002 年，第 138 页。

一年 1.8 万吨，大量锡块积压于伦敦五金交易所等交易市场却无人问津，销售市场一片萧条。

1930 年，马来西亚、荷兰东印度群岛、玻利维亚和印度尼西亚共同组织了第一届国际锡协合约（或称国际锡委员会，1931 年 3 月 1 日至 1933 年 12 月 31 日），同意通过减产的方式进行调节，以达平衡供求、抬高锡价的目的。合约规定，各与会国按照 1929 年的产量“马来西亚 69，366 吨，玻利维亚 46，318 吨，荷属东印度 35，730 吨，尼日利亚 10，734 吨，总数为 16，2168 吨”，各减产 22.25％，共减产 36，072 吨，同年 6 月再次规定减产 20，00 吨，后又几经限产，该年年底规定的限产数额只有 1929 年的三分之一。① 这样的限产效果是明显的，由于锡的市场流通量大幅度减少，以及世界各国通过不同的方式努力摆脱危机、恢复经济，锡价到 1934 年又重新回到了每长吨 200 英镑以上。

为了保持良好态势，马来西亚等国接着又组织了第二届国际锡协合约（1934 年 1 月 1 日至 1936 年 12 月 31 日），新加入的产锡地区有法属印度支那、比属刚果、鲁安达、英国。当时的中国产锡量占世界产量的百分之六，是世界上第五大锡矿产区②，但是中国政局不稳，国民政府与云南地方政府都没有专门管理个锡对外销售的外贸部门；个旧锡矿大多以私营为主，产品销售权实际掌握在许多私人矿主手中，销售分散，不易统一管理；且土法生产本来就是本小利微的，若再加以限制生产则会导致锡业生产严重受损；产品中 90％属于土锡，需要经过香港重新提炼，并不直接销往国际市场，因此中国从未加入过任何一届国际锡协合约。个锡在这次世界锡业危机中虽受到了锡价及外汇上的损失，但锡业的基本生产并未受到影响。在马来西亚、尼日利亚等国为抬价而限产时，个锡的未限产反而使生产出现了一次小的增产潮，产量由平均每年五千余吨到 1933 年后上升至七八千吨。

1937 年，虽然中国抗日战争已经开始，但是由于云南地处西南边疆，日军的进攻暂时未波及个旧，并且国际锡产品的价格在第三届锡协合约（1937 年 1 月 1 日至 1941 年 12 月 31 日）的屯锡限产下保持在高位，各主要资本主义国家也开始为即将到来的战争进行矿产储备，受此刺激未限产的个旧锡矿的产量再次上升，

① 杨德惠：《中国锡业与世界市场的现状》，载《钱业月报》，1935 年第 4 期，第 116 页。

② 苏汝江：《云南个旧锡业调查》，国立清华大学国情普查研究所，1942 年，第 10 页。

直至1939年年产量都在九千至一万吨①。

第三个时期，二战爆发至二战结束。二战爆发后，1940年国际局势紧张，各主要资本主义国家均不同程度地卷入战争之中，国际市场中锡的需求量突然增加，锡价上升，锡产限制实际已经解除，马来西亚、印度尼西亚等国的锡产都迅速增加。但是随着1941年日本在短短的一年时间内横扫东南亚诸国，控制了该地区的锡矿，同盟国不得不大力开发非洲及南美锡矿。"在战时，玻利维亚的年产量，较战前增加了一万多吨，比属刚果增加了五千多吨，跃居世界第二位，那及利亚增加不多。战事结束后第一年，玻利维亚、比属刚果、那及利亚还占据世界产锡国的前三位。"② 二战中，由于东南亚锡产的断绝，国际锡产量暴跌的同时，英国在国际锡业市场上的控制权也被大大削弱。而在战前由于经济的不断发展早已成为国际上锡消费量最多的国家的美国，因为战争并未波及到其本土，其工业经济遭到的破坏较少，转而开始与英国就国际锡业的控制权展开了争夺。但此时世界上已发现的规模较大的锡矿产区在战前都已经或属于英国的殖民地（如马来西亚、印度、澳大利亚、尼日利亚）或被英国资本所控制（如玻利维亚、比属刚果、泰国），战争中日本又占领了大量锡矿产区。美国想要有稳定的锡产品来源只能在这些垄断区域外另觅锡矿产区，而当时世界上既未被英国资本直接控制，亦未被日军侵占的大规模锡矿产区只存在于中国。中国的锡矿约90%由个旧出产，从1939年开始，美国以提供各种抗日援助为交换条件，与国民政府开始进行锡产品交易。这段时期由于受到日军的经济与交通封锁和美国的压榨，个旧锡业生产受损严重。

二、国际市场行情变化对个锡价格产生的影响

前文已述，自工业革命以来，英国等发达资本主义国家已通过政治、经济、军事等手段形成了对国际主要锡业生产区域的垄断，英国伦敦也成为世界锡业销售的中心，个锡在近代的发展恰恰是为了适应西方资本主义国家的工业发展的需求，而不是出于国内工业发展的要求，因此，国际锡业市场行情的微小变化都会直接对个锡的生产及锡业价格造成很大影响。

① 个旧市志编纂委员会编纂：《个旧市志》上，云南人民出版社1994年版，第378页1929—1939年数据。

② 吴纪先：《东南亚经济概观》，三联书店1951年版，第183页。

（一）国际锡业市场价格变动对个锡价格产生的影响

“个旧大锡价格视香港行情为转移。而香港行情又视伦敦及新加坡行情为转移。”① 近代以来，个锡形成了依赖国际市场的外向型销售取向，百分之八十以上的个锡销往国外，因此，个旧大锡的销售价格与当地的供求之间的关系并不紧密，反而与世界市场的锡业销售价格关系紧密。

在个旧由于大多数生产者采用土法生产，土法洗矿环节所需用水决定了个旧锡业生产所具有的强烈的季节性，夏秋季雨水较多时是生产的旺季，冬春季干旱缺水则是生产的淡季。如按照正常的供给关系，个锡在产出旺季与淡季之间应有价格上的波动，但正是由于个锡多受世界市场之影响，这种季节上的波动并不明显。以民国二十一年（1932 年）个旧锡价为例，每一百新斤四个季度平均价格分别为 646、604、682、830 旧滇币元（见表 6-1），很显然，个锡在当地的售价并不受季节的影响。正如袁丕济的调查结论所言：“个旧锡价所受世界市场价格之变动者极大，而受个旧当地情形之影响，则甚微也。”②

按照袁丕济的调查，以伦敦标准锡价，减去香港地区与伦敦间的运费保险等，再减去土条在香港精炼的费用，再减去个旧至香港之间的运费保险等即可得个锡在当地的售价。如民国二十五年（1936 年）伦敦标准锡价为每长吨 207 镑，由香港出口之洋条由于成色问题，值 199 镑，而个旧出口香港之土条由于要在香港精炼，在港价格为 181.6 镑，其中 13 镑为在港精炼的费用，再减去个旧至香港间的运费杂费、个旧当地锡税捐等，土条在个旧的售价约为每长吨 157.5 镑，或国币 2，520 元，因此在平常年份，每个月个锡与伦敦锡价格之间的差数平均为 66.8 镑，考察其他月份，也有 40%的概率是在 60～70 镑③。将个旧每月平均锡价折合成英镑，再与伦敦锡价进行比较，其结果如表 6-1 所示。

表 6-1 个旧与伦敦锡价比较表 （单位：每长吨值英镑数）

月份	1932 年		1933 年		1934 年		1935 年		1936 年	
	个旧	伦敦	个旧	伦敦	个旧	伦敦	个旧	伦敦	个旧	伦敦
1	76.4	140.297	87.7	145.786	151.3	226.717	157.2	231.193	146.3	209.731

① 苏汝江：《云南个旧锡业调查》，国立清华大学国情普查研究所，1942 年，第 51 页。

② 袁丕济：《云南个旧锡业调查报告》，1936 年油印本，第六章第一节，无页码。

③ 袁丕济：《云南个旧锡业调查报告》，1936 年油印本，第六章第一节，无页码。

续表

月份	1932 年		1933 年		1934 年		1935 年		1936 年	
	个旧	伦敦	个旧	伦敦	个旧	伦敦	个旧	伦敦	个旧	伦敦
2	74.2	139.233	87.1	148.629	152.5	226.808	159.1	227.381	148.8	207.081
3	67.6	129.913	91.9	149.209	160.9	233.958	146.7	215.726	148.9	213.080
4	59.5	109.046	100.6	158.017	162.6	239.500	149.8	223.71	144.6	209.313
5	59.0	122.375	119.7	186.292	154.1	234.383	134.3	227.602	144.9	202.429
6	56.4	114.646	140.8	220.088	156.2	226.992	148.6	227.586	142.9	183.197
7	56.7	125.975	161.9	216.783	162.8	230.467	155.8	232.397	134.3	185.967
8	70.9	142.121	161.6	215.296	167.3	228.208	149.9	222.935	138.3	183.731
9	77.0	152.812	153.9	216.963	160.6	230.004	151.8	223.929	145.2	194.676
10	82.0	151.375	140.2	223.528	156.9	230.683	158.4	226.891	150.9	201.193
11	88.4	153.667	156.3	226.817	149.0	228.671	145.7	226.452	169.5	230.869
12	87.4	149.892	149.1	227.742	152.5	228.258	151.4	220.075	170.5	232.118
平均	71.3	135.945	129.2	194.595	157.2	230.387	150.7	225.473	148.4	204.437

（资料来源：袁丕济，《云南个旧锡业调查报告》，1936 年油印本，第六章第一节。）

将个旧与伦敦的锡价绘制成曲线图，如图 6-1 所示，二者之间曲线的波动趋势几乎是一致的，这足以可见个旧锡价与伦敦锡价之间的关系。

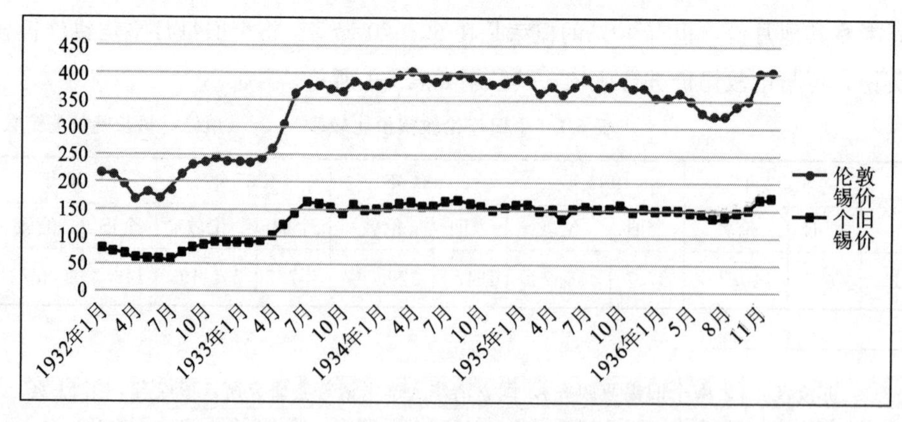

图 6-1　个旧与伦敦锡价比较图

(二) 外汇波动对个锡价格产生的影响

个旧锡价除受到国际市场行情变化的影响外，还受到中国对外汇率的影响。按照前文所述，个旧与伦敦锡价之间的差数在60～70镑，但也偶有年份超出此值。如表6-1中所示之1935年，在此之前的两年平均汇率都在1英镑兑换16国币元以上，该年却跌到1英镑只能兑换13.49国币元，在5月甚至低至11.93①（在图6-1中，1935年突然跌落的小点代表5月份），这导致伦敦锡价高昂，个旧锡价低落。

除受到英镑汇率的影响外，个锡大多为土法炼制，需经香港进行精炼出口，因此，香港汇率也对个旧锡价产生影响。历年蒙自关个锡出口受港汇之影响多有记载：民国五年（1916年），蒙自关出口的“各种矿产无不递减”，其原因之一就是，“商人汇银往香港，从前每百元须华币一百四元至六元，而在第四季内则华币九十六元足抵港银百元，汇兑地跌如此之甚，商人多半购运大宗进口货物，停办出口”②；民国九年，大锡出口虽多，但价格大跌，原因之一就是“汇水起落不定，不能与新加坡锡竞争”③；民国十五年（1926年），个锡产量与出口数量俱增，但港“汇水日高”，出口商人“实无利益”④。

第三节　战时敌方封锁造成个旧锡矿生产的急剧萎缩

一、抗战初期日军对个锡出口路线的封锁

(一) 抗战初期滇越铁路的运输情况

1937年7月7日，日本侵略者在北平西南的卢沟桥附近以演习为名，突然向当地中国驻军第29军发动进攻，第29军奋起抵抗，史称“七七事变”。七七事变后日军开始全面侵华，梦想速战速决，在三个月内将中国变为其殖民地，中国人民奋勇反击，全面抗战爆发。由于日军准备充分，武器精良，在中国国内于抗战

---

① 袁丕济：《云南个旧锡业调查报告》，1936年油印本，第六章第一节，无页码。

② 《中华民国五年蒙自口华洋贸易情形论略》，载《中国旧海关史料（1859—1948）》第74册，京华出版社2001年版，第209-215页。

③ 钟崇敏：《云南之贸易》，云南经济研究报告之二十，内部发行，1939年，第197页。

④ 钟崇敏：《云南之贸易》，云南经济研究报告之二十，内部发行，1939年，第197页。

爆发前一直处于国共对峙，战火不断，政局不稳的情况下，全面抗战伊始，中国军队的防线就不断后撤。日军迅速占领了中国北方的京津地区之后，大举南下进攻中国的南方地区，随着日军的侵略的不断推进，他们对国统区的“经济封锁”计划也逐步完成。全面抗战开始后仅半年，中国的对外交通的主要海路及港口——上海、天津、青岛等相继陷落，进口抗日物资的运输路线也逐渐由东南沿海地区向西南地区转移。1938年10月，日军占领广州、武汉后，中国的主要大城市，95%的工业、50%的人口都落入敌手，中国的绝大部分铁路、全部沿海港口都被日寇占领。

广州失守后，中国与其他国家直接从海上贸易的通道已经完全被日军切断，从前经由长江及东南沿海各口岸进出口的物资，全部集中到了四川，再从四川由西北或西南地区出口。西北各关埠或处于内陆，离边境较远，或濒临战区，针对物资运输，无论出于安全还是节约成本的考虑，其都不是最佳选择。于是，云南这个中国西南的边陲之地由于拥有与外界联系的海关与进行物资运输的交通路线，在战略地位上获得了空前的重视，此后欧、美、苏的援华物资，海外华侨的捐款捐物都海运至越南海防港，再由滇越铁路过蒙自关运输入我国，而中国的对外贸易物品也完全依赖这条铁路的运输。在法国政府开始倾向日本侵略者，滇越铁路被迫关闭以前，这条路线是物资进出云南的最便捷通道，因此，该路不但是个锡出口的主要运输路线，也成为运送抗战物资的生命线。在这样的情况下，滇越铁路的运输量猛增。

表 6-2　抗战前期滇越铁路货运情况

年代	合　计		云南境内		云南运入越南		越南运入云南	
	运输量/吨	增加/（%）	运输量/吨	增加/（%）	运输量/吨	增加/（%）	运输量/吨	增加/（%）
1936	185218		135187		15230		34801	
1937	191899	10.6	139459	103.16	15412	101.19	37028	106.39
1938	216017	116.62	136591	101.03	18054	118.54	61372	176.35
1939	322595	171.17	165342	122.30	33334	218.87	123919	356.07

（资料来源：开远铁路局统计，《滇越铁路云南境内及进出口运输量》，转引自董孟雄、郭亚非，《云南地区对外贸易史》，云南人民出版社1998年版，第424页。）

由表6-2可以看出，抗战开始后，滇越铁路承担着巨大的运输任务，货运量尤其是进出口货运量增长迅速。到民国二十八年（1939年），由于广西交通路线的断绝，西南地区所有货运均赖滇越铁路与滇缅公路二线，“其每日载运量，虽由三百吨增为五百吨，仍以海防货积如山，现有车辆不敷应用”①。货运量最高时达到524，000吨，售客票454.2万张，收入银圆1，174.7万元。② 货物物品中，政府货物占40%，商品占20%，汽车占20%，水泥占10%，其他占10%。③ 从出口货物种类而言，个锡仍排出口货值第一位，占出口商品量的70%，由于长江水路运输的断绝，四川商品如桐油、川丝、生熟黄牛皮、药材等，多改由蒙自出口。

（二）战时敌军对个锡运输路线的封锁

抗日战争爆发后，国民政府采取增加出口商品数量或以货易货的办法，应对与日俱增的军费开支和平衡进出口差额，“当时中国军火最大来源，百分之八十来自德国，其余来自苏俄……中国并无现款，采用以货易货办法，中国输出者为矿产、茶叶、羊毛等，输入者均为军械、汽油、飞机及交通工具等”④。个锡作为云南出口商品中数量最多，价值最高的商品，在战时的出口具有了比平时更重要的意义。个锡均由滇越铁路运输，从蒙自关出口，因此，滇越铁路的畅通与否对个锡运输至关重要。

1938年10月，广州、武汉被日军占领后，英国占领的香港地区成为中国与国际市场联系的唯一地点，中国所有出入口物资均由香港转道海防，再由滇越铁路运输。抗日物资的输入增强了中国的抗日力量，对于日本迅速灭亡中国的企图无疑是一个障碍，为了切断中国的补给，日本军部多次提出要“切断蒋政权的补给线”。在陆军方面尚未能对云南地区进行直接攻击的情况下，日军的空袭给滇越铁路的运输造成了巨大损失。1939年4月13日，日军19架飞机分两批轰炸滇越铁路中心站蒙自芷村车站和蒙自县城，这是日军对滇越铁路的首次轰炸，蒙自火车站中弹2枚，两条路轨被炸断，10余个车兜被炸倒。10月，日军发出“大陆命第

---

① 《民国二十八年海关中外贸易统计年刊·蒙自等三关贸易报告》，载《中国旧海关史料（1859—1949）》第132册，京华出版社2001年版，第593页。

② 云南省志编纂委员会总纂：《云南省志·铁道志》，云南人民出版社1994年版，第42页。

③ 河口瑶族自治县地方志编纂委员会：《河口县志·交通》，三联书店1994年版，第257页。

④ 蒋永敬：《抗战时期中法在越南的关系》，载《中国现代史专题研究报告》第1辑，1985年，第162页。

582号”文件，提出要“强化截断滇越铁路和滇缅公路补给线之航空作战”①。此后日军不断派出空军轰炸滇越铁路上的桥梁与车站。

据不完全统计，从1939年4月至1944年5月，日军飞机共出动555架次，对滇越铁路进行43次轰炸，炸毁、烧毁房屋4899间，炸毁火车20余辆，损毁铁路桥梁、隧道、轨道、电线无数，迫使铁路运输数度中断。② 其中最严重的一次是1940年2月1日日军对屏边境内滇越铁路上最长的钢架桥——白色寨大桥的轰炸，该轰炸造成153人死亡，71人受伤，使大桥及附近隧洞都遭到了严重破坏，迫使铁路运输中断10天。9月，日军在海防登陆，攻占河内，向中越边境进军。面对这样的情况，为防止日军沿滇越铁路侵略云南，国民政府一面宣布对铁路滇段实行军事管制，成立滇越铁路路线区司令部；一面“调重兵布防于蒙自、河口、屏边、金平、文山、马关、麻栗坡一带”③。9月10日，为阻止日军进攻，国民政府下令炸毁河口大桥及隧洞，拆除河口至碧色寨177公里线路，并破坏部分桥涵。④至此滇越铁路至越南的运输全线中断。9月22日，越南当局与日军签订协议，允许日军在越南享有军事便利，并可利用各飞机场，中国政府于十月末宣布封锁滇越边境，红河航道的运输也就此中断。⑤

1940年10月以后，由于滇越铁路河口段的中断，个锡的主要运输通道中断，个锡开始由滇越铁路的碧色寨站运输至昆明，再由滇缅公路运输出口。然而在该年7月20日，日本政府就通过了《国策纲要》，称：“帝国将继续沿着解决中日事变的方向前进，攻取缅甸的目的就是要截断中国与外界的最后一条交通线。”⑥ 在这种情况下，从1940年10月18日至次年2月27日，驻越南河内的日军飞机先后18次轰炸滇缅公路上跨越澜沧江的功果桥与跨越怒江的惠通桥。1942年5月5日，

---

① 李忠杰主编：《云南省抗战时期人口伤亡和财产损失历史简编》，中共党史出版社2013年版，第38页。

② 李忠杰主编：《云南省抗战时期人口伤亡和财产损失历史简编》，中共党史出版社2013年版，第153页。

③ 孔庆福：《滇越铁路在抗战中》，见《抗战时期西南的交通》，云南人民出版社1992年版，第384页。

④ 云南省志编纂委员会总纂：《云南省志·铁道志·大事》，云南人民出版社1994年版，第10页。

⑤ 《民国二十九年海关中外贸易统计年刊》，卷一上《贸易报告》，载《中国旧海关史料(1859—1948)》第136册，京华出版社，2001年，第527页。

⑥ 李忠杰主编：《云南省抗战时期人口伤亡和财产损失历史简编》，中共党史出版社2013年版，第42页。

日军窜抵怒江岸边，为了阻止日军侵入我国境内，我国守桥部队奉命炸断了惠通桥，从此滇缅公路断绝。

二、抗战时期个锡生产的急剧萎缩情况

（一）抗战时期日军对个旧的轰炸造成个锡产区的严重损失

锡是重要的战略物资，据统计，在抗战期间，中国政府共为美国提供精锡10708吨，为苏联提供精锡13162吨，用以换取各种抗战物资和军事援助。为了削弱中国的抗日力量，日军不但对中国抗日物资的运输路线进行狂轰滥炸，对处于抗战后方的云南地区的诸多关乎国家经济的工业设施也进行了大规模的轰炸，个旧作为中国最著名的锡矿产区，成为日军空袭云南工业生产区的重要目标。据当时的统计，自民国二十九年（1940年）十月至民国三十年十一月，个旧县共被轰炸16次，日军投弹200余枚，炸死平民167人，重伤143人，轻伤38人，炸毁房屋2100余间，焚毁300余间。① 日军轰炸的主要目标是个锡生产的主要矿区与个旧县城，个旧锡务公司的老厂、锡业公司、锡矿工程处、马拉格厂区均遭到过轰炸。其中锡务公司的化学配药房、洗砂厂，炼锡公司的炼锡厂、熔锡厂、老厂、锡业公司、锡厂工程处、动力厂等厂的机器被毁，矿区索道也被炸断一段。② 轰炸给个旧锡业的生产造成了巨大损失，据不完全统计，轰炸共造成碛砂损失三万余斤，停产损失折合法币三亿元左右；许多工厂因轰炸而拆迁，增加防空设备，机器疏散损失费用总计三亿七千多万元。③ 轰炸使个锡的生产受到了巨大的影响，该年出口之锡与钨矿砂二项，均形萎缩，计锡由六万九千八百六十三公担，降为五万二千七十三公担，钨矿砂由八千八百九十二公担，减为五千二百六十九公担。至锡之所以降落者，则以所有矿区均被日机轰炸为主因也。④

---

① 1945年4月16日：《个旧县政府查报被炸伤亡损失呈》，载章开沅总主编：《抗战时期的云南——档案史料汇编》下，重庆出版社2015年版，第648页。

② 李忠杰主编：《云南省抗战时期人口伤亡和财产损失历史简编》，中共党史出版社2013年版，第48页。

③ 牛俊秋：《日机轰炸个旧对锡业生产的影响》，见《个旧文史资料选辑》，第5辑，第12页。

④ 《民国二十九年海关中外贸易统计年刊》卷一上册，贸易报告，载《中国旧海关史料（1859—1948）》第136册，京华出版社，2001年，第531页。

（二）战时交通运输的不畅导致的通货膨胀与出口困难，造成个锡生产量与出口量下降

抗日战争时期，法国对日本的绥靖政策及日军飞机的轰炸使滇越铁路运输时断时续，使个锡出口受到严重的阻碍。基于该铁路的重要性，全面抗战爆发后，国民政府照会当时的法国政府，要其遵守《中法会订滇越铁路章程》第二十三条"路成开车后，……万一中国与他国失和，遇有战事，该铁路不守局外之例，悉听中国调度"① 的规定。当时欧洲战场战争尚未爆发，法国政府为了维持自己在欧洲的局势，对日本采取绥靖政策，想以牺牲中国换取其在远东的利益，1937 年 10 月 17 日，法国内阁会议做出决定："军火运华……假道越南一事，应在禁止之列。"②这导致中国当时已经处于统制中的用于易货贸易的特矿转运遭到阻挠，经过国民政府与之几次磋商，法国内阁才在 1938 年底同意遵守《中法会订滇越铁路章程》的规定。但随着 1939 年 9 月欧战的爆发，日本不断地在亚洲问题上对法国施压，为保证自身利益法国再次妥协，9 月 6 日，法国突然宣布任何物资不得从印度支那出口，月底又宣布不允许汽车、汽油、军火等由印度支那出口，对于中国运输出口的特矿也多次以拥有优先购买权多方留难，致使 1940 年上半年中国滞留海防各地的"中国特矿达 1000 万美元"③。1940 年 6 月，巴黎被德军攻陷，法国维希政府成立，其破坏《铁路章程》规定，命令越南殖民政府全面禁止中国过境货物的运输。

法国政府对日本的不断妥协实际上为日军对中国进行经济与交通封锁提供了便利，这种行为使云南进出口货物的运输受到了极大的影响，阻碍了个锡生产及个旧锡矿的出口。

抗战后，由于铁路运输的时断时续和日军飞机对铁路的轰炸，个锡的出口额呈现下降的趋势。在滇越铁路被封锁后，个锡改走滇缅公路，运输量减小，运输成本增加，个锡的出口数量更是减少。

① 庄兴成、吴强等编纂：《滇越铁路史料汇编》上，云南人民出版社 2014 年版，第 6 页。

② 《中华民国重要史料初编——对日抗战时期》（第三辑），1981 年，第 734 页。

③ 沈云龙辑注：《胡适与翁文灏来往书信》下，见台湾《传记文学》，第 45 卷，第 4 期。

表 6-3　1937—1942 年蒙自关个锡出口数量统计表

年　　份	出口数量/担	货值/国币元
1937	6787	1，820，563
1938	92604	28，890，629
1939	69863	21，895，325
1940	52079	26，312，658
1941	71724	94，665，754
1942	3016	4，538，075

（资料来源：《中国旧海关史料 1859—1948》第 124、128、132、136、140、143 册之《中华民国海关中外贸易年刊》各年蒙自关出口矿物量记录。）

此外，日军对华的战争及经济、交通封锁还导致了国内通货膨胀严重，对个锡的生产造成了严重影响。以个旧锡矿的生产成本中所占比例最重的一项购米开支为例：个旧地区矿产丰富，农业经济却不发达，米等生活物资向来依靠周边蒙自、宜良等地运输而来，米的来源之地包括曲靖、马龙、陆良、罗平等县。① 但是云南省的米产量向来是丰年勉强自给，滇越铁路通车后，越南米由于价格便宜运输便利，在云南食米有所欠缺时便大量进口。民国二十八年（1939 年），随着广州、武汉的沦陷，大量的人口涌入暂时平静的西南地区，加上日军对华的经济封锁，国民政府为了保证抗战军队的粮食供应征购大量粮食，以及法币的不断贬值，整个社会通货膨胀严重，米的消费量及价格都在直线上升，民国二十八年（1939 年），蒙自海关报告曾言：

滇省所产粮食，已往数载，夙敷应用，本年自安南输入之米，竟达一万五千五百二十二公担之多。此其故并非由于产额减少，实系人口激增，各地运输不便，有以致之。此外因法币跌落，米价续增，一月间每公担仅售十六元，迨十二月则涨为六十元矣。②

第二年，更有十三万三百七十七公担的米进口，几乎全为越南米，尽管进口量增加了十多倍，但是 6 月“滇越铁路停驶后，本埠食米颇为严重”③，随着运输

① 张肖梅：《云南经济》，中国国民经济研究所，1942 年，第 R24 页。

② 《民国二十八年海关中外贸易统计年刊》，载《中国旧海关史料（1859—1948）》第 132 册，京华出版社，2001 年，第 590 页。

③ 《民国二十九年海关中外贸易统计年刊》，载《中国旧海关史料（1859—1948）》第 136 册，京华出版社，2001 年，第 527 页。

道路的断绝，越南米不能再进口，整个云南地区的米价持续上涨。

"一般来说，只要锡价维持在米价之上，滇锡产量即保持平稳状态"①，但是当时不但米价飞涨，个锡生产所需的其他生活、生产资料、人工价格同样飞涨，法币贬值严重，个锡的生产成本不断增加，而国民政府的个锡收购价的增长不能与之持平，许多私人生产者由此不得不停止营业。将同时期的米价增长速度与国民政府个锡收购价格增长速度作比较，如表 6-4 所示。

表 6-4　1939—1944 年个旧米价增长速度与国民政府个锡收购价格增长速度对比表

加价日期	每吨锡价/元	锡价的增长速度/（%）	每斤米价/元	米价的增长速度/（%）
1939 年 11 月 1 日	8，736	1.00	0.22	1.0
1940 年 6 月 21 日	12，455	1.43	2.10	9.5
1941 年 2 月 1 日	15，000	1.72	—	—
1941 年 8 月 1 日	18，700	2.14	11.00(1)	50.0
1941 年 12 月 7 日	25，000	2.86	—	—
1942 年 1 月 10 日	40，000	4.58	—	—
1942 年 3 月 13 日	50，000	5.72	18.5(2)	84.0
1942 年 3 月 26 日	70，000	8.12	—	—
1943 年 7 月 1 日	110，000	11.25	48.00—60.00	218.10—272.72
1944 年 9 月 18 日	374，000	44.28	140.00	636.30

（注：(1) 为 1941 年平均价；(2) 为 1942 年平均价；基期，1939 年；基价，锡每吨 8，736=1，米每斤国币 0.22 元=1。）

（资料来源：《云南日报》，1945 年 1 月 14 日，转引自《云南冶金史》，第 181 页。）

由表 6-4 可见，从 1940 年开始，锡价的增长速度一直是落后于米价的，正如郑友奎等人所言："导致滇锡产量剧减的原因很多，影响最大的乃是通货膨胀。"②抗战时期通货膨胀产生的最终原因就是日本对华的经济、交通封锁与战争本身。

① 林蘭芳著：《资源委员会的特种矿产统制（1936—1949）》，台湾政治大学历史系 1998 年版，第 154 页。

② 郑友奎、程麟荪、张传洪著：《旧中国的资源委员会（1932—1949）》，上海社会科学院出版社 1991 年版，第 262 页。

（三）为获得抗战物资，国民政府实行的“特矿统制”政策对个锡生产的影响

1. 资源委员会“特矿统制”的目的是获得抗战物资

民国二十六年（1937 年），全面抗战爆发后，日军迅速占领了我国的大片领土，在对我国进行交通封锁后，又进行了全面的经济封锁，禁止一切与战争有关的物资输入抗日后方，企图消耗抗日力量。从中国自身的财政状态而言，“原属贫弱的中国，民国成立以来内战不断，财政收支早处于入不敷出的状态；以物力言，中国产业不发达，和战争关系密切的军需技术不能自给，军需品甚至某些军需原料，亦仰给于国外的输入。”① 中国要坚持抗战，就必须依靠世界经济发达国家大力提供武器和贷款，这些国家正是看到了中国自身稀有矿产多而国内工业不发达的状况，在向中国提供物资时多以矿产资源，如钨、锡、锑、汞等为交换条件，当时这样做的国家主要有德国、苏联和美国，其中以锡作为易货偿贷大宗的主要是后两国。

民国二十九年（1940 年）3 月 1 日，中苏双方在莫斯科签订了《关于使用5，000万美元贷款之协定》，协定规定：苏联向中国提供 5，000 万美元的贷款，用以购买苏联生产的各种工业品和机械设备，并由苏联运至中国指定的地点。贷款年息三分，分五年偿还。中国以农矿产品各半进行偿还，偿债品为茶叶、皮革、兽毛、锑、锡、锌、镍、钨、丝绸、棉花、桐油、药材、红铜。② 之后的两年中，苏联又两次向中国提供了 5，000 万美元和 15，000 万美元的贷款，并将偿还年限延长至 10 年，向中国提供急需的大炮、飞机、坦克及其他武器、弹药、运输工具和燃料。

太平洋战争爆发前，美国曾四次与国民政府签订借款协议，其中民国二十九年（1940 年）4 月 20 日签订的《中美华锡借款合约》规定：美国贷给中国2，000万美元，年息四厘，以滇锡四万吨为抵押，分七年交清，交货抵押年 3，000 吨，以后按年递增 1，000 吨，最后两年各交 7，500 吨，还本第一、二年按滇锡售价50%，第三、四年按 60%，第五、六年按 70%，第七年按 80%，借款内提出二百

① 张白衣：《怎样充实战费财源》，载《东方杂志》，卷 37 号 15，1940 年，第 60 页。

② 王铁崖：《中外旧约章汇编》第三册，生活·读书·新知三联书店 1982 年版，第 1115-1118 页。

万元，作为改进滇锡生产之用①，交美的锡价则参照“该批次锡货抵达美国口岸一周之前两周之间纽约平均市价”②。同时美国为了保持其在战争中的“中立”姿态，还规定借给中国的贷款只能用于购买美国出产的农业及工业产品，不得购买武器。次年二月，中美又签订了第四次贷款贸易合同，即《中美金属借款合约》，合约规定美国向中国借款5，000万美元，用以购买美国物资，中方以钨、锡、锑等特种金属运售美国抵还本息。③

为了“矫正战争时期自由放任经济可能产生的偏差”④，民国二十年（1931年）“九一八事变”后，国民政府为有可能到来的战争做准备而开始实行“统制经济”，第二年成立国防设计委员会（民国二十四年更名为资源委员会，隶属经济部），该会经营的实业包括工业、矿业、电业三大项目。至抗战爆发国民政府与苏、美签订了购锡协议后，统制大锡生产、易货贸易和偿还贷款成为资源委员会的重要任务。民国二十八年（1939年）六月十四日，经济部公布了《锡业管理规则》，规定凡锡及锡砂一切事业之生产运销，皆依该规定管理之，并制定资源委员会执行管理事务。同年十月，该会在昆明设立了“云南矿产品运销处”，十二月又公布了《各项矿产品运销出口管理规则》八条，规定大锡为出口管理矿产之一⑤。

在以往的研究中，一些学者认为：“所谓‘大锡统制’，不过是中央国家垄断资本和地方国家垄断资本对私矿的掠夺，也是国民党的‘杀鸡取卵’的政策。”⑥他们认为，这一政策是造成抗战以后个锡生产量迅速萎缩的主要原因，国民政府这样做的目的是获得高额的垄断利润。其实在战时的环境中，为保证物资的统一调配，苏联、美国、英国、日本等都实行了一定的战时统制政策，最主要的统制

① 民国二十九年（1940年）3月5日《驻美代表陈光甫自华盛顿致行政院长孔祥熙报告与简士詹斯谈借款情形及与进出口银行商洽滇锡抵押借款之借约要点电》，《战时外交（一）》，第267页，转引自林籣芳著：《资源委员会的特种矿产统制（1936—1949）》，台湾政治大学历史系1998年版，第71页。

② 《复兴公司、世界公司售购华锡合同》，见孟默闻编：《美蒋勾结史料》，新潮书店1950年版，第25-29页。

③ 刘克祥、陈争平：《中国近代经济史简编》，浙江人民出版社1999年版，第641页。

④ 林籣芳著：《资源委员会的特种矿产统制（1936—1949）》，台湾政治大学历史系1998年版，第76页。

⑤ 苏汝江：《云南个旧锡业调查》，国立清华大学国情普查研究所，1942年，第58页。

⑥ 李珪主编：《云南近代经济史》，云南民族出版社1995年版，第501页。持这样观点的还有陈吕范主编：《云南冶金史》；陈吕范、邹启宇：《帝国主义与云南矿业》，《云南近代矿冶史论文集》；个旧市志编纂委员会编纂：《个旧市志》；施义：《锡都今古纵横探》。

部分就是粮食和矿业，这只是一种常见的战时政策，在看到它对个锡生产的消极影响的同时，也应该肯定它对抗战所做出的贡献。而且据统计，在1939—1945年，国民政府收购的锡矿外销的部分中用于易货的共10，159公吨，占47.2%；用于偿贷的共10，708公吨，占49.7%；真正用于低收高卖的自售部分只有641公吨，占2.9%，甚至在1942年后收购的锡产品已经完全用于易货和偿债了①，这应该是日军于前一年占领了亚洲主要锡矿产区，美苏等国锡矿来源愈加紧张造成的。

资源委员会对个锡主要从价格和外汇两个方面进行统制。价格统制方面，个旧厂商所有大锡出产后，必须按照定价直接售予富滇新银行，收购的价格由财政部贸易委员会制定，运输出口事宜则由“云南矿产品运销处”办理。外汇管理方面，按照苏汝江所言：“外汇管理之目的，在集中外汇，充实外汇基金，以安定金融基础，培养经济力量，为贸易统制政策之一部分，与政府统购统销政策，相辅而行。”② 民国二十七年（1938年）四月，财政部公布《商人运货出口及结售外汇办法》，规定凡出口商售得的货值，以外币计算的，应售予约定的中国银行或交通银行，按两行所定汇率换取法币。当时规定的港币汇率为1045，即锡商卖锡得港币一百元，只能兑换国币1045元。

2. 由于资源委员会的易货偿贷，个锡的价格受到美国的操控，这对个锡生产造成严重影响

抗战开始前，日本仅次于美国，是中国锡的第二大出口国，占输出总量的20.6%。③ 抗战开始的头两年，由于资源委员会尚未对全国锡业进行统制，“一般奸商以利之所在，纷纷资日”，统制后所有锡矿一律不准销往日本。1939年，美国、英国、荷兰成为华锡的最大出口国，分别占出口额的38.6%、23.71%、18%。④ “1939年以前，钨、锑、锡、汞4种矿产品的收购价格还都按国际市场的价格核定。当时战争初起，法币币值较稳，参照国际市场价格制定的统制收购价，与锡商将大锡自由卖入国际市场的价格贴近。所以尚未出现锡商因大锡收购价偏低而请求加价的记录。”⑤ 此后，随着国际局势的变化和欧洲战场战争的开始，华

① 根据林蘭芳著：《资源委员会的特种矿产统制（1936—1949）》，台湾政治大学历史系1998年版，第185-186页表格数据计算得出。原表数据来自台湾“中研院”近代史研究所藏：《经济部资源委员会档案》，24-10-18/3-4。

② 苏汝江：《云南个旧锡业调查》，国立清华大学国情普查研究所，1942年，第59页。

③ 丁佶：《世界锡的产消与云南锡业》，载《新动向》，第一卷第五期，1938年。

④ 香港地区《大公报》，1940年2月19日。

⑤ 董孟雄、郭亚非著：《云南地区对外贸易史》，云南人民出版社1998年版，第442页。

锡的国际传统交易市场英国也卷入战争，运往伦敦五金交易所的锡由于运输安全的关系开始减少，输往美国的华锡增加了60%以上，美国遂成为华锡对外销售的最大市场，大锡的收购价也不得不以盟国急需为标准，而不能随国际市场的价格而变化。

美国对易货偿债的华锡价格作了严格的规定，以中美信用借款为例，美国规定含锡量最低在99.8%，锡品中的杂质，其最高含量，锑为0.04%、砒0.05%、铅0.05%、铜0.04%、铁0.015%，银、镐、镍、硫均不得高于0.01%，含锡在99%～99.9%者，每磅减价0.0175美元，含锡在98%～99%者，每磅减价0.025美元，含锡在99.8%～99.0%者，每磅减价0.0055美元，含锡在99.9%以上者，每磅减价0.0025美元，不合标准者拒收。① 1941年8月又规定，锡产品以新加坡锡为标准，最高的收购价为每磅52美分。② 尽管当时云南炼锡公司所产的YTC牌头号锡质量比新加坡锡还要好，也仍然只能按照这一价格进行交易。而当时国内由于对日战争的影响，法币贬值，物价飞涨，个锡的生产成本一再提升，个锡的收购价格受美国限制，虽经数次加价，却与生产成本的差距越来越大，这从表6-4所示的米价与锡价增长速度的对比中就可以看出。1944年9月18日，由于法币贬值严重，国民政府与美国协商开始以价值比较稳定的黄金作为易货的标准，规定每吨大锡折合黄金32市两，但由于“矿产品运销处”在兑换中采取的各种巧取豪夺的手段，矿商实际上只能得到18市两，生产成本仍然不敷，这种政策执行上的失误进一步阻碍了个锡的生产。

总之，抗日战争时期，日本对华的战争造成的经济封锁、交通中断、通货膨胀，国民政府为了获得抗战物资而进行的“特矿统制”政策的执行不当，导致了这一时期个锡生产萎缩。当时的萎缩首先表现在产量严重下降：“由二十七年份一万零七百三十一吨之最高峰，历年递减，降至三十一年份三千六百二十九吨，三十二年份为二千四百二十五吨。”③ 此外，私营炉户厂尖数量、雇佣矿工人数锐减。根据民国三十三年（1944年）的调查：“矿商大小户数由二十七年的5，000户，

① 王铁崖编：《中外旧约章汇编》第三册，生活·读书·新知三联书店1982年版，第1180页。

② 林蘭芳著：《资源委员会的特种矿产统制（1936—1949）》，台湾政治大学历史系1998年版，第196页。

③ 云南省档案馆等编：《云南近代矿业档案史料选编（1890—1949）》下，内部资料，1990年，第433页。

二十八年的 4，000 余户，二十九年的 2，700 户，三十年的1，852户，三十一年的 1，254 户，三十二年年关前调查有 673 户，到今天恐怕得减去三分之一。七十多座公私大炉，到三十二年度终年不断熔炼的根本没有，时断时续的不过六七座而已。”云南锡业公司“二十七年工人 101，130 人，二十八年 84，808 人，二十九年 51，863 人，三十年 25，707 人，三十二年一至六月 17，596 人，六至九月 5，100 人，十至十二月初 2，230 人”①。

综上所述，近代个锡是在中国沦为半殖民地半封建社会的过程中发展起来的，它的大规模开发是为了满足世界主要资本主义国家对锡产品的需求。同时，国外殖民者对云南进行资本输出，个锡的主要运输道路——滇越铁路掌握在法国政府手中，因此，个锡的开发对国际市场有强烈的依赖性，国际市场经济发展的变化及国际局势的演变都对个锡的发展具有重要的影响。

---

① 建初：《个旧的过去与现在》，载《云南日报》，1944 年 3 月 17 日。

结　语

本书是在国际经济一体化的视角下研究近代个旧锡矿业的开发。云南省矿业资源丰富，锡矿的开发源自西汉时期，然而真正的大规模开发，其开发效益成为云南省的经济支柱，是在近代国际经济一体化的背景下发生的。自第一次工业革命以来，世界各国的经济联系不断加强，各国间经济互相影响逐渐成为国际经济发展的一股浪潮，鸦片战争后中国也卷入了这一浪潮。由于中国近代工业的落后，个锡产品开始大量出口国外，成为中国经济与世界经济联系的纽带之一。在研究过程中本书得出的观点如下：

第一，云南锡矿开发有着悠久的历史，个旧在清朝中期已成为全国最大的锡矿产区，产量最大时可达每年 150 万斤，可以利用土法进行生产，并冶炼出纯度达 90％的粗锡，这为近代个锡的大规模开发奠定了良好的基础。但是由于当时锡矿产品仅在国内销售，商品用途不广，产品常常出现滞销，在当时个旧锡矿的开发并未受到重视。

第二，个锡在近代的大规模开发是以蒙自口岸的开放与滇越铁路的通车作为契机的。1840 年鸦片战争后，中国卷入了国际经济一体化的浪潮，个锡开始大量销往通商口岸和香港地区，适应了沿海地区工业化的起步及国际市场的要求，但此时尚未完全形成外销型的销售取向。1889 年蒙自口岸开放，个锡有了一条离出海口最近的道路，个锡出口量大增，1910 年，滇越铁路的通车改善了个锡出口的运输条件，蒙自口岸的开放与滇越铁路的通车最终奠定了个锡“十九外销”的局面。

第三，近代个锡的开发一改云南传统的以满足国内需求为主，政府严格控制生产的矿业开发模式，转变为在政府的指导下以私营为主，兼有少数采用近代经营方式的企业，生产开发以市场为导向，产品以满足国际市场的需求为主。在国际经济一体化的浪潮下，为了适应国际市场的需求，少数近代锡矿企业开始引进西方先进的开采、冶炼技术，在这一过程中，提高了锡产品的质量及个旧锡矿业对国际经济一体化的适应能力。个锡在近代的出口也使它成为云南省出口商品的最大宗货物和近代云南省经济的支柱。

第四，近代个旧锡业是在中国沦为半殖民地半封建社会的过程中发展起来的，由于中国近代工业的落后，所需的初级工业品较少，个旧锡业的发展完全依赖于国际市场。由于近代个锡开发的动因是国际市场对锡产品的需求，国际经济的任何波动都会引发个旧锡业生产的波动；虽然个锡产量在世界上排第五位，个锡是世界市场的重要产品，但出口价格受制于伦敦、纽约五金交易所；由于需要通过滇越铁路出口到国际市场，抗战时铁路交通的断绝和国际市场的缺失使个锡的生产遭受了严重的损失。

国际经济一体化无疑是近代以来世界经济发展中的一个重要现象，世界各国、各地区之间通过密切的经济交往和经济协调，在经济上相互依存、相互渗透、相互竞争，形成了一股势不可挡的历史发展潮流。我国自改革开放以来一直积极推行对内改革、对外开放的经济政策，经济一直保持着高速发展的趋势。进入 21 世纪以后，我国经济发展面临着新的形势，2001 年加入世贸组织后，我国经济在更高程度和更广的范围内融入了世界经济体系，这既能让我们获得更多的发展机遇，也意味着国际经济的发展趋势将更加深刻地影响我国的发展。怎样提高国际竞争力，怎样增强抵抗国际经济风险的能力，怎样根据不同的国际经济发展形势做出对外贸易和经济政策的调整，成为我国面临的新挑战。

近代中国经济是在鸦片战争后中国被动卷入国际经济一体化的潮流中，在半殖民地半封建社会的环境中发展的，近代个锡在这种环境中艰难地发展，虽然成为平衡云南省进出口货值的重要商品，是云南省经济的支柱，但它的发展始终受到国际市场的各种制约，国际竞争力也得不到根本的提高，它的这种畸形的发展，正是我国当前参与国际竞争、发展经济所要避免的。

附录 A

个旧锡矿生产大事记
（公元前 109 年—公元 1948 年）

西汉元封二年（公元前 109 年）

益州郡设贲古县，下辖今蒙自、个旧一带，属益州郡下辖 24 县之一，为个旧最初隶属的县治。

东汉建初年间（公元 76—83 年）

《汉书·地理志》载：“贲古，北采山出锡，西羊山出银、铅，南乌山出锡。”这是个旧地区最早产锡的历史记载。

元至元十三年（1276 年）

蒙自置县，隶属临安路，县属上六里辖今个旧。

明正德五年（1510 年）

周季凤所纂的《云南志·临安府·土产》载：“锡，蒙自个旧村出。”个旧地名第一次见于史籍记载。

明正德九年（1514 年）

《明史·食货志》载：“正德九年，军士周达请开云南诸银矿，因及铜、锡、青绿。诏可。遂次第开采。”同年，卫军周达向朝廷申奏，派太监梁裕到矿山管理，将个旧划归蒙自，从此，个旧锡矿的开发正式纳入官方规划。

明万历四年（1576 年）

万历《云南通志》卷之六《赋役志》载：“临安府锡课银一千六百八十两。”这是个旧锡矿最早的税收记录。

清康熙四十三年（1704 年）

为控制个旧、龙树脚两厂，设立个旧汛，派驻官兵。

清康熙四十六年（1707 年）

道光《云南通志》卷 74 载，“个旧锡厂，坐落蒙自地方，康熙四十六年，总督贝和诺奏开”，并定个旧厂“每锡百斤，抽课十斤，该课银四千两”的课额。朝廷同时开始对金钗坡、个旧、龙树脚各厂设厂委员进行管理。这一时期个旧厂已经出现锡盛于银的状况。

清雍正二年（1724 年）

总督高其倬奏明：“个旧锡厂锡税、锡课外，各商贩锡出滇，九十斤为一块，二十四块为一合，每合例缴课银四两五钱，年收税银二千七八百两、三千两不等。”

清乾隆五年（1740 年）

朝廷改铸青钱，因点锡甚贵，批准滇、黔、川三省收购个旧板锡配铸，个旧锡矿开始有了稳定的销路。

清嘉庆三年（1798 年）

朝廷改铸黄钱，个旧锡矿失去稳定销路。

同年，十月八日，个旧厂商同立《个旧公议厂规碑记》10 条。

清道光二十二年（1842 年）

个旧厂商开始通过蒙自、开化、剥益、百色等地转运锡至香港出售，再由香港购回百货。

清同治七年（1868 年）

云南提督马如龙与法国人堵布益签订协议，堵布益以军火、食盐等供给云南地方当局，换取红河的勘探权和在云南收购铜、锡的权利。

清光绪九年（1882 年）

云南当局拨官款设立官督商办的个旧厂务招商局，从事锡矿的开采、冶炼及运销，由个旧士绅李光翰“身任其事”。

清光绪十一年（1885 年）

云贵总督岑毓英、云南巡抚张凯嵩“以个旧厂务杜繁，诉讼点多归蒙自管辖殊多不便”向朝廷奏准，将临安府驻双水塘同知及临元镇驻双水塘左营都司移驻个旧，设立个旧厅，管理矿务、监收矿课及驻防，个旧民事事务仍归蒙自县管理。

清光绪十二年（1886 年）

云贵总督岑毓英上奏朝廷“公禁锡走蛮耗”运输，要求关闭红河航道，将个旧锡矿由北海关运输出口。

清光绪十三年（1887 年）

五月六日，清廷与法国在北京签订《中法续议商务专条》，指定开广西龙州和云南蒙自为通商处所。蛮耗也同时开放，并允许法国派驻蒙自的法国领事官属下一员在蛮耗驻扎。法国商品经上述口岸进入中国，享有减税特权。

同年，清廷任命唐炯为矿务大臣，裁撤个旧厂务招商局，成立云南矿务招商公司，经营全省矿业。该公司在个旧拥有锡矿的购买特权，采取“放本收锡”的办法经营维持。

清光绪十四年（1888 年）

《中国旧海关史料（1859—1948）》一书第 14 册《Shanghai trade returns，for the year 1888》记录该年中国内地土锡复销往香港或外洋 2.22 担，价值 55 关平两，这是海关方面最早的锡由香港出口国外的记录。

清光绪十五年（1889 年）

七月二十八日（8 月 24 日），按《中法续议商务专条》的规定，蒙自海关正式开关，蛮耗分关同时开放，个旧锡从蛮耗直接出关水运越南，再转销我国香港，出口数量剧增。

清光绪二十八年（1902 年）

光绪二十六年“昆明教案”发生后，二十七年英法联合组成隆兴公司，向清政府提出允许其开采云南全省矿产的要求，并派法国前任领事弥乐石为代表进行谈判。二十八年六月，公司与清政府协定“不准揽办全省（矿产），指定澄江、临安、开化、云南、楚雄等府及元江州、永北厅七处”，并拟定了《云南隆兴公司承办七属矿务章程》二十四款，规定开采的滇中矿产包括金、银、铜、铁、煤、宝石、朱砂、火油、白金、白铜、锡等，开办时间定为六十年，以后可再延长二十五年，个旧锡矿包含于其中，是隆兴公司主要觊觎的矿产。

清光绪二十九年（1903 年）

四月十七日，个旧锡矿工人周云祥率矿工 200 余人起义，在个旧老通风口击败清军，次日领 2000 余众乘胜进入个旧城区，二十一日进攻临安府，攻占府城。清廷云南地方当局调集重兵围攻，五月，起义失败。此次起义为中国近代史上最早的矿工起义。

光绪三十一年（1905 年）

八月，个旧厅同知雷元澍、绅商代表李光翰呈请云南省矿务大臣唐炯、云贵总督丁振铎，创办“个旧厂官商有限公司”，当时共集资“官股四十八万五千元，商股十八万一千元”，该公司是个旧历史上最早的官商合办公司。

光绪三十三年（1907 年）

十二月，法国公使函致清政府，诉蒙自县个旧厂古山矿区闵立松父子因将祖产（锡）矿地卖予隆兴公司下属之临安矿务公司而被人告发，蒙自县地方官将其拘捕，并发布告不准矿山地主将矿地卖给外国人。此案争讼半年，后闵立松虽经开释，但当地民众以不同的方式阻挠公司的开发。蒙自县令也出具布告“严禁居民出售矿质于外国之人，如有违犯者，自必加重惩办。”

清光绪三十二年（1908 年）

法国商人要求锡砂外运和在蒙自设立炼厂，遭厂商反对未成。

清宣统元年（1909 年）

四月十五日（6 月 2 日），滇越铁路碧色寨至河口段通车，蒙自海关在碧色寨设卡转运个旧锡矿。

同年，个旧官商有限公司改组为个旧锡务股份有限公司，公司委派王奎生等到南洋考察锡业生产。考察归国后，公司聘用德国工程师斐劳碌为总工程师，向德国礼和洋行订购洗砂、制炼、化验、电机、铁索等机械设备，至民国二年春，机械设备安装完毕投产。该公司开创了云南冶金工业机械化生产的历史。

清宣统二年（1910 年）

三月八日，个旧、蒙自、建水、石屏等地厂商与个旧绅商李光翰联名上书云贵总督李经羲，请求拨出滇蜀铁路公司锡炭股额作基金，修筑个旧至碧色寨铁路，五月二十二日，李经羲批准修路，次年，组织官商合办个碧铁路公司，由炭、锡砂销售额中抽收股金，并发行公司股票筹集筑路资金。

民国元年（1912 年）

5 月 4 日，富滇银行个旧分行成立，是为个旧首个银行。

同年，法国人白里氏到个旧厂购买锡砂五吨，遭到个旧厂商炉号的反对未成。

同年，个旧工艺艺人李伟清制作的“关云长勒马望荆州”锡工艺品在巴拿马亚太博览会展出，获得特等奖。

民国二年（1913 年）

云南省政府将冲门口外之古山厂、麒麟山一带地以西所有矿厂全划归个旧，另建县治，个旧县成立。

民国三年（1914 年）

1 月 2 日，法国东方汇里银行在蒙自成立支行，对个旧大锡开始实行跟单押汇。

2 月 13 日至 4 月 13 日，北洋政府工商部地质研究所所长丁文江到个旧进行地质矿产考察，后写成《云南个旧附近地质矿务报告》，这是个旧锡矿开发史上首次利用西方测绘技术进行地质勘测。

六月，云南省政府筹办个旧砂丁总局，以保护砂丁、便利炉户、维持厂业，十一月正式开办。

8 月，第一次世界大战爆发，锡块严重滞销，个旧厂商炉号纷纷向省府求助或向东方汇理银行蒙自支行借贷。

民国四年（1915 年）

7 月，个旧锡务公司工程队会同日本山口义胜、德国礼和洋行、美国旗昌洋行经勘查芹菜沟龙潭水，决定开凿水沟引芹菜沟水至个旧洗砂厂洗砂。

民国七年（1918 年）

9 月 23 日，英国利用香港在个旧锡矿出口中的特殊地位，规定未经批准锡“概不准由本港输送出口或渠道本港前往他处”。个旧锡矿运输遭到限制，锡价大跌。

11 月 15 日，个旧商会呈请云南督军公署：“拟改将锡块运于上海、广州等埠以为销售之场。”

同年，昆明矿署余焕东调查全省矿业，查得个旧锡矿厂户共一百八十余家，这是个旧锡矿最早的厂户调查结果。

同年，个旧锡务公司的锡金属参加越南河内的商品展览会，获得好评，次年 12 月又有锡金属与矿砂参加此展览会。

民国八年（1919 年）

新加坡炼锡公司到个旧购买锡砂，并于蒙自设立炼厂，遭到云南民众一致反对。个旧商会拟定《禁止矿砂出境规则》十六条，呈请省议会核定。

民国九年（1920 年）

个旧厂商以规范个锡开采，调解各矿硐的关系为目的，规定了《个旧厂规》八十条。

8月，个旧锡税局成立，直属于省政府领导，是个旧最早的地方税局。

10月，个旧锡务公司参加云南物品博览会的石锡和上锡各获一等奖。

同年，个旧锡务公司聘请美国工程师卓柏重新设计，将蓝蛇洞的索道移至马拉格。

民国十年（1921年）

缪云台发表《整理个旧锡务意见书》，阐述个旧锡业改良办法。

10月29日，个旧锡务公司参加云南物品博览会的锡条获得特等奖。

同年，个旧地区发生猩红热、白喉，死者甚多，棺木卖绝，严重影响锡矿生产，该年锡块产量较上一年几乎减少一半。

民国十二年（1923年）

2月6日，美国纽约五金交易所以香港输出之中国上锡经化验成色不达标，含铜杂质过多为由拒绝中国九九上锡入市，并在报纸上大肆宣传此事。

5月2日，香港地区的商会致电纽约五金交易所否认此事，并要求采取第三方化验的方式解决问题。

同年，个旧锡务公司精制的上锡在云南省物产品评会上获得大奖，锡砂、锡矿获优等奖，普通锡获一等奖。

民国十三年（1924年）

2月，个旧锡务公司金属锡在安徽省第二届商品陈列所参展时获奖。

个旧气候先大旱，严重影响锡业生产，后又复大雨成灾，导致铁路运输中断，锡业生产及出口皆受到影响。

民国十五年（1926年）

锡务公司任命美国工程师卓柏为总工程师开始开凿马拉格竖井，以为探矿与采矿之用。至民国二十八年初，竖坑深度已达1，130尺深；至民国三十一年已达1，142尺深。

民国十七年（1928年）

10月10日，个旧锡务公司参展的99.4%上锡在中华国货展销会上获得特等奖，各种锡器获得一等奖。

民国十九年（1930 年）

7 月，在浙江省西湖物品博览会上，个旧锡务公司展出金属锡获特等奖，得金质奖章一枚。

民国二十年（1931 年）

10 月，省农矿厅缪云台邀请新加坡退休炼锡专家亚迟迪氏到个旧考察，该专家三个月内完成了一份报告书，得出结论，如欲就地冶炼个旧锡矿并达到 99.75％以上成色，则必须新建炼厂。

民国二十一年（1932 年）

1 月 16 日，个旧奉命裁撤锡税局，设立个旧特种消费税总局，辖蒙自、建水、石屏、开远 4 个查验所。

2 月，由缪云台主持建立云南炼锡公司，官商集资五百万元，其中官股三分之二，商股三分之一。

同年，个旧锡务公司金属锡参加北平国货展览会获奖，并在《国货鉴》上登丙种广告。

民国二十二年（1933 年）

3 月，云南炼锡公司正式投产，改良锡获得成功，炼出含锡 99.75％、99.5％和 99％的上锡、纯锡和普通锡。产品获得了伦敦、纽约五金交易所的化验证书，这从此改变了个锡要经过香港精炼后方能外销的状态，个锡可以直销国际市场。

6 月 1 日，美国芝加哥博览会开展，个旧锡务公司含锡 99.4％的锡条及精矿、毛矿、锡生产工艺、机械等照片（10 张）参展。

7 月 29 日，省政府核准施行云南富滇新银行《个旧分行大锡跟单押汇章程》17 条，规定凡出口锡均由该行管理。这改变了过去个旧商人与法国东方汇理银行跟单押汇受到外汇剥削的状况。

同年，个旧锡制工艺品获巴拿马国际博览会奖。

民国二十三年（1934 年）

7 月，国民政府教育、实业两部在北洋工学院举办全国矿冶地质联合展览会，个旧锡务公司金属锡获优等奖，锡矿获感谢奖。

民国二十四年（1935年）

4月25日，个旧锡务公司金属锡获山东国货陈列馆展品特等奖。

民国二十六年（1937年）

3月，国民政府资源委员会先在个旧老厂秧草塘成立了“云南锡矿采勘队”，开展探矿工作，次年改名为“云南锡矿工程处”，俗称“中央公司”，该公司拥有资产600万国币。

民国二十七年（1938年）

8月，清华大学国情普查研究所研究员苏汝江带学生史国衡赴个旧进行调查，之后写了《云南个旧锡业调查》一书，其为民国时期个旧锡业调查中的重要资料。

民国二十八年（1939年）

4月13日，19架日军飞机分两批轰炸滇越铁路中心站蒙自芷村车站和蒙自县城，这是日军对滇越铁路的首次轰炸，蒙自火车站中弹2枚，两条路轨被炸断，10余个车兜被炸倒，这造成个旧锡矿运输中断。滇越铁路断绝前，日军飞机共对其进行过43次轰炸。

10月，国民政府资源委员会在昆明设立云南出口矿产品运销处，统管云南矿产品及运销，将个旧锡矿列为特种矿产品，开始实行大锡统制。

12月，经济部公布《各项矿产品运销出口管理规则》，规定锡商应按官价将锡直接售予特种矿产品运销处。

民国二十九年（1940年）

4月20日，国民政府与美国签订《中美华锡借款合约》。

5月4日，在国民政府资源委员会主任翁文灏与云南省政府主席龙云的主持下，云南锡矿工程处、云南炼锡公司、个旧锡务公司合并组建云南锡业股份有限公司，由云南省政府、资源委员会与中国银行三家控股，该公司是近代个旧锡业发展中规模最大的、拥有机械最多的企业。

6月，巴黎被德军攻陷，法国维希政府成立，破坏《铁路章程》规定，命令越南殖民政府全面禁止中国过境货物。

9月10日，为阻止日军进攻，国民政府下令炸毁河口大桥及隧洞，拆除河口至碧色寨间177公里线路，并破坏部分桥涵。9月22日，越南当局与日军签订协议，允许日军在越南享有军事便利，并得利用各飞机场，中国政府于10月末宣布封锁滇越边境，红河航道的运输就此中断，个旧锡矿开始从滇缅公路运输出口。

10月18日，15架日本飞机首次空袭个旧，投弹13枚，炸死市民5人，伤1人。此后至次年11月间，个旧县共被轰炸16次，日军投弹200余枚，炸死平民167人，重伤143人，轻伤38人，炸毁房屋2100余间，焚毁300余间。轰炸给个旧锡业的生产造成了巨大损失，据不完全统计，轰炸共造成碛砂损失三万余斤，停产损失折合法币三亿元左右；许多工厂因轰炸而拆迁，增加防空设备费用、机器疏散损失费用总计三亿七千多万元。

民国三十年（1941年）

2月，中美签订第四次贷款贸易合同，即《中美金属借款合约》，合约规定美国给中国借款5，000万美元，用以购买美国物资，中方以钨、锡、锑等特种金属运售美国抵还本息。

民国三十一年（1942年）

7月，为了维护锡矿生产、保护厂商利益、抵制大锡统制政策，个旧厂商、炉号、县商会、锡业公会等组织工人、资方等1000余人到昆明请愿，要求提高锡价，以黄金支付锡款。

12月，个旧商会、锡矿业和熔炼业公会全体厂、炉、商民联合致电国民政府军事委员会委员长蒋介石、财政部长孔祥熙、经济部长翁文灏，恳请拨足8000万元款以解救厂商，并致电龙云，提出《十点救济锡产意见》。

民国三十三年（1944年）

9月18日，国民政府与美国协商开始以黄金作为易货的标准，规定每吨大锡折合黄金32市两。但云南矿产品运销处给付厂商只有18市两，经厂商力争增加至23市两。

民国三十四年（1945年）

8月15日，日本宣告无条件投降，消息传来，人民欢呼雀跃。

9月18日，物价猛跌，金价急降，锡价较前瞬跌五分之四，大批厂商炉号资金链断裂。

民国三十四年（1946年）

4月，个旧矿商联合上书蒋介石，要求废除锡矿统制，豁免锡税3年，低息贷款以恢复锡业生产，6月11日，行政院决定解除锡统制禁令。

民国三十六年（1947年）

物价飞涨，12月末，云南锡业股份有限公司外省职员争相辞职回家，大量工人涌入私矿、炉号，公司生产、经营皆遭重创。

民国三十七年（1948年）

10月17日，美国援华经济建设调查团来昆明，提出在个旧收购锡矿山直接运往美国精炼，资源委员会与云锡股份有限公司订立《云锡运美精炼协定和交砂抵偿贷款协定》。次年，个旧锡砂开始首次外运。

同年，美国停发"99"锡进口执照，个旧锡外销受阻，私矿纷纷倒闭，云锡股份有限公司开始生产99.8%的A级精锡。

同年，云锡股份有限公司YCTC甲级精锡牌号与化验成分在英国著名杂志(Metal Industry Handbook and Directory，1948）上和世界第一流精锡并列登载。

（注：1. 本附录以个旧市志编纂委员会编纂的《个旧市志》中大事记为底本，加以增删而成。

2. 本附录中以阿拉伯数字出现的日期均为公历日期，以中文数字出现的日期或为阴历，或无法确认是否为公历日期。）

附录 B

1889—1938 年个旧、伦敦、纽约、新加坡锡价表

时　　间	个旧锡价	伦敦锡价	纽约锡价	新加坡锡价
1889	17.00			
1890	17.98			
1891	17.20			
1892	17.98			
1893	18.59			
1894	19.35			
1895	19.92			
1896	20.01			
1897	20.00			
1898	21.00			
1899	35.00			
1900	39.82			
1901	48.35			
1902	52.14			
1903	49.29			
1904	63.69	126.7	28.08	76.55
1905	45.71	143.1	31.55	80.77
1906	51.22	180.6	39.82	89.60
1907	55.67	172.6	38.34	85.28
1908	56.34	133.1	29.54	66.78
1909	55.62	134.8	29.79	68.00
1910	58.48	155.3	34.27	77.51
1911	65.04	192.4	42.68	93.90
1912	82.34	209.4	46.43	103.30

续表

时　间	个旧锡价	伦敦锡价	纽约锡价	新加坡锡价
1913	81.73	201.7	44.32	99.57
1914	68.13	151.1	35.70	73.44
1915	71.46	164.2	38.66	78.17
1916	69.80	182.2	43.48	87.53
1917	62.38	237.7	61.55	108.74
1918	76.83	329.6	86.80	150.62
1919	57.43	257.5	65.54	120.68
1920	58.22	296.1	50.36	150.67
1921	58.39	165.4	30.00	85.04
1922	54.76	159.5	32.58	80.64
1923	59.26	202.3	42.17	101.75
1924	78.00	248.9	50.20	124.19
1925	81.16	261.1	57.90	131.77
1926	80.00	291.2	65.30	144.60
1927	80.00	289.1	64.37	144.93
1928	80.00	227.2	50.46	114.18
1929	80.00	203.9	45.19	104.37
1930	80.00	142.0	31.70	72.89
1931	80.00	118.5	24.36	60.29
1932	79.78	135.9	22.01	69.76
1933	80.94	194.6	39.12	99.99
1934	74.68	230.4	52.16	114.41
1935	81.57	225.7	50.39	111.32
1936	90.04	204.6	46.42	100.39
1937	119.03	242.3	54.24	119.75
1938	121.07	189.6	42.26	95.43

（注：1. 个旧锡价来自《中国旧海关史料（1859—1948）》历年海关贸易报告册记录，以每担值海关两为单位。

2. 伦敦、纽约、新加坡锡价来自《马来西亚华人锡矿工业的发展与没落》，第141-142页。伦敦锡价以每长吨值英镑为单位，纽约锡价以每吨值美元为单位，新加坡锡价以每担值新加坡元为单位。）

参考文献

一、史料

（一）地方志

［1］ 周凤季．（正德）云南志［M］//方国瑜．云南史料丛刊（第6卷）．昆明：云南大学出版社，2000.

［2］ 阮元．道光云南通志［M］//方国瑜．云南史料丛刊（第11卷）．昆明：云南大学出版社，2000.

［3］ 李焜．乾隆蒙自县志［M］//中国地方志集成·云南府县志辑（第48册）．江西：凤凰出版社，2009.

［4］ 韩三异．宣统续蒙自县志［M］//中国地方志集成·云南府县志辑（第50册）．江西：凤凰出版社，2009.

［5］ 顾祖禹．读史方舆纪要（第115卷）［M］．北京：商务印书馆，1937.

［6］ 佚名．宣统续蒙自县志［M］．上海：上海古籍书店，1961.

［7］ 东川铜矿务局．东川铜矿志［M］．昆明：云南民族出版社，1990.

［8］ 云锡志编委会．云锡志［M］．昆明：云南人民出版社，1992.

［9］ 云南省东川市地方志编纂委员会．东川市志［M］．昆明：云南人民出版社，1995.

［10］ 蒙自县志委员会．蒙自县志［M］．北京：中华书局，1995.

［11］ 云南省地方志编纂委员会．云南省志［M］．昆明：云南人民出版社，1998.

［12］ 个旧市志编纂委员会．个旧市志［M］．昆明：云南人民出版社，1998.

［13］ 个旧市志编纂委员会．个旧锡业志［M］．个旧：个旧市重工业局，1999.

[14] 龙云，卢汉修，周钟岳．新纂云南通志［M］. 昆明：云南人民出版，2007.

[15] 佚名．个旧县志稿［M］. 云南省图书馆藏残本．

（二）档案资料

[1] 云南省档案馆. 民国云南省建设厅档案.

[2] 云南省档案馆. 民国资源委员会档案卷宗.

[3] 昆明市档案馆. 民国云南省、市商务总会档案卷宗.

[4] 慕沂签本. 《大清矿物章程》正章、副章，铅印本，光绪三十三年（1907 年）刊刻.

[5] 农业部颁行. 《矿业法施行细则》，云南省农矿厅，云南省图书馆藏，民国 19 年（1930 年）.

[6] 云南省政府秘书处统计室. 四十七年来云南省出口锡统计册，云南省政府秘书处统计室，民国 25 年（1936 年）.

[7] 顾金龙，李培林．云南近代矿业档案史料选编（1890—1928）（上册）［M］. 内部刊行，1987.

[8] 顾金龙，李培林. 云南近代矿业档案史料选编（1928—1949）（下册）［M］. 内部刊行，1987.

[9] 黄凤平．抗日战争时期的云南——档案史料汇编［M］. 重庆：重庆出版社，2015.

（三）研究著作

[1] 台湾地区银行调查课．南洋之锡．昆明：云南官书局，1921.

[2] 曾鲁光．个旧锡业概观［M］. 昆明：同文书局印，1924.

[3] 云南省公署枢要处第四课．云南对外贸易近况［M］. 出版地不详，1926.

[4] 经济部统计处．后方重要工矿产品统计［M］. 出版地不详，1933.

[5] 京滇公路通览筹备会云南分会．云南概览［M］. 出版地不详，1937.

[6] 杨大金．现代中国实业志［M］. 北京：商务印书馆，1938.

[7] 徐宗士，邓友金．国际锡业统制［J］. 资源委员会月刊，1940，2（11—12）.

[8] 郭垣．云南省经济问题［M］．南京：正中书局，1940.
[9] 郭垣．云南省之自然富源［M］．南京：正中书局，1940.
[10] 朱熙仁，等．云南矿产志略［M］．昆明：云南大学出版，1940.
[11] 张肖梅．云南经济［M］．出版地不详：中国国民经济研究所，1942.
[12] 云南行政纪实编纂委员会．云南行政纪实［M］．昆明：云南省财政厅印刷局，1943.
[13] 经济部统计处．后方重要工矿产品第二次统计［M］．出版社不详，1944.
[14] 严中平，等．中国近代经济史统计资料选辑［M］．北京：科学出版社，1955.
[15] 孙毓棠．中国近代工业史资料（下册）［M］．北京：科学出版社，1957.
[16] 王铁崖．中外旧约章汇编（1689—1901）［M］．北京：生活·读书·新知三联书店，1957.
[17] 陈真．中国近代工业史资料［M］．北京：生活·读书·新知三联书店，1957.
[18] 严中平．清代云南铜政考［M］．北京：中华书局，1957.
[19] 台湾“中研院”近代史研究所．中国近代史资料汇编·矿物档［M］．台湾：中央研究院近代史研究所，1960.
[20] 中国史学会．中国近代史资料丛刊·洋务运动（七）［M］．上海：上海人民出版社，1961.
[21] 汪敬虞．中国近代工业史资料［M］．北京：中华书局，1962.
[22] 姚贤镐．中国近代对外贸易史资料（1840—1895）［M］．北京：中华书局，1962.
[23] 云南省志编纂委员会办公室．续云南通志长编［M］．出版社不详，1986.
[24] 云南省历史研究所．清实录有关云南史料汇编（卷四）［M］．昆明：云南人民出版社，1985.
[25] 重庆市档案馆．抗战后方冶金工业史料［M］．重庆：重庆出版社，1988.
[26] 云南省总工会工人运动史研究组．云南工人运动史资料汇编（1886—

1949）[M]. 昆明：云南人民出版社，1989.

[27] 詹福瑞 . 民国统计资料四种 [M]. 北京：国家图书出版社，2010.

[28] 中国人民大学清史研究所，中国人民大学档案系中国政治制度教研室. 清代的矿业 [M]. 北京：中华书局，1983.

[29] 中国第二历史档案馆，中国海关总署办公厅 . 中国旧海关史资料（1858—1948）[M]. 北京：京华出版社，2001.

[30] 庄兴成，等 . 滇越铁路史料汇编 [M]. 昆明：云南人民出版社，2014.

[31] 缪嘉铭 . 滇锡远销外洋意见书概略 [M]. 昆明：云南开智公司 .

（四）调查报告

[1] 钱智修 . 云南锡矿之调查 [J]. 东方杂志，1913（6）.

[2] 丁文江，翁文灏 . 中国第一次矿业纪要 [M]. 出版地不详：农商部地质调查所，1921.

[3] 谢家荣 . 中国第二次矿业纪要 [M]. 出版地不详：农商部地质调查所，1924.

[4] 候德封 . 中国第三次矿业纪要 [M]. 出版地不详：农商部地质调查所，1929.

[5] 侯德封 . 中国第四次矿业纪要 [M]. 出版地不详：农矿部地质调查所，1932.

[6] 元之 . 谈云南个旧锡务公司 [J]. 申报月刊，1934（10）.

[7] 侯德封 . 中国第五次矿业纪要 [M]. 出版地不详：实业部地质调查所，1935.

[8] 袁丕济 . 云南个旧锡业调查报告 [M]. 出版地不详：1936.

[9] 丁文江 . 云南个旧附近地质矿务报告 [M]. 出版地不详：实业部地质调查所，1937.

[10] 陈大受，徐韦曼 . 南洋锡业调查 [J]. 资源委员会月刊，1939，1（3）.

[11] 钟崇敏 . 云南之贸易 [M]. 出版地不详：资源委员会经济研究室，1939.

[12] 赓仁严 . 云南之财政 [M]. 出版地不详：资源委员会经济研究

室，1939.

[13] 任扶善．个碧石铁路的概况调查［J］．西南导报，1939（4）．

[14] 曹立瀛，陈锡嘏．云南会泽巧家之铜矿业［M］．出版地不详：资源委员会经济研究室，1940.

[15] 曹立瀛，王乃樑．云南个旧之锡矿［M］．出版地不详：资源委员会经济研究室，1940.

[16] 曹立瀛，陈锡嘏．云南之铜［M］．出版地不详：资源委员会经济研究室，1940.

[17] 曹立瀛．云南之交通［J］．经济建设季刊，1943，1（4）．

[18] 交通银行设计处．云南开远蒙自两县调查报告［M］．出版地不详：交通银行设计处，1940.

[19] 金耀华．中国第六次矿业纪要［M］．出版地不详：实业部地质调查所，1941.

[20] 袁丕济，等．云南之锡业［J］．资源委员会月刊．1941，3（2—3）．

[21] 苏汝江．云南个旧锡业调查［M］．北京：国立清华大学国情普查研究所，1942.

[22] 赵丰．个旧锡业之概况［J］．西南边疆，1944，（10）．

[23] 李春昱，等．中国第七次矿业纪要［M］．出版地不详：经济部中央地质调查所，1945.

[24] 陈吕范．个旧锡业私矿调查［M］．昆明：云南历史研究所，1979.

[25] 钟纬，黄强．云南个旧锡山报告书．云南现代史料丛刊（第七辑）［M］．昆明：云南省社会科学院，1986.

二、著述类

[1] 安达娅．马来西亚史［M］．北京：中国大百科全书出版社，2010.

[2] 保尔·芒图．十八世纪产业革命——英国近代大工业初期的的概况［M］．北京：商务印书馆，1991.

[3] 保罗·萨缪尔森．微观经济学［M］．萧琛，译．北京：人民邮电出版社，2004.

[4] 查尔斯·K·威尔伯．发达与不发达问题的政治经济学［M］．北京：中国社会科学出版社，1984.

[5] 陈吕范，邹启宇．个旧锡业“鼎盛时期”出现的原因和状况——解放前个旧锡业研究之二［A］．云南历史研究所，云南矿冶史论文集［C］．昆明：云南历史研究所，1965.
[6] 陈吕范，等．个旧锡业私矿调查［M］．昆明：云南历史研究所，1979.
[7] 陈岩．国际经济一体化经济学［M］．北京：商务印书馆，2001.
[8] 陈征平．云南早期工业化进程研究（1840年—1949年）［M］．北京：民族出版社，2002.
[9] 陈征平．云南工业史［M］．昆明：云南大学出版社，2007.
[10] 陈锦江．清末现代企业与官商关系［M］．北京：中国社会科学出版社，2010.
[11] 董孟雄．云南近代地方经济史研究［M］．昆明：云南人民出版社，1991.
[12] 董孟雄，郭亚非．云南地区对外贸易史［M］．昆明：云南人民出版社，1998.
[13] 丁文江．丁文江选集［M］．北京：北京大学出版社，1993.
[14] 丁文江．漫游散记［M］．昆明：云南人民出版社，2008.
[15] H·戴维斯．云南：联结印度河扬子江的锁链——19世纪一个英国人眼中的云南社会状况及民族风情［M］．李安泰，译．昆明：云南教育出版社，2000.
[16] 傅英．中国矿业法制史［M］．北京：中国大地出版社，2001.
[17] 弗雷德里克L．努斯鲍姆．现代欧洲经济制度史［M］．罗礼平，秦传安，译．上海：上海财经大学出版社，2012.
[18] 范淑萍．13—20世纪前期红河第七城市研究［M］．昆明：云南人民出版社，2012.
[19] 吉尔伯特·罗兹曼．中国的现代化［M］．国家社会科学基金《比较现代化》课题组，译．南京：江苏人民出版社，2003.
[20] 贾植芳．近代中国经济社会［M］．沈阳：辽宁教育出版社，2003.
[21] 姜文学．国际经济一体化理论与战略［M］．大连：东北财经大学出版社，2013.
[22] 李斯特．政治经济学的国民体系［M］．北京：商务印书馆，1983.
[23] 李珪．云南地方官僚资本简史［M］．昆明：云南民族出版社，1991.

[24] 李珪．云南近代经济史 [M]．昆明：云南民族出版社，1995.
[25] 李子贤，李槐，谢国先．南方陆上丝绸之路与云南 [M]．昆明：云南大学出版，1997.
[26] 李转良．全球经济一体化 [M]．天津：天津人民出版社，1999.
[27] 李忠杰．云南抗战时期人口伤亡好财产损失历史简编 [M]．北京：中共党史出版社，2013.
[28] 刘佛丁．中国近代经济发展史 [M]．北京：高等教育出版社，1999.
[29] 刘秀生．清代商品经济与商业资本 [M]．北京：中国商业出版社，1993.
[30] 刘云明．清代云南市场研究 [M]．昆明：云南大学出版社，1996.
[31] 栾文莲．全球的脉动——马克思主义世界市场理论与经济全球化问题 [M]．北京：人民出版社，2005.
[32] 林蘭芳．资源委员会的特种矿产统制（1936—1949）[M]．台北：国立政治大学历史系出版，1998.
[33] 缪嘉铭．缪云台回忆录 [M]．北京：中国文史出版社，1991.
[34] 缪嘉铭．云南工业化刍议 [M]．出版地不详：中国全国工业协会云南省分会，出版时间不详．
[35] 马来亚华人矿务总会．马来西亚华人锡矿工业的发展与没落 [M]．马来西亚：怡宝名洙印务公司，2002.
[36] 塞缪尔·亨廷顿．现代化理论与历史经验的再探讨 [M]．上海：上海译文出版社，1993.
[37] 苏曾贻．滇越铁路纪要 [M]．出版信息不详．
[38] 田青．国际经济一体化理论与实证研究 [M]．北京：中国经济出版社，2005.
[39] 托因·法洛拉．尼日利亚史 [M]．上海：东方出版中心，2010.
[40] 万湘澄．云南对外贸易概观 [M]．昆明：新云南丛书社，1946.
[41] 吴承明．市场·近代化·经济史论 [M]．昆明：云南大学出版社，1996.
[42] 吴承明．中国的现代化：市场与社会 [M]．北京：生活·读书·新知三联书店，2001.
[43] 吴兴南．云南对外贸易从传统到近代的历程 [M]．昆明：云南民族出

版社，1997.
[44] 谢本书．云南近代史［M］．昆明：云南人民出版社，1993.
[45] 谢本书．蔡锷传［M］．天津：天津人民出版社，1983.
[46] 薛毅．国民政府资源委员会研究［M］．北京：社会科学文献出版社，2005.
[47] 薛福成，李雪涛，宝海校注．出使四国日记［M］．北京：社会科学文献出版社，2007.
[48] 许涤新，吴承明．中国资本主义发展史［M］．北京：社会科学文献出版社，2007.
[49] 夏湘蓉．中国古代矿业开发史［M］．北京：地质出版社，1980.
[50] 熊彼得．资本主义·社会主义与民主［M］．北京：商务印书馆，2009.
[51] 杨寿川．云南经济史研究［M］．昆明：云南民族出版社，1999.
[52] 杨寿川．云南矿业开发史［M］．北京：社会科学出版社，2014.
[53] 于国政．中国边境贸易地理［M］．北京：中国对外经济贸易出版社，1997.
[54] 云锡公司．云锡纪实［M］．个旧：云南锡公司出版，1945.
[55] 中共个旧市委宣传部．个旧锡矿史［M］．出版地不详，1959.
[56] 云南省历史研究所．云南矿冶史论文集［M］．昆明：云南历史研究所，1965.
[57] 云南省历史研究所．云南冶金史［M］．昆明：云南人民出版社，1980.
[58] 云南省经济研究所．云南近代经济史论文集［M］．昆明：经济问题探索杂志社，1988.
[59] 张幼文．世界经济一体化的历程［M］．上海：学林出版社，1999.
[60] 张忠民．近代中国的企业、政府与社会［M］．上海：上海社会科学院出版社，2008.
[61] 郑友奎．（1840—1948）中国的对外贸易和工业发展［M］．上海：上海社会科学院出版社，1984.
[62] 郑友奎，程麟荪，张传洪．旧中国的资源委员会（1932—1949）——史实与评价［M］．上海：上海社会科学院出版社，1991.

[63] 周八骏．迈向新世纪的国际经济一体化：理论·实践·前景［M］．上海：上海人民出版社，1999.

[64] 周智生．商人与近代中国西南边疆社会——以滇西北为中心［M］．北京：中国社会科学出版社，2006.

三、博、硕士论文

[1] 袁国友．近代滇港贸易问题研究［D］．昆明：云南大学，2002.

[2] 肖良武．云贵区域市场研究［D］．厦门：厦门大学，2007.

[3] 张永帅．近代云南的开埠与口岸贸易研究（1889—1937）［D］．上海：复旦大学，2011.

[4] 马琦．国家资源：清代滇铜黔铅开发研究［D］．昆明：云南大学，2012.

[5] 石俊杰．近代云南红河区域经济地理研究（1889—1949）［D］．昆明：云南大学，2010.

四、期刊、报纸

（一）期刊

[1] 胡朗山．云南个旧锡矿之回顾［J］．矿业周报，1928（6）．

[2] 蒋用庄．滇越铁路与云南交通［J］．交通杂志，1934（6）．

[3] 丁佶．世界锡的产消与云南锡业［J］．新动向，1931（5）．

[4] 杨德惠．中国锡业与世界市场的现状［J］．钱业月报，1935（4）．

[5] 徐志鸿．个旧锡矿调查［J］．新动向，1939，2（2）．

[6] 程顺元．个旧鸟瞰［J］．旅行杂志，1940（9）．

[7] 云南锡矿产销概况［J］．西南实业通讯，1941（5）．

[8] 时怀铭．个旧印象［J］．旅行杂志，1944（1）．

[9] 李尚贤．暑期实习在个旧［J］．矿冶通讯，1944（2）．

[10] 朱耀初．云南矿产概述［J］．经济汇报，1944（3）．

[11] 个旧锡业概况［J］．商业月报，1947（4）．

[12] 段本洛．简论“官督商办”对民族资本主义发展的阻滞作用［J］．历史教学，1982（10）．

[13] 林晓星．关于解放前个旧锡业中私人资本的几个问题［J］．经济问题探索，1983（2）．
[14] 吴太昌．国民党政府的易货偿债政策和资源委员会的矿产管制［J］．近代史研究，1983（3）．
[15] 李吟枫．世界市场的形成及历史作用［J］．世界历史，1986（3）．
[16] 吴太昌．抗战时期国民党国家资本在工矿业的垄断地位机器与民营资本比较［J］．中国经济史研究，1987（3）．
[17] 张笑春．试论滇越铁路在近代云南经济中的地位［J］．经济问题探索，1987（7）．
[18] 蔡泽军．云南近代工业特点述论［J］．云南教育学院学报，1990（1）．
[19] 董孟雄，郭亚非．近代云南的交通运输与商品经济［J］．云南社会科学，1990（1）．
[20] 陈理．清前期云南矿业的发展与资本主义萌芽［J］．中央民族学院学报，1990（6）．
[21] 吴太昌．近代中国钨、锑、锡业发展简史开发研究［J］．1993（3）．
[22] 霍有光．中国近代锡矿开发概况［J］．云南地质，1993，12（3）．
[23] 陈庆德．清代云南矿冶业与民族经济的开发中国经济史研究［J］．1994（3）．
[24] 龚维新，刘颉．西方国际经济一体化理论的形成和演变［J］．经济学动态，1994（12）．
[25] 陈理．官督商办与云南近代新式矿业的产生［J］．中央民族大学学报，1995（1）．
[26] 陈庆德．云南民族经济在皇朝中央集权制度框架中的开发进程［J］．云南社会科学，1998（5）．
[27] 吴兴南．历史上云南的对外贸易［J］．云南社会科学，1998（3）．
[28] 张小兵．官督商办——中国早期工业化的制度瓶颈［J］．首都师范大学学报（社会科学版），2000（5）．
[29] 谭刚．滇越铁路与云南矿业开发（1910—1940）［J］．中国边疆史地研究，2001（1）．
[30] 陈征平．清代云南矿业开发中的政府行为及“放本收铜”经营方式的

反思［J］．云南社会科学，2001（2）．
［31］ 陈征平．二战时期云南近代工业的发展水平及特点［J］．思想战线，2001（2）．
［32］ 陈征平．近代云南区域资本积累能力及流向分析［J］．云南民族学院学报，2001（5）．
［33］ 顾继国，杨金江．滇越铁路与云南近代进出口贸易［J］．云南民族大学学报（哲社版），2001（5）．
［34］ 陈征平．近代云南的矿业工业化与社会扩散效应［J］．云南社会科学，2000（2）．
［35］ 史全生．晚清时期的西部开发［J］．历史档案，2004（2）．
［36］ 薛步高．史料考证与找矿（之四）——锡矿［J］．云南地质，2002（4）．
［37］ 朱波．试析政府在近代云南个旧锡矿经济发展中的作用［J］．西南林学院学报，2006（12）．
［38］ 梁双陆，程小军．国际区域经济一体化理论综述［J］．经济问题探索，2007（1）．
［39］ 成艳萍．国际经济一体化视角下的明清晋商［J］．中国经济史研究，2008（2）．
［40］ 赵小平，石俊杰．明末至民国时期个旧锡矿生产关系变迁研究［J］．学术探索，2008（5）．
［41］ 沈汉．论世界市场的形成［J］．贵州社会科学，2008（6）．
［42］ 杨斌，杨伟兵．近代云南个旧锡矿的对外运销（1884—1943年）［J］．历史地理，2008（23）．
［43］ 周智生．抗日战争时期的云南商人与对外民间商贸［J］．抗日战争研究，2009（2）．
［44］ 薛毅．抗日战争与中国工业近代化［J］．抗日战争研究，2009（2）．
［45］ 谭刚．个旧锡业开发与生态环境变迁（1890—1949）［J］．中国历史地理论丛，2010（1）．
［46］ 谭刚．滇越铁路与云南矿业开发（1910—1940）中国边疆史地研究，2010（1）．
［47］ 罗群．近代云南商人资本的历史构成及经营中国经济史研究，2010

(1).
[48] 李学智．冲击—回应模式与中国中心观史学月刊，2010（7）.
[49] 陈应龙，宋焕斌．云南省个旧市矿业发展史研究［J]．中国矿业，2010（12）.
[50] 凌永忠．论抗日战争时期云南铜业的贡献［J]．思想战线，2012（2）.
[51] 杨伟兵，杨斌．历史矿区土地利用重建研究：以近代云南个旧锡矿为例［J]．中国历史地理论丛，2012（4）.
[52] 车辚．民国时期滇越铁路与个碧石铁路关系考［J]．四川民族学院学报，2012（2）.

（二）报纸

[1] 黄荣华．黄荣华谈云南锡矿蕴藏甚丰［N]．香港工商日报，1935-6-8.
[2] 曾鲁光．个旧观光日记［N]．云南日报，1935-6-（20-26）（连载）.
[3] 佚名．可成可败之中国锡矿业［N]．天津大公报，1935-9-7.
[4] 建初．个旧的过去与现在［N]．云南日报，1944-3-17.
[5] 何茂，等．个旧锡矿商的呼吁［N]．云南日报，1945-1-14.
[6] 本报记者．从农林工矿展览看本省矿冶事业［N]．云南日报，1945-5-12.

五、外文资料

[1] Peter Robson. The Economics of International Integration [M]. Austrilia: George Allen & Unwin Press, 1980.
[2] Carsten Kowalczyk. Economic Integration and International Trade [M]. Egland: Edward Elage Press, 1999.